JEANNOT
MÉMOIRES D'UN ENFANT

ŒUVRES DE JEAN DUTOURD

Aux Éditions Plon

Romans : *un volume de 1500 pages*
Essais et autobiographie : *un volume de 1100 pages*
Journal des années de peste
À la recherche du français perdu

Aux Éditions Flammarion

Trilogie française, romans
Pluche ou l'amour de l'art, roman
Mémoires de Mary Watson, roman
Le Feld Maréchal Von Bonaparte, essai
Le Septième Jour, récits des temps bibliques
Domaine public, critique littéraire

JEAN DUTOURD
de l'Académie française

JEANNOT
MÉMOIRES D'UN ENFANT

Plon

ISBN 2-259-19331-5

À Frédéric,
Clara,
Charles,
Marie-Camille

LIVRE PREMIER

1

Rue des Acacias – Indimbure et Hilaire

J'avais treize ans quand Hitler est devenu chancelier du Reich. Mon père et moi, nous habitions un appartement au premier étage, rue des Acacias, numéro 3. Ma chambre était la seule pièce qui donnât sur la cour. Le matin, je me forçais à faire des haltères devant la fenêtre ouverte. La scène que j'ai en mémoire a lieu en hiver car le temps est assez aigre et le ciel nuageux. Je suis en caleçon et je manie mes haltères, soutenu par la pensée que c'est très bon pour la santé et que cela donnera de la consistance à mes bras filiformes ainsi qu'à mon torse maigrelet. Dans la cour, le concierge, M. Marnot, homme terrible, tant par son caractère que par sa physionomie, joue avec son chien, jeune animal dont j'ai oublié la race si tant est qu'il en eût une. J'ai oublié aussi son nom. Je ne me rappelle que celui de son prédécesseur, « Stop », mort de vieillesse, et dont les aboiements lugubres ont accompagné mon enfance.

Donc M. Marnot, dans la cour, parle à son chien. Autant il sait se montrer désagréable et hargneux avec les êtres humains, autant ici il est affectueux et gai. Il promet plaisamment au cabot une grande correction à coups de fouet ou à coups de bâton, mais cela est dit avec tant de bonne humeur que nul n'y croit, à commencer par le chien qui fait de grands sauts et jappe joyeusement.

– Bonjour, monsieur Marnot, dis-je avec une fausse jovialité, ou plus exactement une servilité dont j'espère, toujours en vain, qu'elle me conciliera ses bonnes grâces. Quoi de neuf ? ajouté-je pour faire la conversation et avoir l'air encore plus aimable.

M. Marnot cesse de s'occuper de son chien. Il lève vers ma fenêtre ses yeux sévères et ses moustaches et prononce abruptement ces paroles dont le sens m'apparut plus tard dans la journée, après que j'eus entendu mon père commenter l'actualité :

– Indimbure s'en va et c'est Hilaire qui prend sa place.

Indimbure, dans la prononciation marnotique, désignait le vieux maréchal Hindenbourg ; quant à Hilaire, il fallait entendre Adolf Hitler. Je ne dirai pas que cette nouvelle m'accabla, car rien au cours de ma vie ne m'a jamais accablé, par manque d'imagination sans doute, mais elle me tracassa à cause des commentaires qu'elle suscitait chez les grandes personnes. D'après celles-ci, Hitler était un personnage très redoutable, dont l'ambition était de refaire le moral du peuple allemand, de lui réapprendre le patriotisme, de le doter d'une armée, etc. Les Boches sont toujours prêts à défiler au pas de l'oie, à faire du Kriegspiel, à se jeter sur les Français... Et quelle discipline, quel sens de l'organisation ! Dans ma jeunesse, on parlait encore du « caporalisme prussien ». L'expression était d'autant plus appropriée qu'Hitler avait été jadis caporal dans la Reichswehr. Sous la domination de ce caporal, l'Allemagne allait assurément faire une multitude de petits Boches qui trouveraient un uniforme vert-de-gris et un fusil dans leur berceau.

Je fus tracassé, dis-je. Cet Hitler qui se profilait soudain derrière la ligne bleue des Vosges faisait vaciller une certitude que j'avais quasiment depuis ma naissance, à savoir qu'il n'y aurait plus jamais de guerre dans l'Europe, non plus, du reste, que sur les autres continents. Tout le monde, en France du moins, était d'accord là-dessus. Nous avions fait la dernière, la der des ders, comme on disait. Ce qui était épatant, c'est que les Français l'eussent gagnée. Cela tenait certes à notre bravoure, mais aussi à un formidable coup de chance, il fallait bien le dire, à une intervention du Ciel dont le plan était évidemment que la France fût pour toujours à la tête des nations. Les Français, c'est-à-dire mon pays, mes aînés, mes ancêtres, mon langage, moi enfin, nous aurions dans l'avenir la supériorité d'avoir été, au prix d'un effort surhumain, qui ne m'avait rien coûté et dont j'étais l'insolent bénéficiaire, les derniers vainqueurs de l'histoire. C'était une espèce d'auréole dont je pensais parfois que je l'avais usurpée, mais de laquelle j'étais bien content d'être nimbé, comme un jeune gentilhomme trouve très naturel, en somme, d'être né marquis plutôt que croquant. J'étais fort satisfait aussi de savoir que je n'aurais jamais, comme les conscrits de la classe 14, à faire la preuve de mon intrépidité à Verdun.

Il est curieux que je n'aie jamais oublié M. Marnot jouant avec son chien ce matin de janvier 1933, dans la cour de l'immeuble de la rue des Acacias. On dit volontiers que le XIXe siècle n'a pas fini en 1900 mais en 1914. Certaines personnes le prolongent jusqu'en 1929, année du grand krach financier et des banquiers défenestrés. Pour moi, le XIXe siècle a duré jusqu'à l'hiver 1933, quand le vieil Indimbure s'est effacé devant le pétulant Hilaire, que l'on contempla, aux actualités du cinéma, les jours qui suivirent, et qui avait quelque chose de fringant, vêtu qu'il était, comme autrefois, d'une redingote et coiffé d'un gibus, uniforme obligatoire des politiciens dans les circonstances historiques.

2

LE FRANC-TIREUR DES TERNES

L'impression de vivre au XIXe siècle et non au XXe était très forte dans mon enfance, quand j'avais cinq ou six ans. Malgré l'électricité, le métro, les automobiles, les Arts déco, les défilés de la victoire le 11 novembre, il me semblait que nous n'étions pas en 1925 mais en 1875 ou 1880. C'est ainsi, du moins, que j'interprète aujourd'hui l'état d'esprit du petit garçon que j'étais, ou, si l'on préfère, la couleur de ce qui m'environnait. J'avais le sentiment que tout était plus moderne dans le monde, plus rapide, plus avancé, plus simple, que dans le coin de terre où le destin m'avait placé. Ce coin de terre, géographiquement, était le quartier des Ternes, où il y avait plus de souvenirs de la guerre de 1870 que de la Grande Guerre. J'avais été baptisé à l'église Saint-Ferdinand, qui s'élevait au bout de la rue d'Armaillé et qui était un bâtiment d'autrefois, avec une façade ennuyeuse et distinguée, et des colonnes de marbre jaspé dans la nef. Je ne sais pourquoi on l'a détruite pour construire une autre église à sa place, dans le style, hélas ! de notre temps. Devant l'église, on pouvait admirer une statue de bronze représentant un personnage avançant d'un pas léger mais résolu, vêtu d'une peau de loup, armé d'un fusil chassepot, et connu sous la dénomination de « Franc-tireur des Ternes ». Je suis passé devant le Franc-tireur mille fois ou davantage. Il faisait partie de mon univers ; mieux encore, il en était un des saints patrons. Je voyais en lui l'image de la France vaincue et indomptable de 1870. La statue, du reste, était très vivante : le Franc-tireur marchait, le chassepot dans la main droite, légèrement courbé comme pour se dissimuler à l'ennemi, prêt à surgir de derrière un buisson afin de canarder les Pruscos.

Certes la Grande Guerre, dont mon père faisait des récits grandioses, m'était très familière et très proche, mais la guerre de 70 était encore plus présente, plus tangible, dans le lieu où nous vivions. Un autre monument en matérialisait le souvenir : le Ballon des Ternes, qui perpétuait le départ romanesque de Gambetta pendant le siège, emportant dans les airs le courrier des Parisiens. C'était une œuvre étonnante et réaliste. N'eût été que le ballon pesât plusieurs tonnes, il était sur le point de s'envoler, comme une sorte d'instantané coulé dans le bronze. J'éprouvais une vive admiration pour cette sphère et pour l'artiste qui avait conçu une chose si audacieuse, si insolite. Il me semble me rappeler qu'il avait sculpté trois ou quatre pigeons sur le bord de la nacelle, mais peut-être sont-ce des pigeons réels, de chair et de plumes, qui se mélangent dans ma mémoire avec des oiseaux d'airain. Le Franc-tireur et le Ballon ont disparu sous l'Occupation. L'un et l'autre devaient inspirer une particulière antipathie aux Allemands, qui les enlevèrent pour fondre des canons, non sans les avoir insultés en les qualifiant dédaigneusement de « métaux non ferreux ».

Ma mère, qui était très pieuse, très chrétienne, ne manquait pas de m'emmener à la messe de Saint-Ferdinand le dimanche matin. Je m'y ennuyais beaucoup, ce qui me contrariait. Je tâchais de me distraire en contemplant les caissons du plafond et les colonnes en marbre de la nef, je me complaisais à penser que les enfants de chœur, qui ne se lavaient jamais, devaient avoir les ongles noirs et être sales comme des cochons sous leur joli costume rouge. Pourquoi moi, qui comprenais toutes sortes de choses subtiles, étais-je incapable de percer les mystères de la liturgie, pourquoi étais-je si étranger à la foi, si aveugle à la présence du

Seigneur ? Cette impuissance m'emplissait de remords. Voyant les visages graves et pensifs des fidèles, je me désolais de n'être pas, comme eux, écrasé de respect devant le bon Dieu. Autre sujet de tristesse : je ne savais jamais ce qu'il fallait faire, ni quand je devais m'asseoir, me lever, m'agenouiller, me signer, etc. J'avais beau imiter le reste de l'assistance, j'avais invariablement deux secondes de retard, et j'étais plein de confusion à la pensée que ce décalage n'échappait à personne, que j'étais le seul incroyant au milieu de tant d'âmes ferventes. Mais comment m'intéresser à cette interminable cérémonie, au cours de laquelle on psalmodiait une langue incompréhensible ? Car tout était en latin, alors. Et quand on parlait français, c'est-à-dire quand le curé montait en chaire pour nous infliger un quart d'heure d'homélie, c'était pire. Les curés de mon enfance avaient une voix bêlante et chantonnante qui donnait un air extraordinairement niais à ce qu'ils tentaient de nous inculquer. Et cette façon qu'ils avaient de nous appeler « mes frères », était-ce assez ridicule ! Le seul moment distrayant ne durait guère, à savoir quand on se tournait vers le prédicateur trônant à trois mètres du sol et qu'on entendait grincer les pieds des chaises sur les dalles. La quête n'était pas sans charme non plus, à cause du suisse, qui était magnifique dans sa livrée, les mollets mis en valeur par des bas de coton blanc, coiffé d'un chapeau de gendarme galonné et faisant sonner par terre une grosse canne de sergent-major. Lorsque les aumônières étaient pleines de monnaie, le suisse les vidait dans un sac de velours qui tintinnabulait dans sa main puissante. Il réapparaissait à la fin de l'office, après que le curé avait donné la bénédiction et les fidèles chanté *Deo gratias*. C'est lui qui ouvrait le portail de l'église à deux battants. Le jour faisait irruption dans la pénombre catholique. « Ici-bas », par opposition à « l'autre monde », renaissait sous la forme familière de la place Saint-Ferdinand et grâce à la présence du Franc-tireur protégeant pour l'éternité, avec son chassepot, les pacifiques paroissiens qui allaient s'égailler dans les pâtisseries du voisinage.

Pour rentrer rue des Acacias, ce qui était un trajet minuscule, ma mère cheminait à côté de moi comme un grand oiseau. J'ai conservé son missel, qui est devant mes yeux en ce moment. C'est un tout petit livre de format in-32, si ce n'est in-64, qui ne contient que l'ordinaire de la messe ainsi que les principales fêtes de l'année. Le nom même de l'éditeur m'attendrit : c'est la librairie Mellottée à Limoges. Ce nom de Mellottée me fait autant rêver que le reste. Ma mère tenait le missel dans sa main gauche et ma menotte dans sa main droite, comme si le missel et moi, nous étions ses deux trésors. Nous l'étions, d'ailleurs, et elle-même, je pense, ne savait pas trop si c'était des trésors spirituels ou des trésors matériels. Je sentais très bien que j'étais ce qu'elle avait de plus précieux au monde, ce qui me paraissait, à la vérité, une chose très naturelle. Quand, un peu plus tard, il fallut l'exiler à Vence, pour la soigner de sa maladie, elle m'envoyait des cartes postales qui étaient si pleines de mots d'amour que je les attendais comme des gâteaux.

3

Le cours Maintenon – Mlle Devienne

J'ai appris à lire et à écrire dans une école pour jeunes filles qui s'appelait « le cours Maintenon » et se trouvait avenue des Ternes. Autant que je puisse en juger aujourd'hui, l'enseignement, dispensé par des demoiselles mûres et boulottes, était très efficace. Entre autres méthodes, on nous faisait apprendre par cœur des listes de mots, grâce à quoi nous avions, à cinq ou six ans, un vocabulaire fort au-dessus de notre âge et qui ne laissait pas d'émerveiller nos familles, à commencer par le terme même de « vocabulaire », qui nous était très familier vu qu'il formait le titre du manuel que nous récitions quotidiennement. Les souvenirs d'enfance sont si puissants que je me rappelle jusqu'au nom de l'auteur de cet ouvrage de base : M. Pautex, et que j'entends encore une de nos maîtresses, Mlle Versichel, qui était particulièrement boulotte et réjouie, nous disant d'un ton alléchant : « Et maintenant, ouvrons notre Pautex à la page 18. »

L'autre matière forte du cours Maintenon était ce qu'on appelait « l'Histoire sainte », c'est-à-dire un résumé de la Bible à l'usage des marmots. Cela se présentait sous la forme d'un opuscule d'une centaine de pages racontant les histoires les plus belles ou les plus édifiantes de l'Écriture. Quant à moi, je raffolais de ces récits que je lisais avec la même passion que, plus tard, la comtesse de Ségur et *Les Trois Mousquetaires*. L'épisode de Tobie et de Sara, protégés par l'ange Raphaël, me plaisait entre tous, d'abord parce qu'il est plein d'imprévu et de charme, ensuite parce que le héros portait un nom de chien. J'imaginais qu'il ressemblait un peu à un épagneul ou à un king-charles. Comment ne pas vouloir du bien à un homme qui se nomme Tobie ? L'ange Raphaël, du reste, ne s'y trompait pas : on voyait qu'il était attaché à lui par ces liens mystérieux d'affection qui lient le chien et l'homme.

Au total, j'étais un assez gentil petit garçon et il me semble que je jouissais de la considération de tous au cours Maintenon, y compris des jeunes filles qui étaient des « grandes », âgées de treize ou quatorze ans et, de ce fait, pleines de morgue, altières, méprisantes, revêches devant les pauvres mâles écrasés de timidité, obligés, à cause de leur taille, de lever la tête pour les contempler.

Le cours Maintenon n'était pas seulement littéraire et bien-pensant : on y enseignait le calcul comme ailleurs. Mais c'était pour moi comme un domaine interdit. Plus encore, j'éprouvais à l'égard de l'arithmétique et de la science en général une incuriosité, une répulsion que je ne suis pas arrivé à surmonter par la suite. J'y fermais hermétiquement mon esprit, comme un croyant se bouche les oreilles quand le diable lui parle. Croirait-on que je n'ai jamais su faire une division ni ne sois parvenu à comprendre le mécanisme de la règle de trois qui, pourtant, d'après ce que j'ai entendu dire, n'est pas bien compliqué ?

La première fois que ma mère me conduisit au cours Maintenon, elle était plus émue que moi. On avait longtemps hésité à m'inscrire dans cet établissement, d'abord parce que cela coûtait assez cher, mais là n'était pas la principale raison : mes parents étaient déchirés de se séparer de moi, ne fût-ce que deux ou trois heures par jour. Je n'avais jamais été hors de leur vue depuis ma naissance. Mon père, qui était dentiste, venait vérifier entre chaque malade si j'étais toujours là, si je me portais toujours bien, si je n'avais rien cassé, si je n'avais pas d'idées saugrenues dans la tête. Généralement, c'est avec ma mère que je me tenais, nous deux vivant quasiment en osmose. Il y a dans un petit roman que j'ai écrit dans ma jeunesse, *Doucin*, une scène que j'ai vécue moi-même. Le héros caresse et baise les pieds de sa mère avec une tendresse très proche de l'amour. Je me rappelle tout de ce moment. Nous étions dans la salle de bains, je me roulais comme un chat par terre. Je sens encore le parfum de ces beaux pieds blancs qui me paraissaient grands et qui ne l'étaient pas.

Quand ma mère, pour une raison ou pour une autre, ne pouvait sortir avec moi, on faisait appel à une promeneuse, qui me conduisait au cours Maintenon ou m'emmenait jouer avenue Foch, appelée encore avenue du Bois, dans un square dédié à la mémoire de M. Alphand et orné de la statue de cet homme illustre. Ma promeneuse était une personne maigre et noire qui me paraissait avoir cent ans et n'en avait sans doute pas plus de soixante. Elle dégageait une odeur de vieille demoiselle particulièrement désagréable, dont nul effluve n'échappait à mes narines. Elle s'appelait Mlle Devienne et professait une bigoterie qui arrivait à me surprendre, moi qui ne m'étonnais de rien. Ainsi me révéla-t-elle un jour, au cours de nos randonnées, qu'elle et moi avions bien de la chance, car notre nom commençait par D.

– Ah, oui, répondis-je, ébahi, pourquoi ?

– Parce que Dieu aussi a un nom qui commence par un D.

Autre souvenir de Mlle Devienne. Nous sommes aux Magasins réunis, avenue des Ternes. C'était un des grands bazars de l'époque, qui rivalisait avec les Galeries Lafayette et la Samaritaine. Il a disparu je ne sais quand. Après la guerre, à ce qu'il me semble. Toujours est-il qu'il était assez prospère et suffisamment achalandé dans mon enfance. À une dénivellation, ma promeneuse manqua une marche et s'étala par terre de tout son long. Spectacle horrible : sa jupe s'était relevée, on voyait un long bas de coton noir et un morceau de cuisse sèche et grisâtre. Aussitôt un attroupement se forma afin de porter secours à l'accidentée qui poussait des cris de dépit. J'aurais voulu que la terre m'engloutît. D'autant plus que certains des sauveteurs me rassuraient sur l'état de ma « grand-mère ».

– Mais c'est pas ma grand-mère, répliquais-je avec fureur, c'est ma bonne !

Une fois, cependant, Mlle Devienne me fit une agréable surprise : elle vint me chercher pour une de nos marches dans Paris accompagnée d'une petite créature dont je tombai instantanément amoureux. Ce n'était pas tant qu'elle fût jolie (d'ailleurs, l'était-elle ? C'est son sexe qui me la rendait séduisante) mais on voyait par ses manières, sa retenue, son aisance, sa bouche étroite et son nez busqué, qu'elle appartenait à un milieu distingué. Bien que je fusse persuadé qu'il n'existait rien de plus aristocratique, en France et dans le monde, que ma famille, j'éprouvais un léger sentiment d'infériorité sociale devant ma compagne de promenade, et une certaine fierté à marcher côte à côte avec elle, à lui tenir la main. Je jetais des coups d'œil aux passants pour les prendre à témoin de ma gloire et vérifier s'ils se rendaient bien compte qu'ils croisaient non seulement un authentique séducteur mais encore un homme qui avait les plus hautes relations. Ma camarade s'appelait Suzanne Duhart. Je n'imagine guère, si elle est encore de ce monde, qu'elle ait mon âge aujourd'hui. C'est à elle que je dois le goût que j'ai toujours eu pour le doux prénom de Suzanne, qui est celui de la fiancée de Figaro et qui me semble l'appellation même de la grâce, de la gaieté, de la jeunesse, de l'amour. Est-il rien de plus joli, de plus français que ses diminutifs : Suzy, Suzon, Suzette ?

Dans mon souvenir, la personne de Suzanne Duhart est liée à l'obscurité et aux réverbères, comme si Mlle Devienne ne nous avait chaperonnés dans la rue que le soir et spécialement en hiver. Nous avons bien dû déambuler au grand jour et au soleil, mais cela s'est effacé de mon esprit. Suzanne Duhart est restée pour moi une petite divinité de la nuit urbaine, qui n'a fait que traverser mon enfance. Je suppose que Mlle Devienne venait nous chercher à nos écoles, Suzanne et moi, pour nous ramener chez nos parents.

4

VENCE – LA DE DION – LE SINGE FADAP

J'étais en effet bien petit pour rentrer tout seul du cours Maintenon. C'était ma mère qui m'accompagnait pour y aller et en revenir, mais arriva un temps, vers ma cinquième année, où sa maladie la contraignit à passer plusieurs mois dans ce qu'on appelait alors « le midi de la France », c'est-à-dire la Côte d'Azur, lieu qui n'était pas infesté par les touristes comme il l'est maintenant, mais conservait un côté provincial si ce n'est campagnard, ainsi qu'un certain isolement. Ma mère était atteinte de phtisie, mal terrifiant qui tuait comme, à présent, le cancer ; en 1925, on croyait encore qu'il n'y avait pas de meilleur remède pour cela que le soleil, la chaleur, l'air balsamique, le repos dans un climat heureux. On envoya donc ma mère à Vence, endroit fort célèbre aujourd'hui, villégiature de millionnaires et d'artistes, mais qui alors n'était qu'un trou. Abandonné à Paris avec mon papa, je pensais à ma pauvre exilée. Quand allait-elle revenir ? À cinq ans, j'étais déjà très accessible à l'ennui, il me fallait sans cesse quelque idée ou quelque sujet pour m'occuper l'esprit, sans quoi je tombais aussitôt dans l'hébétude. Encore que, semblable à tous les enfants, je n'eusse guère d'imagination, c'est-à-dire, en l'occurrence, la capacité de me glisser dans la pensée des autres, de me représenter leurs tristesses ou leurs joies, voire leurs occupations, j'étais parfois effleuré par l'idée des interminables journées que ma mère passait toute seule dans son hôtel de Vence ou bien à trottiner dans les ruelles de cette bourgade exotique. À sa place, je serais mort de tristesse et de déréliction. Heureusement, elle s'était donné une obligation : celle de m'écrire une carte postale chaque jour. Ces cartes étaient de vraies lettres dans lesquelles elle me racontait les péripéties de ses journées et qu'elle mettait sous enveloppe. Elles commençaient par « mon chéri », « mon petit chéri », « mon amour chéri » et se terminaient par « ta maman qui t'aime ». Elle écrivait aussi à mon père, mais moins souvent, en tout cas pas quotidiennement comme à moi. En décachetant par mégarde une de ces cartes adressées à lui, je lus la suscription « mon chéri » qui me plongea dans la stupeur. Je fus bouleversé d'apprendre que je n'étais pas l'unique amour d'une personne qui me devait métaphysiquement et légalement cette exclusivité, d'autant plus que je crus sentir dans la carte que je lus indiscrètement, jusqu'au bout, une entente, une complicité, qui n'étaient pas de la même nature que celles existant entre ma mère et moi. Je savais bien que celle-ci aimait mon père, mais cet amour, jusqu'alors, était abstrait. Voilà soudain que je mettais le doigt sur ce sentiment, que je le voyais. Mon émotion ne dura pas plus qu'un jour ou deux car j'avais quand même remarqué que le ton de la carte était très différent du ton de celles que je recevais. Ma mère nous aimait l'un et l'autre mais chacun d'une façon particulière. Cette observation me rendit toute ma confiance et aussi toute mon insouciance. D'ailleurs la carte à mon père était signée tout froidement « Andrée ».

Nous allâmes à Vence une fois (peut-être deux ou trois, mais une seule, qui résume les autres, m'est restée en mémoire). Nous préparâmes longuement le voyage, mon père et moi ; nous en parlâmes longtemps à l'avance, comme d'une grande joie que nous allions nous offrir. Je crois que c'est à cette époque que mon père commença, lorsqu'il évoquait ma mère devant moi, à l'appeler « ta petite maman », instinctivement sans doute, parce que cela lui venait de façon naturelle, mais l'adjectif ne manquait pas de m'étonner : pourquoi ma mère avait-elle soudain rapetissé? Jusqu'à ce qu'enfin je saisisse le sens caché de cette formule et que je comprisse que l'adjectif « petit » en français signifie généralement : aimé, charmant, joli, frêle, doux à protéger, et beaucoup plus rarement court de taille. Ma mère était devenue petite précisément parce qu'elle était malade, très malade même, et de ce fait, d'autant plus fragile. Nous devions avoir à son égard l'attitude précautionneuse de gens tenant dans leurs mains un objet très rare, très précieux, que le moindre mouvement un peu brusque eût risqué de briser. Après sa mort, mon père continua à dire « ta petite maman » quand il me parlait d'elle, comme si ma mère était toujours avec nous, et que nous eussions éternellement mission de nous tenir entre elle et le monde.

Mon père possédait une automobile de marque De Dion-Bouton qu'il avait acquise en 1923, et qui, deux ans plus tard, faisait encore figure de modèle récent. Il n'en fut pas toujours ainsi car il conserva ce véhicule jusqu'en 1937 ou 1938, époque glorieuse des Bugatti et des tractions. La pauvre voiture, avec son toit plat, sa malle arrière, son porte-bouquet, ses vitres actionnées par des courroies de feutre, ses essuie-glaces manuels, devint une antiquité dans laquelle je ne consentais à monter que poussé par la plus extrême nécessité. Un jour d'été, nous partîmes dans « la De Dion » en direction du Midi, pour passer quelques semaines avec celle qui me manquait tant. Je ne me rappelle que quelques images de cette randonnée.

Ce n'était pas la première fois que je quittais Paris, ayant passé ma toute première enfance à Brioude (Haute-Loire) et ayant été en vacances à Arcachon, villégiature passionnante car on y achetait des hippocampes momifiés dans une couche de vernis, mais je n'étais pas allé encore dans le midi de la France. La De Dion roulait difficilement à plus de soixante kilomètres à l'heure. Quelquefois on montait à quatre-vingts ou cent pour « gratter » (c'est-à-dire dépasser) un automobiliste n'ayant pas le privilège de piloter un bolide comme nous. La De Dion était munie d'un klaxon qui poussait un aboiement rauque qu'elle faisait entendre dans ces courses de chars, lorsque nous nous apprêtions à montrer à l'univers que personne ne roulait plus vite que nous sur les chemins de France. J'aurais voulu, bien sûr, que mon père « grattât » tous ses concurrents. Il le pouvait, étant l'audace même, mais l'audace était tempérée par la prudence. J'admirais cette prudence, encore qu'elle me désolât. Tout ce que faisait ou pensait mon père était, selon moi, la sagesse même : il n'était pas jusqu'à ses défauts qui ne me parussent enviables. Dans les voyages en auto, j'étais assis sur le siège avant, à côté de lui. Ce privilège m'était dû, j'y étais très attaché. Certes, cela ne suffisait pas à me rendre son égal, mais, temporairement, me grandissait et me vieillissait ; j'étais plus proche de sa taille, de sa force, de son insondable expérience dans tous les domaines et de son caractère de fer. L'inconvénient est que, la plupart du temps, j'avais mal au cœur et qu'il me fallait avouer piteusement : « Papa, j'ai envie de rendre ! » Quelques minutes d'arrêt au bord de la route suffisaient à me remettre d'aplomb. Le reste du temps, je rusais avec la nausée en baissant à moitié la glace de la portière et en aspirant une grande goulée d'air. Ah ! je peux dire que je la connais, la courroie de feutre qui la faisait monter et descendre !

Étant donné la distance entre Paris et la Côte d'Azur, j'infère qu'il nous fallut trois jours bien comptés pour arriver à Vence. Les routes étaient assez peu fréquentées, fort jolies, fort poétiques, et pour la plupart bordées d'arbres autour desquels, disait mon père, les conducteurs imprudents allaient « s'enrouler », expression qui m'intrigua longtemps, car je ne parvenais pas à me représenter les chauffards, qui étaient des êtres humains, après tout, transformés en bande Velpeau autour des platanes. Une autre expression de mon père m'a aussi beaucoup marqué, à savoir que bien des fous avaient quitté la route et s'étaient cassé la figure « dans le décor ». Appeler « décor » les fossés, les buissons, les clôtures, la campagne, toute la nature, était, selon moi, une des métaphores les plus heureuses de la langue française.

Il me sembla qu'au cours de notre voyage, j'avais traversé en trois jours plusieurs nations ayant leurs coutumes propres, leurs paysages spécifiques. Est-ce une illusion de l'enfance qui voit tout plus grand que nature ? La France que nous parcourions du nord au sud était immense et variée comme l'Europe. Je me sentais aussi dépaysé, aussi étranger à Avignon, que je l'eusse été à Munich ou à Séville. Mon seul point commun avec les naturels est qu'eux et moi, nous parlions la même langue.

En ce temps-là, les autos étaient une chose relativement nouvelle ; c'était encore un objet de curiosité pour les gamins de province qui, lorsqu'il s'en arrêtait une sur la grande place de leur ville, accouraient aussitôt pour contempler et toucher cet engin moderne, qui était comme l'avant-garde de l'avenir dans le vieux monde immémorial. La De Dion suscitait partout où nous nous arrêtions un intérêt qui ne laissait pas de me flatter. J'étais une personne de qualité rencognée dans le fond de son carrosse, regardant avec un mélange de dédain et de bienveillance les croquants venus admirer son galant équipage.

Impossible de me rappeler notre arrivée à Vence qui fut assurément très émouvante pour mon père et pour moi, et qui nous tint muets l'un et l'autre, durant les cinquante ou cent derniers kilomètres. J'avais peur de revoir ma mère qui avait été si longtemps loin de moi. Je me demandais quelle personne j'allais trouver, quelle demi-étrangère. Heureusement j'étais déjà dépourvu d'imagination comme je l'ai été toute ma vie, incapable de rien prévoir ; les cartes postales quasi quotidiennes avaient beaucoup préservé le lien qui nous unissait, comme si ma mère avait causé avec moi un quart d'heure ou une demi-heure chaque jour. Ses cartes postales, écrites avec un complet naturel, étaient sa conversation même, elles rendaient le son de sa voix.

La première chose que j'aperçus dans la chambre d'hôtel, sur l'étagère de verre au-dessus du lavabo, fut un singe en peluche, simiesque autant qu'on peut l'être, et tout à fait ravissant. Il était assis et disposé de telle sorte qu'il était impossible de penser qu'il ne m'attendait pas, qu'il ne m'était pas destiné, qu'il n'avait pas été acheté dans une boutique élégante, avec amour, pour moi et moi seul. Ma chère maman l'avait posé exactement à l'endroit qu'il fallait, comme un metteur en scène. Elle me regardait avec un sourire qui s'est imprimé dans ma mémoire. Ce sourire disait tout ce qu'elle sentait et tout ce que je sentais moi-même. Le singe avait un collier dont pendait un médaillon sur lequel était inscrit son nom, car il avait un nom, comme un animal de luxe pourvu d'un pedigree. J'eus quelque difficulté à me mettre ce nom dans la tête, mais ensuite il n'en sortit jamais : Fadap. Bref, ce n'était pas le singe de n'importe qui, le singe anonyme que l'on trouve dans le premier magasin de jouets venu, mais la bestiole qui m'était destinée de toute éternité et que ma mère avec son amour avait découverte entre mille. J'ai gardé Fadap longtemps. Il m'est devenu très précieux après la mort de ma mère, étant un des derniers présents qu'elle m'avait faits. C'était un peu d'elle qui me restait.

Il n'y a dans ma mémoire rien d'autre sur notre séjour à Vence, rien non plus sur les sentiments que j'éprouvai là-bas et qui furent certainement tumultueux, au moins dans les débuts, en dépit de ma passivité ou de mon aptitude, dont j'étais doué déjà, à ne pas exagérer mes passions. Quand même, revoir ma mère après tant de mois interminables, c'était presque comme une résurrection, encore que ses cartes postales m'eussent apporté la preuve quotidienne qu'elle n'avait pas disparu définitivement. Impossible de me rappeler si elle avait changé, si elle était encore plus amaigrie et plus blanche qu'auparavant, plus facilement lasse, sur la voie de la guérison ou sur une autre voie à laquelle je n'osais pas penser. En fait je m'empressai d'accepter ce que mon père et elle me dirent, à savoir que le climat du Midi avait accompli son œuvre bienfaisante, que maman allait beaucoup mieux, que nous aurions bientôt la joie qu'elle revînt habiter avec nous à Paris. Mes parents considéraient (comme la plupart des parents de cette époque, je crois) que la mort n'est pas un sujet dont il était séant d'entretenir un petit garçon de cinq ans mais que l'on devait au contraire lui cacher que nous ne sommes pas éternels aussi soigneusement que les mystères du sexe. Or je savais très bien à quoi m'en tenir sur les fins dernières de l'homme, je n'ignorais pas que toute matière est périssable, à commencer par la matière humaine, mais cette discrétion de mes parents faisait mon affaire. Puisqu'ils s'accordaient l'un et l'autre pour me rassurer, c'est que la situation était effectivement rassurante. Je pouvais donc m'intéresser sans remords aux productions locales qui consistaient principalement en grosses cruches pansues, peinturlurées et vernissées, lesquelles me paraissaient le sommet de la poterie et m'inspiraient des convoitises frénétiques; je n'eus de cesse que l'on ne m'offrît un de ces chefs-d'œuvre, que j'emportai dans mes bagages, conjointement avec le singe Fadap. Ces deux trésors me procuraient une satisfaction comparable à celle d'un guerrier qui s'en retourne dans ses foyers, couvert de butin, après une campagne victorieuse.

5

Toto – Totote – Marquis auvergnats

Écrivant ceci, je m'aperçois que raconter sa vie exige autant de rigueur qu'un travail d'historien. Je veux dire que les historiens sérieux n'inventent rien, ne cèdent pas à la tentation de combler les lacunes par des suppositions, de suppléer par des déductions à l'absence de documents, d'inventer des dialogues, en un mot, de « faire du roman ». Le passé s'étend sur l'histoire des hommes et en fait un tableau envahi d'ombres dont, si on ne trouve pas une lanterne pour y discerner des sentiers, on doit se garder de faire la moindre interprétation. Les souvenirs d'un individu sont tout aussi corrodés, ruinés, fragmentaires que les annales de l'humanité, et le mémorialiste, comme l'historien, doit résister à la tentation romanesque.

Ainsi, dans ma vie, tout ou presque a disparu entre Vence et Vaucresson, ce qui fait un trou de deux ans. Comment ai-je vécu pendant ces deux années-là ? Qu'ai-je fait, ai-je continué à fréquenter le cours Maintenon ? Sans doute, car il fallait bien poursuivre mon instruction. Je lisais avec virtuosité et je ne faisais pas de fautes dans les dictées, ayant toujours eu, si loin que je remonte dans le temps, un don étrange pour l'orthographe, qui venait peut-être de mon étude assidue de M. Pautex, mais qui, j'en suis sûr, était en partie inné. Instinctivement, je trouvais la graphie de mots très difficiles tels qu'abbaye, chênaie, atrabilaire, hypnotiseur. Je sentais qu'il y avait entre moi et la langue française des affinités mystérieuses, lesquelles me rendaient tout facile. Grâce à cette complicité avec le langage, je comprenais le monde mieux et plus vite que les autres. Cela ne laissait pas de m'inquiéter, du reste. Il était anormal, selon moi, de tout envisager en un instant comme je faisais. Cela m'empêchait d'avoir des volontés et des passions, à l'imitation de mes camarades qui fonçaient comme des comètes à travers l'existence.

Ma mère étant si loin, il était inévitable que mes relations avec mon père devinssent plus étroites. Nous avions depuis plusieurs années une servante qui s'appelait Françoise Duchesne, dite, je ne sais pourquoi, « Toto ». Elle était bretonne, ce dont elle tirait quelque fierté à en croire la manie qu'elle avait, si elle avait à dire son nom, d'ajouter automatiquement qu'elle était native de « Ploërmel, Morbihan, chef-lieu Vannes ». Elle était déjà chez nous dans ma petite enfance. Elle avait servi ma mère, qui lui faisait souvent des cadeaux et lui donnait ses robes après qu'elle les avait un peu portées. D'où un puissant attachement de Toto pour Madame, dont elle parlait quotidiennement, se lamentant de son absence, ne se lassant jamais de demander si on allait bientôt la revoir. Il faut dire que l'existence qu'elle menait entre mon père et moi n'était pas facile. Mon père était coléreux, capricieux, quelquefois arrogant, facilement brutal en paroles. Quant à moi, influencé par lui, je jouais au maître exigeant, au tyranneau. Toto nous supportait l'un et l'autre, ce qui, avec le recul, me montre qu'elle avait une bien grande patience, la brave femme, une patience populaire, une patience de Bretonne. Elle-même disait qu'elle était « bonne à tout faire », et en effet, elle faisait tout : la cuisine, les lits, la lessive, le repassage, le ménage. Deux ou trois fois par heure, elle allait ouvrir la porte aux clients de mon père et les introduisait dans le salon d'attente. Elle descendait le matin de sa chambre du sixième étage avant que nous ne fussions réveillés, préparait le petit déjeuner, et me lavait le museau dans une cuvette en aluminium remplie d'eau chaude. Le soir, elle ne remontait pas dans son pigeonnier avant de nous avoir fait à dîner et de nous avoir servis. La plupart du temps, elle bougonnait, mais elle avait aussi ses embellies. Quelquefois, ayant besoin d'un peu de tendresse féminine, j'allais la câliner, encore qu'elle n'eût guère de féminité. Elle se prêtait à ces démonstrations et me montrait même qu'elle n'y était pas insensible en me disant avec un bon sourire taquin : « Les caresses de chien, ça donne des puces ! »

Mon père était très glorieux de ses relations, c'est-à-dire de ses patients qui étaient principalement des marquis auvergnats. Comme il était aussi fier de moi que d'eux, il avait à cœur de m'exhiber. Je fus ainsi présenté à la comtesse de Miramon, que mon père, en parlant d'elle, appelait familièrement « Totote », et dont il ne manquait jamais de préciser qu'elle était « la fille aînée de Ferdinand de Lesseps ». C'était une vieille dame fort affectueuse, pleine d'aménité, qui, quand elle venait, demandait toujours à embrasser « le petit Jean ». J'avais un peu pitié du marquis de Pontgibaud, prénommé César, dont mon père, dans sa pénétration et son omniscience, disait qu'il vivait encore au Moyen Âge. Il donnait même la date exacte : 1320. Le marquis du Crozet avait épousé une demoiselle Payen, ce qui était une mésalliance, encore que cette dame appartînt à une très riche et très puissante famille de soyeux lyonnais. Qu'est-ce que c'était que ces *soyeux* qu'on ne trouvait qu'à un certain endroit de la vallée du Rhône ? Des gens qui avaient la peau exceptionnellement fine, sans doute, ce qui expliquait que les plus grands seigneurs du Puy-de-Dôme et de la Haute-Loire recherchassent leur alliance.

Les clients de mon père étaient au courant de notre situation et compatissaient à notre malheur. Ils voyaient quelque chose de très romanesque, de très digne de pitié dans cet homme de quarante-cinq ans et son enfant qui vivaient l'un par l'autre, l'un pour l'autre, s'aidant mutuellement à porter le poids effrayant qu'était un être cher mourant de consomption à mille kilomètres d'eux. Mon père était un homme fort attachant, qui suscitait l'amitié, tant par sa bonne grâce, sa gaieté, son insouciance, une certaine jactance, que par le caractère puissant que l'on devinait sous tout cela. Il était bien à l'image de son Auvergne natale, fait de basalte à l'intérieur, ce qui n'empêche pas d'offrir un agréable paysage aux yeux du promeneur. Outre cela, c'était un très bon dentiste, et cela se savait. Les gens qu'il soignait lui faisaient de la réclame, en sorte que ses luxueuses relations s'étendaient d'années en années. Elles culminèrent avec un souverain en exil, qui attendait en France le moment de reconquérir son trône. C'était le roi Carol de Roumanie, avec qui j'eus des relations privilégiées, et dont je parlerai plus loin.

6

Vaucresson – Lou Mazé – Le Chant des Oiseaux C'est Jean qui vient te baiser la main

À notre voyage à Vence, se superpose sans transition notre installation à Vaucresson. Comment a-t-on rapatrié maman ? Est-elle rentrée par le train, toute seule, est-on allé la chercher dans le Midi ? Impossible de me rappeler rien de cela.

Vaucresson, en 1927, c'était encore la campagne. Nous y louâmes une villa pour y accueillir notre pauvre malade. Le climat du Midi n'avait pas amélioré son état : on ne voyait pas de raison de la laisser se morfondre dans la solitude et dans l'ennui. Mon père professait que l'air corrompu de Paris serait mauvais pour ses poumons, mais qu'à dix kilomètres de la capitale on ne risquait pas de « respirer des microbes ».

Combien de temps restâmes-nous à Vaucresson ? Un an, peut-être un an et demi. Avec les illusions de l'enfance, j'ai l'impression d'y avoir passé toute une vie. J'ai d'ailleurs conservé beaucoup de souvenirs de ce séjour, à commencer par le nom de notre villa : « Lou Mazé » que je trouvai longtemps bizarre et incompréhensible, jusqu'à ce que je m'y accoutumasse comme à une donnée inévitable du monde. Cette maison, entourée d'un jardinet, était située dans l'avenue Gustave-Téry, longue de cinq ou six cents mètres et qui se terminait par une guinguette ayant pour enseigne : « Au Chant des Oiseaux ».

Mon père allait quotidiennement travailler à Paris, où Toto était sans doute restée, pour ouvrir la porte aux clients, tenir l'appartement en ordre, s'occuper de Monsieur, etc. Du moins, je n'ai pas de souvenirs d'elle à Vaucresson ; elle ne figure dans aucune des images que j'ai gardées de ce temps. Ma mère étant trop faible et moi trop petit pour les travaux ménagers, quelque femme du pays devait venir nous servir. Chaque soir, vers sept heures, on entendait le moteur de la De Dion qui était, à mes oreilles, le bruit le plus joyeux de l'avenue Gustave-Téry. C'était mon père qui rentrait de sa journée de travail ; avec lui, le monde extérieur, si imprévu, si amusant, faisait irruption dans notre solitude champêtre, laquelle n'était pas si grande pourtant que je ne me fusse acoquiné avec quelques galopins du voisinage. Il y avait même un Parisien qui habitait avec ses parents une villa beaucoup plus luxueuse que la nôtre, avec qui je me liai particulièrement parce que j'avais senti en lui une espèce de soumission intellectuelle, et quelque chose qui ressemblait à de l'admiration. Il s'appelait Jean Fiferling ; nous fûmes attirés l'un vers l'autre comme deux naufragés dans une île. Je trouvais en lui autre chose que ce que pouvaient offrir les petits paysans de Vaucresson, à savoir un garçon bien élevé, appartenant à ma caste et qui, en plus, me considérait comme un maître, ce qui, par voie de conséquence, m'inspirait un peu de dédain pour le « disciple ». Bref, ce fut une amitié parfaite. Nous nous recherchions chaque jour. Ce n'est pas sans plaisir que je voyais sa bonne tête souriante émerger au-dessus de la haie de Lou Mazé. Fiferling était un si gentil garçon et sa confiance en moi était si profonde qu'il me pardonnait mes trahisons. Car je l'ai trahi deux ou trois fois, prenant parti contre lui, avec les voyous locaux, ou m'associant à tel mauvais procédé dont il était la victime. Cela n'altérait en rien l'attachement qu'il me portait. Les lendemains de mes trahisons, alors que j'éprouvais quelque honte de ma conduite, j'avais la surprise de le retrouver gai, prévenant, amical, assidu comme à l'accoutumée. J'en étais à la fois charmé car j'y voyais une absolution de mon forfait, et étonné parce que, moi, à sa place, je n'eusse pas été aussi accommodant.

Il n'était plus question, évidemment, que j'allasse au cours Maintenon. On m'inscrivit à l'école communale de Vaucresson, ce qui me mêla définitivement à la population. Cette école était tenue par un vieillard dont je ne me rappelle que le prénom : Octave. Les écoliers l'appelaient Tatave entre eux et « M'sieu » en s'adressant à lui. Quoiqu'il n'eût guère plus de cinquante ans, je trouvais qu'il avait un genre exceptionnellement vétuste et chenu, parce qu'il était vêtu d'un costume d'alpaga datant de 1910, formant vaguement redingote et coiffé d'un canotier noir. Ses lunettes d'acier semblaient greffées sur son nez. Quand je lui fus présenté, il m'intimida considérablement, mais au bout de deux ou trois jours je m'aperçus que c'était un fort brave homme, plein d'indulgence et de bonhomie, souriant volontiers, pardonnant tout, ce qui n'empiétait pas sur son autorité, car ses classes étaient des modèles de discipline, d'attention (vraie ou feinte) et de silence. Le cours Maintenon, où pourtant les institutrices n'étaient pas de faibles femmes, ne m'avait pas habitué à ces mœurs quasi militaires, qui me plurent d'ailleurs beaucoup, ainsi que tout ce qui avait trait à l'éducation primaire, que je découvris avec passion : l'écriture artistique avec « les pleins et les déliés », les plumes Sergent-Major (et les plumes de ronde), l'instruction civique, les leçons de choses, les cahiers nets et soignés comme le paquetage du soldat, les livres de classe, tellement précieux qu'on se les repassait de génération en génération et qui, de ce fait, étaient bien fatigués.

Tatave ne tarda pas à s'apercevoir que j'étais différent de ses élèves habituels. Cet exotisme lui plut, sans doute. J'en eus le témoignage par une certaine considération qu'il me marquait et une façon bienveillante de m'interroger. La chose ne passa pas inaperçue aux yeux de mes condisciples, qui ne manquèrent pas de me traiter de « chouchou de Tatave », ce dont j'étais vexé et que je démentais sans convaincre personne. Les garnements de l'école étaient trop contents d'avoir une bonne raison de se moquer d'un Parisien fourvoyé dans leur brousse de Vaucresson. Ils avaient même deux Parigots à se mettre sous la dent en comptant Fiferling qui, étant plus gentil que moi, plus poli, plus délicat, passait en premier dans leurs brimades. L'honneur aurait dû me commander de me solidariser avec lui, de faire front contre nos persécuteurs. Je confesse, hélas ! que j'étais lâchement content de voir les chiens se lancer sur la piste d'un autre gibier que moi. Je crois même que je me serais volontiers agrégé à la meute, tant l'opinion publique est puissante, tant il paraît désirable de penser ou d'agir comme le plus grand nombre et tant la tentation du lynchage est contagieuse.

Outre Fiferling, j'avais plusieurs amis parmi les ouailles de Tatave. Je conserve de nombreuses images de jours de congé très chauds, où je jouais avec eux dans quelque jardin ou quelque terrain vague de l'avenue Gustave-Téry. Le soleil de Vaucresson est vraiment le soleil de mon enfance. Jamais aucun soleil, par la suite, ne m'a paru aussi fort, aussi étincelant.

En revanche il m'est resté très peu de souvenirs de ma mère. C'est sans doute parce qu'elle était là, parce que je l'avais sous la main à toute heure du jour. Je ne voyais pas qu'elle s'affaiblissait, qu'elle passait beaucoup de temps dans son lit, que tout la fatiguait. Elle était d'ailleurs fidèle à sa doctrine, à savoir qu'il fallait me cacher ce qui avait trait à sa maladie et ce qui pouvait en découler d'irrémédiable afin de protéger ma pureté enfantine. Elle me poussait à sortir, à m'amuser, à fréquenter des garçons de mon âge. Elle m'autorisait même à aller dîner chez des voisins. Tout cela avait un plein succès. Avec mon insouciance d'enfant renforcée par l'aveuglement et l'égoïsme, je jouissais de chaque moment de loisir ou d'étude, sans songer que le temps passait très vite et que, quelques mois plus tard, je ne verrais plus maman. Ce qui me rassurait plus que tout est qu'elle avait les joues rouges et non pas blanches : cela prouvait qu'elle allait mieux, car les vrais malades, c'est bien connu, pâlissent de plus en plus, jusqu'à arriver à la pâleur absolue qu'est la mort.

Mon père, quand il était à Vaucresson, errait dans le jardin et la villa, ne quittant guère son gros veston d'intérieur marron. Je ne l'avais jamais vu aussi soucieux, aussi sombre. Naturellement, je fuyais autant que je le pouvais notre lugubre maison, sans soupçonner du reste ce qui la rendait aussi triste. Ma mère passait presque toute la journée dans son lit, mais je ne m'en étonnais pas outre mesure. Un jour ou l'autre, elle se lèverait, la santé revenue, et le monde redeviendrait gai. Pour la dixième fois au moins depuis que j'étais né, je me disais que c'était là « un mauvais moment à passer », phrase que je me suis répétée souvent par la suite, qui me vient encore à l'esprit aujourd'hui dans mainte circonstance et qui révèle que j'ai l'optimisme chevillé au corps ou, peut-être, la jeunesse, car c'est un trait de la jeunesse de considérer les mauvais moments comme une exception et de croire qu'ils ne durent pas.

Je n'ai jamais su (sinon d'instinct, à la manière des animaux) que ma mère se mourait et qu'elle était morte. On me le cacha pendant des mois, je ne sais comment. Un jour, mon père me dit, d'un ton exceptionnellement doux : « Viens baiser la main de ta petite maman. » Cette proposition m'étonna. Pourquoi, à huit heures du soir, était-il soudain urgent que j'allasse dans la chambre de ma mère où je n'étais admis, généralement, qu'avec parcimonie « pour ne pas la déranger » ? Mais les enfants s'étonnent peu de ce que leur demandent les grandes personnes qui ont sans cesse des idées étranges. Maman était dans son lit, respirant avec difficulté, les yeux clos, le corps à moitié sorti des draps et dans une pose qui me sembla un peu « disloquée ». Elle ne parut pas s'apercevoir de ma présence ni de celle de mon père. Il y avait dans ce tableau quelque chose de tragique, dont je fus saisi, mais le teint de ma mère me rassura. Elle avait les joues encore plus rouges que d'habitude, et sa main, sur ma bouche, était brûlante, preuve irréfutable qu'elle n'était pas perdue. J'entendis avec surprise mon père, penché sur elle, lui murmurer d'une voix tremblante : « C'est Jean qui vient te baiser la main. » Qu'y avait-il donc de si étonnant ou de si solennel dans une action si simple et si banale ? Après quoi, c'est le noir complet dans ma tête. Je ne me souviens plus de rien qui suivît immédiatement cette scène, ou qui eût trait à notre déménagement de Vaucresson, car bientôt, nous n'eûmes plus de motif, hélas, pour nous enraciner dans cette banlieue.

7

LE MÉTRO OBLIGADO – FRANTZ – CARLO MEYER

Pendant plusieurs mois, mon père, ma grand-mère, Toto, le reste de la famille, les amis et connaissances, tous furent d'une discrétion qui ne se démentit pas. C'est dans le secret de ma conscience que, peu à peu, je finis par soupçonner que je n'embrasserais plus jamais maman. Le mot *jamais* est terrible, mais peut-être l'est-il moins dans l'enfance qu'il ne le devient dans la suite de la vie, parce qu'on est plus fataliste, ou plus réaliste. Moi qui ai toujours été d'une complète incuriosité quant aux actions de mes proches, qui ne me souciais pas d'en savoir plus qu'ils ne m'en disaient, qui n'ai jamais cherché à obtenir un aveu de personne, je désirais de plus en plus violemment, alors que les semaines passaient et que je devenais plus certain que ma mère était morte, que quelqu'un en convînt, qu'on me le déclarât en propres termes. J'avais besoin de cette parole-là pour que mon malheur fût complet ou, pour mieux dire, authentifié, définitif. Terminé, en quelque sorte. J'étais semblable aux femmes jalouses qui, sachant fort bien qu'elles ont été trompées, ne cessent de harceler leur mari volage afin qu'il se confesse entièrement et leur donne même le détail de ses adultères. Ce n'est qu'à ce prix qu'elles retrouvent la tranquillité de l'âme. Bien entendu, la personne sur laquelle je m'acharnais était la plus proche, à savoir mon père. Il était très malheureux, très morne ; je savais bien d'où venait cette humeur. Je multipliais les questions insidieuses et perfides, du genre : « Maman est-elle retournée à Vence ? », « Combien de temps va-t-elle y rester ? », « Reviendra-t-elle bientôt avec nous ? », « Quand ? Dans deux mois, dans six mois, l'année prochaine ? ». Mon père répondait évasivement, fort embarrassé, le pauvre homme, d'avoir à mentir à son petit tortionnaire, et de s'être enferré dans son mensonge. Je le traquais chaque jour, comme un chasseur qui s'emploie à débusquer le gibier. J'y parvins à la longue. Je me rappelle même le lieu de ma rude victoire. J'avais huit ans, ou je n'étais pas loin de les avoir. Il faisait nuit, les réverbères distillaient leur clarté jaune, nous venions de sortir de la rue des Acacias ; nous arrivions avenue de la Grande-Armée non loin de la station de métro qui a pour nom à présent « Argentine » et qui s'appelait alors « Obligado ». J'avais ma menotte dans la grande main dure de mon père. Il me semble qu'il était encore plus enfoncé dans son chagrin que les autres jours, et donc plus vulnérable. J'eus l'intuition que, cette fois-ci, j'allais arriver à mes fins. Je mis dans mes questions plus d'insistance que de coutume. Je ne m'attendais pas à un succès facile : mon père qui s'était tu pendant tant de mois n'allait pas, soudain, changer d'attitude ou de politique. Je fus abasourdi en l'entendant dire : « Jean, tu ne reverras plus ta petite maman. » Cette phrase me plongea pendant quelques minutes dans le désespoir. Enfin je l'avais obtenue, la certitude que je désirais tant ! Je ne saurais dire si elle m'apporta un soulagement ultérieur ; mes souvenirs sont coupés net. La mémoire travaille comme les vieux romanciers à qui la pratique de leur art a enseigné qu'il faut, dans un récit, supprimer les transitions si l'on veut le rendre saisissant et dramatique. Toutefois, après la pseudo-révélation de mon deuil et notre marche dans la nuit parisienne, quelque chose changea dans ma vie, ou plutôt je sentis qu'une période de cette vie prenait fin et que j'allais vers de nouvelles destinées, ce qui montre que ma cruelle insistance pour obtenir une sorte de « certificat de décès » de ma mère n'avait pas été inutile.

Jusqu'alors, en dépit du pressentiment très fort que j'avais, il me restait un doute auquel, d'ailleurs, je me cramponnais. S'il y avait une chance sur mille que ma mère fût encore vivante, je voulais croire à cette chance-là et à rien d'autre. Mais il en résultait que j'étais sans cesse en porte à faux sur le monde, ignorant si j'étais semblable à tous les enfants ou seul de mon espèce.

Après qu'on m'eut officiellement notifié que j'étais orphelin, j'eus l'impression bizarre d'avoir un statut. Inutile de préciser que ce n'est pas ce statut-là que je me serais donné si j'avais eu le choix, mais je savais enfin à quoi m'en tenir sur ma place dans la société. Pendant plusieurs années, l'état d'orphelin m'inspira de la honte, je n'en parlais pas, ou je le cachais comme une tare. Jusqu'à douze ou treize ans, j'ai éprouvé le sentiment de César Birotteau après sa faillite, avec le chagrin supplémentaire de savoir que je ne pourrais jamais rembourser ma dette, que je serais banqueroutier jusqu'à mon dernier soupir. Je trouvais qu'il était contre nature, et par conséquent, scandaleux, de n'avoir pas de mère. Qui, autour de moi, n'avait une mère ? À huit ans, le pire supplice que l'on puisse endurer est de n'être pas comme tout le monde. Je ne parle pas ici du caractère ou du comportement, mais de l'extérieur de la vie, du fait qu'on est logé ou non *à la même enseigne* que ses congénères. Tout au long de mon existence, je n'ai jamais eu le sentiment d'être logé à la même enseigne que quiconque, me ressemblant ou ne me ressemblant pas. J'en ai été dépité jusque vers trente-cinq ans, âge où j'en ai pris mon parti, en quoi j'ai eu du mérite, car l'exercice de la littérature n'y prédispose pas. En effet, la critique et les journalistes ont un don infaillible pour comprendre de travers ce que vous avez écrit, vous attribuer une foule d'intentions que vous n'avez jamais eues, vous affubler d'une étiquette absurde.

Une des conséquences de la mort de ma mère est que je vis ma grand-mère plus fréquemment. Elle prit l'habitude de dîner à la maison tous les mardis. Tantôt elle m'apportait un livre de la Bibliothèque verte, tantôt elle me donnait cinq francs pour que j'allasse choisir moi-même le titre qui m'intéressait. Lorsque la Bibliothèque verte augmenta ses prix, ma grand-mère, qui pourtant n'était point très prodigue, y ajusta mon allocation, et je passai de cinq francs à sept francs par semaine.

J'étais toujours content de voir ma grand-mère, ainsi d'ailleurs que ses frères et sœurs, mes grands-oncles et grands-tantes, qui étaient nombreux. Chaque fois que l'un d'eux venait nous voir, j'en ressentais une joie particulière. Tous, en effet, me manifestaient une vive amitié, se penchant vers moi, m'embrassant avec effusion sur les deux joues, m'apportant quelquefois un cadeau. J'avais le sentiment d'être le membre le plus précieux, le plus aimé de la famille ou, plus exactement, de la tribu, du clan. Mon oncle Isidore, qui avait mauvaise réputation, ayant une « maîtresse » et exerçant, paraît-il, des métiers un peu hasardeux, était mon préféré. Généralement, il venait à l'heure du déjeuner et s'invitait sans façon. Lorsqu'il entrait dans notre appartement, le cher homme y introduisait avec lui la jovialité, la gaieté, le bonheur de vivre, le monde enfin, qui est mystérieux et amusant. En entendant son accent alsacien qu'il n'avait pas perdu depuis quarante ans qu'il habitait Paris, j'accourais dans le vestibule pour l'accueillir. « Chan, s'écriait-il, sachant que je serais charmé par cette révélation, ch'ai apporté tu thon ! » Effectivement, je raffolais de cette nourriture dont mon oncle Isidore brandissait deux ou trois boîtes cylindriques et rouges qui annonçaient une bombance exceptionnelle. Comme tous ses autres frères et sœurs, il appelait mon père « Frantz », qui était la façon alsacienne de dire François. Je pense qu'ils lui montraient ainsi qu'ils l'avaient accepté dans leur parenté, ce qui ne s'était peut-être pas fait facilement.

Le père de mes grands-oncles et de ma grand-mère, c'est-à-dire mon arrière-grand-père maternel, était un marchand de drap de Colmar. En 1871, ce patriote fut désespéré par l'annexion de l'Alsace-Lorraine à l'Empire allemand. Comme il ne pouvait quitter son commerce, sous peine d'être ruiné, il envoya ses enfants en France, afin qu'ils y fissent leurs études et leur vie. Il avait quatre garçons et trois filles. Mon oncle Henri entra à Polytechnique. Quand je naquis, il était colonel d'artillerie. Je ne sais ce que fut mon oncle Charles, mais il avait des idées de dandy. Un jour, il me montra avec une certaine solennité une comédie qu'il avait écrite et qu'avait publiée en feuilleton un journal de 1900, *Le Gaulois* ou *L'Écho de Paris*. Elle était signée « Carlo Meyer ». Quoique je ne dusse avoir guère plus de treize ans, je fus frappé par la parfaite nullité de cet ouvrage. C'était si banal et si insignifiant qu'il ne me fallut pas moins de toute la politesse des enfants (qui est sans bornes) pour féliciter l'auteur de son style, de son sens du comique, de son don de dramaturge, etc. À cette époque-là, mon pauvre oncle Charles était très loin du fringant Carlo. Il était devenu le garde-malade de ma tante Lucie, sa femme, qui était atteinte de la maladie de Parkinson, qui ne quittait plus son lit et qui l'appelait toutes les deux minutes d'une voix lamentable.

8

Ma tante Palmyre – Le piano de ma mère
La duchesse de Magenta

Ma grand-mère portait le prénom étrange de Lucine. Ses deux sœurs s'appelaient Jeanne et Palmyre. Elles se donnaient des surnoms entre elles. Ma grand-mère était « la Noire », à cause de sa chevelure brune, ma tante Palmyre était « la Rouge », parce qu'elle était rousse, et ma tante Jeanne « la Grosse », pour une raison qui sautait aux yeux. Ma tante Palmyre m'aimait plus qu'aucun de ses autres neveux. Elle était veuve d'un militaire, le chef d'escadron Oulif, qui commandait la place de Nice et avait eu la malchance de prendre sa retraite au mois de juin 1914. Je ne sais quand il mourut, mais ma tante Palmyre dut se consoler assez vite. Je n'ai gardé d'elle que des souvenirs de femme rieuse, d'une constante bonne humeur, fort à l'aise dans sa condition de veuve pour laquelle elle semblait avoir une sorte de vocation. Elle venait à Paris une ou deux fois l'an et descendait à l'hôtel Recordon, avenue Carnot (ou avenue Mac-Mahon), peut-être pour n'être pas loin de son neveu chéri. Effectivement, quand elle était dans la capitale, je la voyais tous les jours, longuement ; nous allions nous promener tous les deux, et le soir, après m'avoir ramené à la maison et qu'il ne restait plus de clients attendant dans le salon, nous prenions, elle et moi, possession de cette pièce, où il y avait un meuble qui m'intéressait énormément : le piano de ma mère, sur lequel je reconstituais les chansons qui me plaisaient. Cet instrument, de marque Gaveau, avait un joli son velouté que je trouvais la chose la plus céleste qu'on pût entendre. C'était un piano droit surchargé d'accessoires, comme la De Dion, avec, entre autres, une paire d'appliques électriques munies d'abat-jour roses encadrant le pupitre porte-musique. Le piano s'ouvrait par le haut, grâce à quoi on pouvait faire beaucoup de bruit. Ma tante Palmyre connaissait une foule de valses, de polkas, d'airs d'opérette qu'elle jouait agréablement et que je ne me lassais pas d'écouter. Cela me changeait de ma grand-mère qui, elle, était une véritable musicienne et ne daignait rien connaître au-dessous de Chopin et de Beethoven, lesquels avaient composé de très belles choses, j'en convenais, mais n'étaient pas aussi amusants que Strauss, Chaminade, Benjamin Godard et Waldteufel. Quant à ce dernier, il avait écrit un pur chef-d'œuvre, *Estudiantina*, dont je fus si émerveillé lorsque ma tante Palmyre me le fit entendre, que je résolus, encore que je ne connusse pas les rudiments du piano, de le jouer moi-même, autant pour ma satisfaction personnelle que pour briller éventuellement en société. Avec la main droite, je parvins assez vite à attraper la mélodie, mais la main gauche avait de la difficulté à suivre. Encore une fois, ma bonne Palmyre me fut bénéfique : elle m'enseigna deux ou trois accords faciles, susceptibles d'accompagner n'importe quoi, en sorte qu'au bout d'une semaine j'avais le sentiment d'avoir presque atteint à la virtuosité de Rubinstein et de Paderewski.

L'amour que me portait la chère Palmyre se manifesta jusqu'à la fin de sa vie et après sa mort : elle est la seule personne dont j'héritai, m'ayant légué cinq cent mille francs, ce qui vers 1950, ferait huit ou dix mille francs d'aujourd'hui. J'empochai ce cadeau inespéré, avec une pensée attendrie et reconnaissante pour le brave cœur qui, par-delà la tombe, trouvait le moyen de me faire encore du bien et de me tirer de je ne sais plus quel mauvais pas, car en ce temps-là, j'étais ruiné chaque mois, sinon chaque semaine.

Mon père et ma grand-mère vivaient dans un état de paix armée. Le plus expansif était le premier à qui toute occasion était bonne d'exhaler son antipathie. Pendant quelques mois – peut-être un an – après la mort de ma mère, il y eut comme un armistice entre eux, à cause de leur chagrin et aussi à cause de moi dont ils sentaient, en dépit de leur incurable inimitié, qu'il ne fallait pas ajouter à mes épreuves celle de les voir se quereller l'un l'autre. Peu à peu, le naturel reprit le dessus ; les vieux griefs reparurent dans la conversation de mon père, à savoir que ma grand-mère, qu'il appelait par dérision « la duchesse de Magenta » parce qu'elle habitait au numéro 80 du boulevard qui porte ce nom, près de la gare de l'Est, était d'une « avarice sordide ». En fait, c'était là sa principale accusation, son thème favori, autour duquel il brodait une quantité de variations. De temps à autre apparaissait « la dot de ma mère » dont on attendait le versement depuis 1904 et dont on ne verrait évidemment jamais la couleur. Il n'est pas jusqu'à l'aspect de ma grand-mère qui n'excitât cette verve hargneuse. Avec ses cheveux teints, son maquillage, ses colliers, ses bijoux, ses hauts talons, elle avait l'air d'une vieille « marchande à la toilette », appellation qui m'intriguait car je ne voyais pas quels articles tenaient ce genre de commerçantes. Mon père avait une façon énergique d'exprimer ses sentiments qui intimidait et qui décourageait de lui demander des explications. Je n'eus une idée de ce qu'étaient réellement les marchandes à la toilette que beaucoup plus tard, en lisant les romans historiques d'Alexandre Dumas, où l'on en aperçoit quelques-unes qui vendent des nippes à crédit ou s'entremettent dans les rendez-vous galants. Je trouvai alors mon père bien injuste. Pour moi, je ne voyais pas les mesquineries de ma grand-mère, qui en effet était un peu trop regardante ou économe pour mon goût : j'étais surtout conquis par son grand cœur que, j'en étais sûr, j'occupais presque tout entier.

Mon grand-père, prénommé Émile, constituait une autre cible pour les sarcasmes de mon père qui ne se lassait pas de le peindre sous les traits d'un vieillard crasseux frisant le gâtisme. À l'en croire, c'était un notoire imbécile, un incapable qui filait doux devant son épouse, aux crochets de laquelle il vivait, d'ailleurs. Quand mon père l'évoquait, il l'appelait « Émile », comme si ce prénom eût été non seulement le plus ridicule du calendrier, mais encore le plus approprié à son calamiteux beau-père. Avec le recul des années, je m'aperçois que mon père avait un vrai don pour la propagande : il mettait tant d'emportement et de passion dans ses propos qu'on en était, malgré l'évidence, influencé. Par exemple, j'aimais bien mon grand-père Émile, je lui trouvais beaucoup de gentillesse et de bonhomie, je ne m'ennuyais pas en sa compagnie. Il avait quelque chose d'insouciant, de guilleret, à quoi j'étais très sensible. Cependant, endoctriné par mon père, je ne pouvais m'empêcher de considérer mon bon vieux Pépé avec une nuance de dédain, comme un spécimen de sous-humanité. La preuve quasi objective m'en était fournie par la couleur jaune qui semblait répandue sur toute sa personne. Des milliers et des milliers de cigarettes avaient jauni sa moustache et noirci ses dents. Le temps avait jauni ses costumes gris (pourquoi est-il toujours vêtu de gris dans mon souvenir ? Il devait bien avoir deux ou trois autres vêtements, noirs ou bleus), ses doigts étaient jaunes, et même ses yeux. J'eus un peu de chagrin lorsqu'il mourut en 1935, mais certainement beaucoup moins que je n'en aurais ressenti si mon père, par ses médisances, ne l'avait tant détruit dans mon esprit.

Ma grand-mère était très discrète quant à ses différends avec son gendre. Pas une fois, je crois bien, je n'ai entendu sur celui-ci, de sa bouche, une parole injurieuse ou désagréable. Lorsqu'elle me parlait de lui, elle ne l'appelait pas François ou Frantz, mais « ton père » sur un ton d'aversion, sinon de mépris, qui ne m'échappait pas et dans lequel, avec la perspicacité des enfants, je contemplais toute sa rancœur sans le moindre voile.

Aller boulevard Magenta était pour moi une fête. D'abord parce que c'était le logis de mes grands-parents, c'est-à-dire un haut-lieu de la famille, où je savais que je trouverais deux génies tutélaires dont la mission sur cette terre était de veiller sur moi et de m'aimer. Ensuite parce que cet appartement, situé à l'entresol, était une espèce de grotte à la fois mystérieuse et miteuse, abritant des trésors dérisoires quoique très désirables. Le papier des murs n'avait pas été changé depuis je ne sais combien d'années, ni les peintures refaites. Les quatre fenêtres qui donnaient sur le boulevard Magenta n'avaient pas été nettoyées, elles non plus, depuis dix ans, leur crasse tantôt filtrant le jour, tantôt irisée par le soleil, ajoutait à la poésie des lieux. Enfin, au rez-de-chaussée de l'immeuble était installé un fleuriste, ce qui remplissait l'escalier d'une odeur fraîche et végétale presque entêtante. Cette odeur est demeurée indissociable de la personne de mes grands-parents. Lorsque j'allais les voir, il me semblait que je traversais fugitivement un champ ou un taillis parfumé par des pluies récentes. Le contraste n'était que plus fort avec leur logis, tout imprégné de la senteur fade propre aux vieillards, à laquelle les narines des enfants sont sensibles, au point qu'ils se représentent, par ce parfum métaphysique, le grand fossé des générations. Quelque tendresse que j'eusse pour mes grands-parents, j'avais le sentiment, quand j'entrais chez eux, de me trouver en compagnie d'êtres humains qui, malgré nos liens de parenté, étaient par nature différents de moi. Mon père n'avait pas du tout cette odeur-là ; il émanait de lui quelque chose de viril, des relents de cuir, de sueur, d'embrocation, qui m'étaient très agréables quoiqu'ils me parussent aussi étrangers que l'étaient les fragrances du boulevard Magenta.

9

Eusapia Palladino – Le samovar – Grand ferlampier

Ma grand-mère, quand je sonnais à sa porte, me recevait avec de grandes démonstrations d'amour. Elle m'appelait son « Mimi chéri ». C'était une femme très gaie, en dépit de la rude vie qu'elle avait eue, traversée par les événements les plus tragiques dont on puisse être frappé : ses deux filles étaient mortes, c'est-à-dire ma mère et une petite Georgette qui l'avait précédée d'une vingtaine d'années dans la tombe. Ma grand-mère parlait si souvent de cette enfant que sa personnalité m'était devenue presque aussi familière que si je l'avais connue. Sa photo était sur la cheminée du salon, en compagnie des photos des quelques personnes que ma grand-mère avait chéries au cours des âges. La petite Georgette avait un sourire appliqué, des boucles qui lui descendaient dans le cou, une robe à volants et des bottines de style 1900. Quelle chose étrange que la photographie : le sourire de Georgette, qui avait bien dû pleurer ou avoir l'air rechigné quelquefois, s'est gravé en moi pour toujours. Je ne pourrais, quelque effort d'imagination que je fasse, la concevoir autrement qu'avec ce sourire légèrement forcé et cependant gentil. Mieux encore : c'est avec les longues boucles et l'habillement d'une fillette de 1900 que je me représente les anges, lesquels ont tous, pour moi, plus ou moins, la physionomie de Georgette.

Un des grands sujets de moquerie de mon père était les convictions spirites de ma grand-mère, qui assistait à des séances de tables tournantes, se proclamait disciple d'Allan Kardec, se référait à Eusapia Palladino (dont le beau nom évoquait pour moi une femme fatale très brune) et vivait dans l'intimité des esprits. Par fanatisme filial, je partageais le scepticisme railleur de mon père ; je considérais les pratiques de ma grand-mère comme de la superstition pure, sans me douter que le spiritisme était pour elle une consolation, qu'il lui apportait la certitude que les êtres qu'elle avait chéris n'avaient pas disparu définitivement, mais qu'ils demeuraient autour d'elle, lui apportant leur protection et surtout leur amour, intact par-delà la mort. J'étais un petit matérialiste ; d'ailleurs, la plupart des enfants le sont : c'est une des formes de leur égoïsme, lequel commence à s'atténuer quand vient l'âge dit « ingrat », lorsque des sentiments d'adulte, amour ou inquiétude religieuse, entrent tout à coup, comme par effraction, dans une âme qui n'y était pas préparée et la font éclater, en quelque sorte. À sept ou huit ans, on n'a même pas le soupçon de ce que sont la charité, la compassion, la compréhension, l'indulgence pour les faiblesses des gens ou ne fût-ce que leur originalité. On est un animal qui, malgré sa perméabilité aux influences et sa soumission aux préjugés les plus sots, rejette avec brutalité ce qui lui déplaît ou qu'il juge contraire à sa nature.

En ce qui concerne le spiritisme, je n'étais quand même pas aussi radical ; je changeais même d'avis assez facilement. Quand j'étais en tête à tête avec ma grand-mère, quand elle m'entretenait de cette croyance si ancrée qu'elle avait, je ne laissais pas d'être impressionné par tant de conviction. Elle m'eût peut-être converti si elle m'avait eu sous la main pendant quelques jours sans interruption, mais ce ne fut jamais le cas, et mon père, quand je le retrouvais, défaisait par quelques plaisanteries tout son endoctrinement. À la réflexion, tel que je me connais, il y avait dans mon attitude à l'égard de mon père comme de ma grand-mère une certaine dose de politesse. Je feignais un peu sans doute (je dis un peu) d'être d'accord avec l'un et avec l'autre pour leur faire plaisir. Ce genre d'acquiescement eût été tout à fait dans ma manière. Et en y songeant plus à fond, je suis presque sûr que c'est ainsi que les choses se sont passées. J'ai beaucoup menti par politesse dans mon enfance. Je dirai même que le mensonge de politesse a été le principal moteur de mes actions jusqu'à l'adolescence, sinon au-delà. Je l'ai infiniment plus pratiqué que le mensonge utilitaire, destiné à dissimuler une maladresse ou quelque action dont on n'est pas trop content.

Je n'ai pas le souvenir de m'être une seule fois ennuyé chez ma grand-mère. Cela mérite d'être mentionné car toute ma vie, aussi bien quand j'étais enfant qu'aujourd'hui où je suis vieillard, j'ai repoussé l'ennui comme un incube ou un succube accroché à ma gorge et qui profite de la moindre occasion pour me voler mon âme. Voici d'ailleurs un souvenir qui ne trompe pas : aller boulevard Magenta n'était en rien une corvée pour moi, j'y courais avec allégresse, comme si c'eût été la récompense de ma bonne conduite pendant le reste de la semaine.

Je pourrais encore à présent dessiner le plan de l'appartement de ma grand-mère. On entrait directement du vestibule dans une pièce obscure qui était la salle à manger, laquelle se recommandait par quatre gravures tirées de *Paul et Virginie*. De là, on passait au salon, contigu à la chambre de ma grand-mère. Mon grand-père couchait dans un réduit où l'on ne pénétrait pas sans difficulté. Le mobilier du salon était composé de quatre fauteuils et d'un canapé en bois noir recouverts de velours d'Utrecht rouge, dans ce style Louis XV-Grévy qui submergea la France petite-bourgeoise à la fin du siècle dernier. Il faut y ajouter un guéridon bancal sur lequel était posé un objet extraordinairement incongru, haut de soixante centimètres environ, en cuivre, hérissé de tuyaux et de robinets. Le nom de cette chose, qui n'avait pas d'équivalent en français, ajoutait à son mystère : c'était, disaient les initiés, un *samovar*. Je me gardai de demander quelle était la signification de ce mot, ainsi que l'usage de l'engin qu'il désignait, moitié par discrétion moitié parce que l'ignorance où j'étais m'était assez agréable. Le samovar était un des éléments de la magie propre au boulevard Magenta. Il y a dans ma vie d'autres exemples de ce genre de résistance. Plusieurs fois j'ai refusé d'écouter des explications fort simplettes et élémentaires, afin de garder dans ma tête un coin de ténèbres ou d'irrationalité. Je finis évidemment par tout connaître sur les samovars. Plus tard, vers dix-huit ou vingt ans, lorsque je découvris la littérature russe, et que je me mis à dévorer les romans de Dostoïevski, je tombai sur une multitude de samovars grâce auxquels je me sentis quasiment comme chez moi dans les isbas, les datchas et les palais de Saint-Pétersbourg. Je suis sûr que le samovar de ma grand-mère, qui était arrivé boulevard Magenta Dieu sait comment, a été pour quelque chose dans la familiarité et la tendresse que m'ont inspirées, dès que je les ai abordés, les auteurs russes, et qui ne se sont pas démenties par la suite. J'étais préparé à leur rencontre depuis l'âge de six ans. Je suis obligé de faire un effort pour me rappeler que Gogol, Lermontov, Pouchkine, Tolstoï ne sont pas français, tant j'ai le sentiment qu'ils appartiennent à mon patrimoine. Il n'y a pas d'autre littérature étrangère qui me donne ce sentiment, pas même la littérature anglaise, pas même Dickens, qui est si proche, pourtant, du cœur de son lecteur.

Il y avait trois pôles dans le salon de ma grand-mère : la cheminée qui était en marbre blanc, mais que les feux de boulets qu'on y entretenait en automne et en hiver avaient noircie et jaunie, un petit bureau fourbu de style Louis XVI près d'une fenêtre, et le piano, de marque Pleyel, qui n'avait pas le son moelleux, un peu étouffé du Gaveau de ma mère. Il était plus net, plus clair, ce que je pris longtemps pour une infériorité jusqu'au jour où je pensais qu'il en était des pianos comme des hommes : chaque tribu avait ses originalités, ses idiosyncrasies, sans que, pour autant, les unes fussent inférieures aux autres.

Le piano était le seul meuble auquel ma grand-mère fût réellement attachée. Alors que le reste du mobilier était plus ou moins à l'abandon, dans la crasse et dans la poussière, on voyait qu'il était épousseté chaque jour, lustré comme un cheval. Il était en bois noir brillant, les touches bien blanches et protégées sous le couvercle par une bande de papier journal. Il ne se passait pas de jour que ma grand-mère ne jouât quelques morceaux de Mozart ou de Haydn, à moins que ce ne fût une sonate de Beethoven, musicien auquel elle vouait un culte fanatique qu'elle tâchait de me faire partager. Elle y parvint, d'ailleurs, mais avant d'arriver à ce maître sublime, j'avais à faire l'éducation de mes oreilles. Pour aller de Waldteufel à Chopin, puis dépasser Chopin, il y avait quelques étapes à franchir. Néanmoins un moment vint où je fus aussi charmé par la *Pathétique* que je l'avais été autrefois par *Estudiantina*. Je trouvais du reste les mêmes difficultés pour matérialiser mon admiration, c'est-à-dire que je me débrouillais assez bien avec la main droite, mais que la main gauche était d'une complète inertie. Vers l'âge de douze ans, je convainquis mon père de me faire prendre des leçons de piano, pour l'amour de Beethoven (et de Brahms dont les *Danses hongroises* m'enchantaient). J'étais alors au lycée Janson-de-Sailly, où officiaient deux professeurs de musique. Celui qui s'occupa de moi s'appelait M. Froment. C'était un homme indulgent, guilleret et, me semblait-il, sans illusion sur ses élèves. Il n'en avait pas plus sur moi que sur les autres, et me plaisantait parce que je méprisais la Méthode rose, que le solfège m'ennuyait et que je voulais interpréter tout de suite des rhapsodies de Liszt. Mes leçons de piano ont duré un an à peu près. M. Froment m'aimait bien, malgré ma paresse et ma présomption. Il m'appelait affectueusement « grand ferlampier », mot dont je n'ai jamais su la signification, mais qui était plutôt amical.

Le piano de ma grand-mère exerçait sur moi une forte attraction et il était bien rare qu'au cours de mes visites je ne l'ouvrisse et ne reconstituasse pas sur lui, avec trois doigts, une des scies qui me plaisaient parmi celles qui résonnaient chaque jour à Paris. Ma grand-mère me regardait faire avec une certaine inquiétude. Elle pliait soigneusement la bande de papier journal ; elle ne pouvait pas s'empêcher de me donner des conseils, de s'écrier : « Ici il y a un dièse » ou de me supplier d'avoir moins d'énergie vu que je risquais de désaccorder son cher instrument. Ces exhortations calmaient-elles mon enthousiasme ? Je n'en suis pas sûr. Il est très amusant, quand on a huit ans, de faire du vacarme avec un piano, de taper fort, jusqu'à en être assourdi. On a l'impression de former à soi seul tout un orchestre.

Le bureau Louis XVI m'intéressait considérablement, lui aussi. Au cours de mes visites, j'en explorais tous les tiroirs, dans lesquels je trouvais une foule de saletés et de vieilleries qui s'y étaient accumulées d'année en année : mouvements de montres rouillés, bagues sans valeur, cornalines ébréchées, bracelets démantibulés, etc., qui étaient comme les épaves du petit commerce de bijouterie et de courtage que mes grands-parents avaient exercé tout au long de leur vie. Petit commerce, soit dit en passant, qui n'échappait pas à l'esprit satirique de mon père, lequel n'eût pas laissé passer une aussi heureuse occasion de peindre ses beaux-parents comme deux trafiquants louches à la lisière de la filouterie. Dans une de mes explorations du bureau (dont je ne me lassais pas quoique, d'une semaine sur l'autre, j'y retrouvasse les mêmes vestiges), je dénichai dans le double fond du tiroir-caisse un objet particulièrement saugrenu, sorte d'encrier pour chasseur, orné d'un sanglier auquel il manquait une patte, d'un lièvre bondissant, d'un oiseau battant des ailes et de divers trophées cynégétiques, le tout dans une matière difficile à identifier. Du laiton peut-être, mais ayant pris, avec le temps et l'abandon, une couleur chocolat qui singeait le bronze. Je convoitai immédiatement cette horreur et demandai à ma grand-mère la permission de l'emporter, à quoi elle acquiesça sans peine, et me disant ces paroles si pleines de philosophie que je ne les ai jamais oubliées, qui résonnent encore à mes oreilles :

– L'essentiel, c'est que cela te plaise.

Les choses, comme les écrits, ont leur destin. Il n'y avait aucune raison pour que je conservasse plus de deux ou trois semaines l'absurde encrier de ma grand-mère, qui était d'une parfaite laideur et n'avait pas la moindre valeur. Néanmoins, après toutes sortes de tribulations et de déménagements, je le retrouvai en 1956 et je l'offris à Jean Paulhan qui avait du goût pour ces sortes de monstruosités. Il m'en remercia avec effusion, ce qui ne signifiait nullement que mon présent l'enchantait, mais l'effusion était dans sa manière, surtout si, par politesse, elle était feinte.

10

Rire en ut majeur – Postures de rhumatisants
Photos sur la cheminée – Georgette

Une des raisons pour lesquelles la compagnie de ma grand-mère m'était si agréable est qu'elle ne me traitait pas en enfant. Je suis persuadé qu'elle désapprouvait que l'on m'eût menti à propos de la mort de ma mère, et que s'il n'eût tenu qu'à elle on m'aurait tout révélé non pas pour me bronzer le cœur, mais parce que j'étais une créature humaine, envers qui l'on a pour premier devoir de ne rien cacher de la vérité, que c'est là une question de respect. Respect est bien le mot, encore qu'il ne fût pas prononcé, ni même pensé. À sept ou huit ans, j'avais l'intuition que ma grand-mère me respectait comme si j'avais le même âge qu'elle. Je n'aurais pas su l'exprimer, évidemment, mais j'étais tout pénétré de cette conviction. Lorsque j'étais dans sa compagnie, j'avais, pour ainsi dire, plus de valeur que dans la compagnie des autres grandes personnes, aux yeux desquelles, si bienveillantes et affectionnées fussent-elles, je me sentais quantité négligeable. D'ailleurs elles avaient à mon égard une attitude contradictoire qui me montrait de façon quasi injurieuse mon peu d'importance sociale et humaine : d'un côté, on me dissimulait mille choses dont je m'étais avisé depuis longtemps, d'autre part, on se conduisait comme si je ne comprenais rien, comme si mes yeux et mes oreilles étaient fermés à certains détails de la vie qu'on évoquait sans se gêner devant moi avec la certitude que cela passait « au-dessus de ma tête ». Or je comprenais à peu près tout, et même ce qui était tu. Cela n'empêchait pas l'ingénuité, dont j'étais aussi bien pourvu que n'importe qui.

Une des plus puissantes séductions de ma grand-mère était son rire, qui était si joyeux, si plein de confiance dans la bonté du Créateur, si pur en quelque sorte, qu'on avait, en l'entendant, l'impression d'entrer dans un autre monde, où rien n'est irrémédiable, rien n'est désespéré. C'était, oserai-je dire, un rire en ut majeur, triomphant et apaisant comme les premières mesures d'une symphonie de Mozart. L'appartement miteux du boulevard Magenta en était transfiguré, et je suis sûr, si longtemps après qu'il s'est tu, que c'était une des raisons et non des moindres qui faisaient que le métro « Gare de l'Est » m'apparaissait comme une des rares enseignes sous lesquelles on pouvait trouver le bonheur dans cette existence. Le bonheur, en effet, ou ce que l'on appelle ainsi, était pour moi, à l'âge de sept ou huit ans, une notion dénuée de sens, non pas à cause de mon tempérament, car j'étais très gai et très insouciant, mais plutôt par philosophie. Car on a de la philosophie, à huit ans. Pour ma part, j'en étais bardé ; je ne me faisais d'illusion sur rien, j'acceptais sans broncher toutes les vérités du monde, fût-ce les plus noires, et même elles ne me déplaisaient pas : je sentais qu'elles étaient bonnes pour la santé, comme des protéines ou des légumes verts. Enfin, s'il m'arrivait d'espérer ou de désirer quelque chose, j'avais toujours, à l'arrière-plan de mon esprit, l'idée que rien n'est sûr ici-bas, si ce n'est que l'échec est plus fréquent que le succès. Cette philosophie de mon enfance m'a été bien utile dans la conduite subséquente de ma vie : elle m'a donné une indifférence aux contrariétés, une résistance à l'adversité, et un fatalisme extrêmement tonique dans les catastrophes, lesquelles d'ailleurs cessent d'en être après qu'elles se sont produites : on est simplement en face d'une autre combinaison de causes et d'effets, dont il importe de tirer parti le mieux possible. Une maxime de Napoléon exprime admirablement cela : « Dans une situation donnée, il ne faut pas désespérer, il faut délibérer. » Eh bien j'ose dire qu'il m'est rarement, pour ainsi dire jamais, arrivé de désespérer, et qu'au fond des pires ennuis il me restait heureusement une faculté délibérative, grâce à laquelle je retrouvais mon ressort plus vite qu'un autre. C'est à l'enfant que j'étais, à l'enfant qui était ainsi fait, et qui avait un caractère plus fort que ses volontés (lesquelles ne m'eussent mené que dans des chemins sans issue) que je dois cette disposition si commode, qui m'a tant facilité le passage sur la terre.

Ma grand-mère m'entretenait souvent de ses deux filles Georgette et Andrée. En ce qui concerne Georgette, je participais volontiers à la conversation, en revanche, j'éprouvais de la difficulté à parler de ma mère. Tout ce qui, après sa mort, me la rappelait, me faisait mal. Il m'était moins douloureux de me taire, de verrouiller mes sentiments au fond de moi que d'affronter la pitié, la compréhension, la gentillesse, la sympathie des gens, même les plus proches de moi. C'est un trait que j'ai gardé : toute ma vie, j'ai soigneusement enfermé mes chagrins en moi, j'ai fui ou esquivé les consolations, donnant ainsi de moi une image fausse, celle d'un cœur sec, d'un indifférent, incapable de pleurer. J'en ai tiré du moins un enseignement, à savoir qu'il ne faut pas juger sur l'apparence les personnes qu'habite une grande peine. Elles sont comme des rhumatisants qui cherchent la position qui leur sera la moins incommode, sans se soucier de paraître bizarres à leur entourage.

La cheminée du salon, boulevard Magenta, était surchargée de photographies que le temps avait jaunies ; certaines tiraient sur le mauve. Par un étrange phénomène, elles semblaient, à cause de ces couleurs, être douées d'une espèce de vie autonome. Elles avaient vieilli comme mes grands-parents, elles les avaient accompagnés dans la suite des jours. Georgette était la doyenne de cette population d'images. Je l'ai tant contemplée, cette petite fille de mon âge qui était ma tante, je me suis tant rempli les yeux de ses boucles, de son petit nez, de son sourire, de sa robe blanche, de ses bottines à boutons, qu'il me semble que je l'ai réellement connue. Il faut dire qu'elle était sans cesse présente dans les propos de ma grand-mère qui ne se lassait pas de me raconter combien sa « petite Georgette » était sage, docile, facile de caractère, de me décrire son primesaut et sa joliesse, de s'extasier sur ses mots d'enfant.

J'enviais ma grand-mère de parler si bien des morts, de les ramener à la vie par l'amour qu'elle avait pour eux et qu'elle exprimait rien qu'en prononçant leur nom. Il est probable que le spiritisme lui facilitait les choses, mais je n'en étais pas moins émerveillé par la faculté qu'elle avait de se promener dans le monde invisible, « chez les esprits » comme elle disait. Avec elle, on pouvait bien être mort, on n'était pas disparu pour autant, oublié, rejeté au néant, aboli. Les morts étaient des voyageurs qui avaient pris le train avant nous pour se rendre dans une ville mystérieuse où ils nous attendaient jusqu'au moment où il nous plairait de les y rejoindre. Ils nous accueilleraient alors avec des transports de joie et nous connaîtrions enfin la félicité, qui consiste à vivre éternellement avec les êtres qu'on a aimés. Je voyais bien la leçon à tirer de cette facilité, de cette espèce de plaisir triste qu'avait ma grand-mère à parler de nos chers morts, grâce à quoi l'on pouvait constater qu'aucun de ses chagrins n'avait gardé de pointe dure : elle ne s'insurgeait pas contre la loi du monde, elle n'avait pas de ces sentiments de haine pour soi-même que l'on éprouve lorsqu'une personne que l'on a chérie a emporté la moitié de notre âme dans la tombe et ne nous laisse, comme on dit familièrement, « que les yeux pour pleurer ». Je voyais la leçon, dis-je, et j'enviais celle qui me la donnait mais cela ne suffisait pas à me changer le caractère, c'est-à-dire à me rendre loquace lorsque j'avais un chagrin, et spécialement à propos de ma mère. Rien de ce qui, de près ou de loin, pouvait avoir trait à elle, ne sortait de moi. Je ne prononçais pas même son nom, ni le mot « maman » de peur de faire saigner mes plaies. En même temps, mon silence, mon impuissance me donnaient des remords. Tout le monde avait bien tenu sa langue tant que le mot d'ordre était de me cacher que je n'avais plus de mère, mais dès le lendemain de la soirée où mon père passa aux aveux, il advint un curieux phénomène, comme si on avait levé une consigne, ou aboli une censure : les gens se mirent à me parler de ma mère à l'imparfait, et non plus au présent comme on parle d'une personne vivante qu'on a vue récemment, qu'on reverra bientôt. Ces imparfaits résonnaient en moi comme des pelletées de terre sur un cercueil. Je m'en voulais de cette réaction car je savais que ce n'est qu'en parlant des personnes disparues qu'on leur garde un peu de place sur la terre, que l'on entretient leur souvenir. J'étais le seul qui n'entretenait pas le souvenir, qui se taisait, qui tirait un rideau opaque entre l'autre monde où ma mère était désormais et celui-ci où elle n'était plus. J'évitais même de regarder sa photographie sur la cheminée du boulevard Magenta. C'était un portrait datant de quelques années seulement où l'on discernait les effets de la maladie, qui ne l'avait pas fait maigrir à proprement parler, mais avait subtilement modifié son corps. Elle porte un tailleur blanc à parements noirs dans lequel elle semble flotter, qui pend un peu sur elle ; elle tient son sac d'une main qui n'est pas encore très amaigrie mais qui n'est plus la main gracieuse ou potelée d'une jeune femme. Elle est coiffée d'un chapeau blanc, au bord relevé par-devant, donnant à son visage quelque chose d'immobile, d'émacié, de sérieux, de tragique, qui ne lui ressemble pas. Il n'y a pas l'ombre d'un sourire sur sa bouche qui riait sans cesse, au moins avec moi. Cette photographie, dont j'ai eu peur longtemps, a été faite à Arcachon aux vacances de 1925 ou à celles de l'année d'avant, par un photographe professionnel dont le nom, Ed. Rouby, figure en bas du cliché, lequel, à en juger par le décor représentant classiquement des arcades, une balustrade, et un bouquet de fleurs, a été pris dans son atelier.

En fait, la vedette de la cheminée, c'était moi. J'y figurais dans mes diverses incarnations, et j'étais assez content de cette profusion de portraits qui proclamait à la face de l'univers que j'étais le plus chéri, le petit roi du boulevard Magenta. Ma grand-mère, qui me connaissait bien, avait mis en valeur une photo faite au bois de Boulogne, sur laquelle j'avais une dégaine de voyou qui me ravissait, et une autre, où j'étais représenté à cheval sur un poney du jardin d'Acclimatation, très digne, très gentleman-rider. Ces deux aspects de ma personnalité me donnaient le sentiment agréable d'être un individu complexe, difficile à cerner, à l'aise sous n'importe quel déguisement, comme Arsène Lupin et Fantômas. Outre ces flatteuses effigies, on pouvait me contempler à chaque âge de ma courte existence : à trois ans avec un col de dentelle, des souliers de fille à boucles et une espèce de boudin de cheveux sur le crâne ; un peu plus tard en costume marin, sur une patinette, paraissant remuer des pensées philosophiques derrière mon front ; âgé de cinq ans, armé d'un petit fusil, levant la tête vers mon papa qui me sourit. Malgré l'état de guerre larvée entre le boulevard Magenta et la rue des Acacias, ma grand-mère n'avait pas exilé son gendre comme elle aurait eu tant de motifs de le faire : il figurait sur la cheminée au même titre que les êtres qui lui étaient réellement chers. En dépit des querelles, en dépit d'une animosité vigilante, Frantz faisait partie de la famille ; il en était même une des pièces maîtresses ; par conséquent il avait officiellement sa place dans le panthéon qu'était la cheminée. Je suis sûr, en outre, que ma grand-mère, dans sa délicatesse, pensait que j'aurais été attristé si je n'avais pas vu la tête de mon père dans un endroit où il était légitime qu'elle se trouvât. Sa présence, du reste, donnait à la cheminée un genre héroïque qui allait très bien avec le poney du jardin d'Acclimatation. En effet, mon père avait fourni pour l'exposition une photo de lui datant de la guerre, casque en tête, vareuse boutonnée jusqu'au menton, ceinturon, baudrier, bottes ; il tient une canne à la main et fume la pipe. Il était lieutenant et aussi fier de ce grade que s'il avait été maréchal de France. Par voie de conséquence, je pensais qu'il n'y avait pas de plus belle position dans l'armée que d'être lieutenant et j'enviais l'heureux homme qui avait mérité un pareil honneur. Hélas ! Je ne connaîtrais jamais rien de tel, puisque la Grande Guerre était la dernière que l'humanité aurait faite.

L'autre bête noire de ma grand-mère était l'épouse de mon oncle Henri, le colonel. Comme elle avait un furieux don d'évocation et une sorte de génie de l'anathème, je ne tardai pas à partager sa haine. J'ai oublié ses griefs, qui étaient à la fois inexpiables et vagues. À ce que j'en peux juger aujourd'hui, il s'agissait principalement d'amour-propre. Ma grand-mère ne pardonnait pas à « cette personne » d'être hautaine, méprisante, imbue de sa position sociale, d'avoir honte d'être la belle-sœur d'une excentrique comme elle, de s'en tenir éloignée le plus possible. Elle l'accusait de perfidies innombrables, sans entrer dans les détails, malheureusement. Je crois me rappeler que ce monstre avait pour prénom Léonie, mais on ne la désignait que par son surnom de femme du monde : Naniche. Ma grand-mère, pour bien souligner sa répugnance, disait « la Naniche ». Celle-ci était un des rares sujets sur quoi mon père et elle fussent du même avis. En effet, mon père avait quelque chose de malicieux dans le cœur qui le poussait à se délecter des bisbilles et des malentendus des gens de sa connaissance. Il voyait là comme une comédie toujours nouvelle, toujours piquante, dont, en spectateur captivé, il commentait à haute voix les épisodes. En ce qui concerne ma tante Naniche, le sujet lui plaisait particulièrement ; il ne se lassait pas d'entendre ma grand-mère la vitupérer, il entrait dans son jeu, la relançait, appelait ma tante « la mère Tapedur », ce qui faisait glousser de joie l'imprécatrice, et plaignait hypocritement le colonel d'être marié avec une telle harpie. Sur quoi ma grand-mère se lançait dans l'apologie de son cher Henri, son frère de prédilection, qui était si gentil, si attentionné, si simple (ah ! la simplicité, quelle vertu !) avant son mariage. Mais il fallait convenir, hélas, que la Naniche avait déteint sur lui. Il n'était plus l'aimable jeune homme à qui les plus brillants succès, comme de sortir de Polytechnique, n'avaient pas tourné la tête. Tant s'en fallait. En un mot, il avait *changé*. Notons au passage que mon oncle Henri avait grosso modo soixante-dix ans et que, depuis l'âge de vingt ans, il eût été étrange que son caractère n'eût pas subi quelques modifications. N'importe : *changer* ne pouvait être qu'une métamorphose déplorable. Un homme qui change est un homme perdu. Ma grand-mère ne voulait pas croire que son frère fût tout à fait perdu, mais elle était bien forcée de constater que, sur beaucoup de points, il n'avait plus rien de commun avec elle. C'est là qu'on apercevait la main néfaste de la Naniche. On ne dénoncera jamais assez la fatale influence que peut avoir une méchante femme sur un pauvre garçon qui, sans elle, n'aurait jamais été embarrassé par le mauvais genre de sa famille.

11

Colère bleue – Livres de prix
Les deux hommes se serrèrent la main

Avec mon père et ma grand-mère, j'expérimentais les deux formes de gouvernement que se donnent les hommes. Ma grand-mère, par son indulgence, son humeur accommodante, son aversion pour toute violence, incarnait la démocratie, j'oserai presque dire la démagogie. Elle voulait plaire, séduire, convertir par le raisonnement, être aimée. Mon père, qui était autoritaire et irascible, représentait la dictature. De temps en temps, si quelque chose lui déplaisait ou n'allait pas selon ses vœux, il se mettait en fureur et tonnait comme le dieu Jupiter. Toto et moi faisions habituellement les frais de ces explosions. Je me rappelle une de ses formules qui me plongeait dans l'humilité : « Qui est-ce qui commande ici, tonnerre de nom d'un chien ? » Après cette parole superbe et royale, nous n'avions plus qu'à nous taire et à nous mettre moralement au garde-à-vous. Un pouvoir qui affirmait sa légitimité avec tant d'emportement ne saurait être qu'absolu. Et d'ailleurs je m'en sentais dépendant pour toutes les circonstances de la vie. Que fussé-je devenu si mon père n'avait pas été là pour, selon une autre expression qu'il utilisait volontiers : « Faire bouillir la marmite », métaphore que je jugeais discutable, pour ne pas dire inadéquate, attendu que celui qui l'employait était dentiste et non cuisinier. J'étais incapable, petit comme j'étais, faible, ignorant, débile, de subvenir à mes moindres besoins.

Rien n'était plus éloigné de mon caractère que la colère. Lorsqu'elle s'emparait de mon père, je ne pouvais pas me retenir d'être envieux et admiratif. Je pensais que, décidément, la race française s'était fort abâtardie en ma personne, que j'étais le rejeton maladif d'une lignée de surhommes. La Grande Guerre n'avait-elle pas été gagnée par des gens n'ayant pas cessé d'être en colère pendant quatre ans ? Du reste la colère était une spécialité française : on la prenait sur le fait tout au long de notre histoire, et il m'arrivait de regretter d'être né dans un pays aussi volatil, où la violence éclatait pour un oui pour un non. Quelle chance, décidément, que nous eussions gagné la dernière des guerres ! Je n'aurais jamais à prouver que j'étais digne de mon père qui, avec sa pipe, son casque et son caractère difficile, avait arrêté les armées du Kaiser, que je n'avais pas démérité des anciens combattants, de Clemenceau, de Jules Ferry qui m'avait donné un empire colonial, de Napoléon enfin qui dormait dans son gros bijou de porphyre au fond des Invalides. Je me préparais sans remords à couler mes jours dans l'imposture, laquelle, soyons équitable, n'est pas dépourvue de charme : on a le plaisir d'une bonne réputation sans s'être donné la peine de l'acquérir, on empoche des bénéfices alors qu'on n'a rien risqué, on reçoit des honneurs dont on est complètement indigne. Obtenir ce qu'on mérite n'est pas amusant : c'est le salaire (en général calculé au plus juste) de nos vertus ou de notre devoir, tandis que ce qu'on ne mérite pas est un cadeau du destin, un sourire de la nature, qui montre qu'elle nous aime. La seule inquiétude que l'on ait est que nos prospérités, fondées sur le mensonge, ou, du moins, le faux-semblant, sont fragiles et qu'on risque chaque jour d'être démasqué. J'aurai sûrement l'occasion de revenir sur la facilité qu'avait mon père de « sortir de ses gonds », de devenir inopinément une force aveugle, de se métamorphoser en séisme humain et sur l'impuissance où j'étais d'en faire autant. Il avait même trouvé la couleur de la colère suprême, qui était le bleu. Dans telle ou telle circonstance, il s'était mis, disait-il, dans une « colère bleue », grâce à quoi une situation désespérée s'était retournée comme par enchantement à son avantage. Cette colère bleue, c'était l'épée d'Alexandre tranchant le nœud gordien. Je n'en étais que plus pénétré de mon indignité.

L'aspect le plus déconcertant de la colère n'était pas l'explosion en elle-même, mais que, la minute qui suivait, mon père parût tout oublier : le sourire revenait sur ses lèvres, comme si rien ne s'était produit, comme si le fil paisible de la vie ne venait pas d'être furieusement coupé. Ces changements météorologiques étaient à l'antipode de mon caractère. Chez moi, les sentiments n'étaient pas éphémères, je remâchais les rancœurs ou les contrariétés plusieurs jours, je ne « revenais » pas facilement. Si j'avais été coléreux, je ne me serais certainement pas calmé en trente secondes, la colère serait restée longtemps en moi, continuant à brûler dans mes jambes, dans mes bras, dans mon cou, derrière mes yeux. Il m'eût fallu autre chose, pour faire la paix, que le silence plus ou moins gêné des personnes qui m'avaient mécontenté. Mon père, lui, ne demandait rien, ne gardait trace de rien dans son âme. Je n'ai compris que bien plus tard que la propension à s'indigner de temps à autre, à pousser des cris, à prendre un visage décomposé et terrible, n'était qu'une nécessité de sa nature. Il avait besoin de ces brefs paroxysmes comme un athlète a besoin de faire de l'exercice, sans quoi les muscles deviennent douloureux. Ma grand-mère, elle, connaissait ce secret que je ne découvris qu'après la quarantaine. Aussi demeurait-elle fort placide quand mon père cédait à son démon en sa présence, soit à son propos, soit au mien. Elle attendait tranquillement que cela passât, prenant quand même une tête de circonstance, la bouche pincée, l'air absent. Comme mon père et elle ne se rencontraient que le mardi soir, lorsqu'elle venait dîner à la maison, j'ai le souvenir de quelques scènes à table. Dans les moments de crise, il arrivait à mon père de taper sur la nappe, ce qui faisait s'entrechoquer les couverts. Il s'écriait « Sacré nom d'un chien », et reprochait à sa belle-mère de faire à bon compte « la grande et la généreuse » mais qui, il en était sûr, le laisserait « crever la gueule ouverte » le cas échéant. Je n'ai pas gardé le souvenir de la façon dont ma grand-mère l'interpellait, si c'était Frantz ou François. Je crois qu'elle s'arrangeait pour avoir le moins possible l'occasion de prononcer le prénom abhorré, fût-ce sous sa forme alsacienne, et que, s'adressant à lui, elle donnait à ses phrases un ton impersonnel, pour avoir l'air de parler à la cantonade. Je sentais fortement que j'étais le seul lien entre ces deux personnes et que, si je n'avais pas existé, elles ne se seraient jamais vues. Je n'en tirais pas de vanité ; au contraire, je m'en affligeais comme d'une dissonance dans ma vie, comme d'un désordre. J'aurais été très heureux que la concorde régnât, plutôt que la discorde.

Ma grand-mère ne venait jamais, le mardi soir, sans avoir, dans son sac, un cadeau pour moi : bague, vieux bijou sans valeur, cachet au manche cassé, etc., dont elle savait que je m'en amuserais quelques jours. Le plus substantiel de ses dons était, chaque mardi, un ouvrage paru dans la Bibliothèque verte, et non pas n'importe lequel. Je l'avais expressément commandé la semaine précédente après avoir longuement étudié le catalogue de la collection. J'ai lu de la sorte une quantité de livres pour enfants dont un seul titre surnage dans ma mémoire : *Papa Faucheux*, signé Jean Webster, auteur que je pris longtemps pour un homme et qui devait plutôt être une vieille demoiselle américaine. Le bouquin racontait la touchante histoire d'une orpheline répondant au nom de Jerusha Abbott, qui tombait amoureuse de son tuteur. Ce roman fit une forte impression sur moi pour la raison, sans doute, qu'il était écrit à la première personne, comme si c'était l'héroïne elle-même qui l'avait rédigé. C'était la première fois que je rencontrais ce procédé littéraire et j'en fus charmé. Fallait-il que l'auteur, que je me représentais sous les traits d'un athlétique Américain fumeur de Lucky Strike, eût du talent et de l'imagination pour s'être coulé dans la peau d'une jeune fille comme il l'avait fait ! Est-ce dans la Bibliothèque verte que j'ai découvert Jack London, et que date de ce temps mon admiration pour cet auteur ? *Croc-Blanc* me paraît tout à fait le genre de choses qu'on y trouvait.

Mes lectures enfantines, par ordre chronologique, ont été la Bibliothèque rose, puis la Bibliothèque verte et enfin la collection Nelson. Après quoi j'abordai la « Petite Illustration ». La Bibliothèque rose me venait de ma mère. À six ans, l'univers Napoléon III de la comtesse de Ségur n'avait aucun secret pour moi. Je n'ignorais rien non plus d'auteurs comme Zénaïde Fleuriot, Magdeleine du Genestoux, Gyp surtout, pour qui j'avais une particulière inclination, à cause de son genre familier, dégourdi, expéditif, voire un rien canaille.

Ma mère avait été une excellente élève dans son enfance, à en juger par ses nombreux livres de prix, qu'elle avait conservés et que, dans ma frénésie de lecture, j'avais tous dévorés. Je me rappelle surtout leur reliure de toile rouge ornée d'arabesques ou de motifs dorés. Quoique, avec le temps, le beau rouge de la couverture eût tourné au brun et que les dorures se fussent ternies, ces volumes avaient encore une grande allure. Ils me montraient, par la comparaison avec les livres de prix de 1926 ou 1928, combien le monde, depuis la guerre, s'était appauvri. C'en était presque symbolique, ma foi. Avant 1914, recevoir un prix avait quelque chose de solennel, voire de religieux. Plus qu'un bouquin, on recevait un objet à conserver toute sa vie, un diplôme aussi officiel que celui de la Légion d'honneur. Mieux encore, les lycées, collèges et institutions privées prenaient les reliures à leur compte et entendaient que l'univers en fût informé : on y lisait le nom de l'établissement, dans un cartouche, en lettres d'or comme le reste de la décoration. Les livres de prix de ma mère portaient sur le plat de la couverture : « Cours de Mlle Sustrac ». Ce nom bizarre a longtemps constitué pour moi un des aspects ou une des données du monde. Je voyais dans cette demoiselle Sustrac l'incarnation de la pédagogie ; je me la représentais sous les traits d'une sorte de déesse sévère de l'Enseignement de la IIIe République, avec un pince-nez, un chignon, une longue jupe et un visage d'une sévérité terrible ne s'adoucissant que pour ma mère qui était une petite fille modèle, et belle comme le jour.

Raconter ses lectures d'enfance doit être un passe-temps très agréable car les écrivains, à ce qu'il me semble, ne se lassent pas de le faire. Ces lectures, il est vrai, sont très importantes. Le propre des hommes de lettres est de « faire confiance » aux romans, en quoi ils sont bien avisés, car avec les romans – j'entends les bons, naturellement, ceux qui reproduisent la vérité du monde – on gagne du temps sur la vie. Si on les aborde avec naïveté, ils vous enseignent en deux ou trois cents pages ce dont, sans eux, on aurait mis quelques années à s'apercevoir. J'ai senti cela très jeune avec la comtesse de Ségur qui a été mon premier auteur sérieux. À six ans, à sept ans, quoique je visse bien qu'elle parlait d'un autre temps et d'une autre société que ceux dans lesquels je vivais, je ne mettais rien en doute de ses personnages ni des passions qui les animaient, j'étais tout à fait assuré que la vie dans ses profondeurs était telle qu'elle la peignait. J'ai tiré encore un bénéfice de mes lectures enfantines et, si l'on peut dire, « postenfantines », à savoir les romans d'aventures et les romans historiques comme on en écrivit tant au XIXe siècle. Certes, ce que racontaient les auteurs me captivait et je lisais leurs livres avec une furieuse curiosité, regrettant de ne pas aller plus vite que je ne faisais, mais cela ne m'empêchait pas de goûter leur manière et d'avoir avec eux une sorte de complicité littéraire. Je raffolais de leur bonne humeur, qui était très contagieuse (et qui m'a marqué pour toujours, au point que la tristesse du style me paraît la caractéristique même de l'absence de talent). Dans les romans du père Dumas, de Théophile Gautier, d'Assollant, de Paul Féval, de Paul d'Ivoi, de Jules Verne, je voyais revenir avec délectation certains tics d'écriture, du genre : « Les deux hommes se serrèrent la main d'un air entendu » ou : « La jeune fille baissa les paupières pour dissimuler son trouble... » Le plaisir de lire de telles choses surpasse de loin, j'en suis sûr, celui de les écrire. Je ne connais rien qui donne plus envie au lecteur de savoir ce qui va venir. Le cliché, le mélo, c'est la vie même. La nature ne copie pas seulement les œuvres des grands artistes, elle copie aussi, et plus volontiers peut-être, celles des fabricants de littérature. La lecture de ces dernières est indispensable à un romancier, à un essayiste, à un poète, comme il est indispensable d'avoir respiré l'odeur de la campagne, d'avoir eu des amours enfantines, de connaître le goût des tartines beurrées trempées dans le café au lait. À cet égard j'aurai été comblé : entre sept et quatorze ans, rien de cette éducation qu'on se donne à soi-même ne m'a manqué. J'ai même souffert pour ma passion, ou plutôt j'ai appris que toute passion, y compris la plus pure, exaspère notre entourage, lequel s'évertue à la briser. Toute passion rend jaloux, comme si l'on était infidèle. La lecture excite la jalousie plus qu'aucune autre passion : le lecteur, pendant qu'il lit, est le vivant portrait de la tromperie, il est ailleurs, il trahit sa famille, il finira par la mépriser. Quelqu'un immergé dans un livre est un spectacle obscène, pour le moins immoral.

Je ne dis pas que mon père fut irrité parce que je lisais trop (au contraire, il était assez flatté d'avoir un fils si curieux de connaître ce qui se trouve dans les livres), mais je ne lisais pas aux heures permises ou normales, je restais toujours trop longtemps dans ma lecture ; si l'on m'eût laissé faire, je n'aurais pas fermé l'œil de la nuit, etc., sans compter qu'il était mauvais pour les yeux de lire tellement. Tout prétexte était bon pour me soustraire à la compagnie de sir Percy Blakeney alias « le Mouron rouge », de Mme Belazor, du duc de Vallombreuse, d'Aurore de Nevers, du cardinal de Richelieu, auxquels j'étais plus attaché qu'aux personnes vivantes. Dans ces circonstances, mon père était sans pitié, il m'arrachait mon roman des mains, éteignait la lumière si j'étais au lit, il m'ordonnait de m'endormir tout de suite, comme si, l'esprit excité comme je l'avais, c'eût été facile. J'étais à la fois indigné, désespéré, remuant de sanglantes vengeances, ulcéré de constater qu'une noble activité, purement spirituelle, pût être assimilée au régime alimentaire, à l'embarras gastrique, au rhume de cerveau, qu'on me rationnait la lecture comme on m'empêchait de me bourrer de pommes de terre frites ou comme on m'obligeait à enfiler un tricot si le temps était frais. J'avais de très bons yeux, capables de lire des kilomètres de prose, je n'étais jamais fatigué, je connaissais mes possibilités, que diable ! et je savais qu'elles étaient infinies. Pourquoi me contrariait-on sans cesse ? Je flairais le complot derrière les difficultés auxquelles je me heurtais, je soupçonnais, à sept ans, à huit ans, que le monde extérieur, les hommes, la société, s'entendent de façon occulte pour mettre des barrières autour de nous, qu'il y a là une espèce de jeu de leur part, dont nous ne connaissons pas les règles et dont nous serions les victimes sans discontinuer si nous n'avions pas la ressource du mensonge. Je mentais donc, sans le moindre remords, chaque fois qu'il le fallait, comme un soldat se sert de son arme à la guerre pour n'être pas tué. Mon père s'en apercevait quelquefois, et dans ses colères, me disait d'un ton peiné : « Tu n'es qu'un petit dissimulé ! », ce dont je ne convenais pas, mi par politique, mi parce que l'adjectif « dissimulé » me paraissait bien fort pour qualifier quelque chose d'aussi élémentaire que l'instinct de conservation. La dissimulation était à l'opposé de mon caractère, je devais même me contraindre pour ne pas tout montrer de moi à l'univers. C'eût été là ma pente naturelle. Ce que je voyais dans ma tête me paraissait très intéressant, tout à fait digne d'être dévoilé. En dépit de mes omissions ou capitulations pour protéger ma tranquillité, j'étais habité par un profond désir de vérité. Autant que je puisse en juger si longtemps après, je cherchais la vérité du monde derrière les clichés et les exposés lénifiants des grandes personnes qui s'acharnaient à me montrer la vie telle qu'elle n'était pas. J'étais très crédule, comme tous les enfants, et je commençais par accepter, sans esprit critique, ce qu'on me disait. Ce n'est pas que l'esprit critique vînt plus tard, mais presque toujours je m'apercevais que la réalité démentait ce dont on avait voulu me persuader. En d'autres termes : que l'on m'avait trompé. Qui était le dissimulé ou plutôt qui dissimulait, moi ou les grandes personnes ? Comme on pense, je n'osais pas les accuser aussi nettement, même dans le secret de mon cœur. Je pensais seulement qu'il se passait une bizarre régression intellectuelle quand on grandissait : on devenait bête ou aveugle, on ne comprenait plus le monde, on le voyait derrière un rideau d'idées préconçues qui le déformaient complètement. Autre caractéristique des grandes personnes : elles tenaient fanatiquement à leurs erreurs. Quand je tâchais, avec ma bonne foi enfantine, de les faire bénéficier de ma perspicacité, c'est-à-dire d'opposer le vrai au faux, je les mettais en colère, on m'ordonnait de me taire et on me traitait de « raisonneur ». Il faut toute la souplesse intellectuelle, j'oserai dire toute la subtilité des enfants pour naviguer, comme je l'ai fait, pendant plusieurs années entre la vérité et le mensonge, me taisant généralement sur mon expérience afin de ne pas provoquer de drames, mais incapable parfois de garder pour moi, malgré les inconvénients, voire les punitions, une découverte qui m'avait particulièrement ébloui.

LIVRE DEUXIÈME

1

Le sénateur Chassaing – Gâteau de riz
Toute la société contre moi
Éloge des malentendus
Tout est question de peau

Quoique je fusse un enfant raisonnable, prudent, à la rigueur un petit philosophe, ainsi qu'un esprit perspicace aurait pu le constater en contemplant ma photo à la patinette, mon tempérament m'entraînait quelquefois à des démonstrations un peu folles. Avec le recul, je leur donne une espèce de mobile philosophique, justement. À l'âge de six ou sept ans, j'étais excédé par les répétitions, les rites, les rabâchages familiaux. Celui qui m'irritait le plus avait trait à notre cuisinière-bonne à tout faire, Toto, qui réussissait comme nulle autre un certain dessert pour lequel je n'avais aucun goût : le gâteau de riz. Il était de tradition de s'extasier là-dessus. L'expression « gâteau de riz » suscitait immédiatement des hyperboles sur le triomphe de Toto, laquelle ne se lassait jamais de ces compliments et les écoutait avec le sourire de Michel-Ange félicité par le pape Jules II d'avoir peint le plafond de la chapelle Sixtine. Je ne sais ce qui m'exaspérait davantage : les extases sur le gâteau de riz ou le bonheur de sa créatrice qui d'ailleurs avait un peu la tête de Michel-Ange, son petit nez tordu, ses petits yeux, sa couleur de vieux bois huilé.

Parmi les relations dont mon père tirait fierté, il y avait un certain M. Chassaing, sénateur du Cantal, qu'on avait invité à déjeuner rue des Acacias. Le jour où ce haut personnage républicain vint honorer notre foyer, on fit les préparatifs des grandes solennités. On mit les assiettes de gala qui avaient une bordure dorée, l'argenterie d'apparat, les verres de cristal, etc. Le sénateur Chassaing est resté dans mon souvenir comme un homme gigantesque et jovial, orné d'une grosse barbe noire dont je pensai qu'elle était une des marques de la réussite politique : si M. Chassaing n'avait pas été une incarnation de l'État, il n'aurait assurément pas eu une barbe aussi fournie. Il était si grand que, lorsque mon père me présenta à lui et qu'il me dit bonjour, je crus que le puy de Dôme ou le plomb du Cantal s'abaissait vers moi. Le déjeuner qui suivit est l'un des plus étranges auxquels j'aie participé dans ma vie. Nous étions trois à table : deux messieurs ayant atteint ou dépassé la cinquantaine et un tout petit garçon, traité sur le même pied. Mon père, pour honorer son hôte, l'avait placé à sa droite, en sorte que j'étais seul en face d'eux comme si c'était moi qui présidais aux agapes. Je me rappelle très bien ce tableau, encore qu'il ne me soit rien resté des propos qui furent échangés, non plus que de la façon dont je me conduisis dans cette circonstance. L'événement eut lieu au dessert, composé, comme on pouvait s'y attendre, d'un gâteau de riz que Toto apporta avec une fierté discrète et un air de respect pour son œuvre qui réveillèrent dans mon cœur des sentiments violents de révolte. Je ne leur aurais sans doute point donné libre cours si mon père, voyant arriver le chef-d'œuvre, n'avait aussitôt, par automatisme, entonné l'hymne habituel. Toto restait devant la table, souriant stupidement, s'apprêtant à savourer sa ration de louanges. C'en était trop. Je m'entendis déclarer : « Il est bon, le gâteau de riz : on a été l'acheter chez le boulanger ce matin. » Autant qu'il me souvienne, c'est le plus grand scandale que j'aie provoqué dans mon enfance. Je me revois à genoux devant mon père et le sénateur, demandant pardon. J'ai l'impression que les larmes me sortent des yeux comme l'eau d'un tuyau d'arrosage. Intérieurement, je n'ai pas le moindre remords. Je ne parviens même pas à concevoir que j'aie fait quelque chose de mal en soi. C'est la société tout entière dressée contre moi, hostile, toute-puissante, qui m'épouvante. Je ne suis pas de force contre cette énorme machine. Il fallut aussi demander pardon à Toto. Entendant mes paroles sacrilèges, elle s'était enfuie, éperdue. Elle pleurait dans son coude, affalée sur la table de la cuisine. Mon Dieu ! Quel tableau ! Et toute cette tragédie à cause d'un mouvement d'humeur que, contrairement à mon habitude, je n'avais pas réprimé ! Il me semble que je pressentis là, pour la première fois, que le monde est un organisme fragile et délicat, qu'un rien suffit à dérégler, si ce n'est à plonger dans le chaos. Être à genoux, pleurer comme un veau, m'humilier devant Toto (humiliation d'autant plus grande qu'elle me pardonna au bout d'une minute), c'était vraiment, à mes yeux, le chaos. Heureusement, les enfants sortent du chaos comme les chiens sortent de l'eau. Ils se secouent, ils s'ébrouent et oublient la baignade.

Les rapports que j'avais avec mon père étaient très différents de ceux que j'avais avec ma grand-mère. Celle-ci était souvent pour moi une sorte de recours. Je veux dire que, lorsque je lui racontais les épisodes de ma vie, mes mésaventures, mes mécomptes, les rebuffades que j'avais essuyées, les mauvais cas dans lesquels je m'étais mis par pure étourderie, elle me donnait aveuglément raison contre le monde entier. Elle avait une façon d'expliquer mes sottises, de les rendre rétrospectivement inévitables, et enfin de les absoudre au nom de je ne sais quelle « loi naturelle » qui faisait que je lui étais attaché comme on l'est à un complice et non comme on l'est à ses grands-parents. Je n'avais pas de telles connivences avec mon père, qui se faisait une haute idée de son rôle d'éducateur et qui se sentait responsable de mon destin. Une de ses théories était qu'une famille doit s'élever de génération en génération. La nôtre, à ce point de vue, était exemplaire. Mon arrière-grand-père était paysan, mon grand-père, prénommé Michel (né au Vigean en 1840), instituteur ; lui, mon père, était dentiste ou, plus exactement, « stomatologiste ». J'étais l'échelon suivant : je devais dépasser mon père, de préférence dans la médecine, et devenir un ponte de la Faculté, un « chirurgien des hôpitaux ». Dans le secret de mon cœur, je ne laissais pas d'être découragé par cette ascension familiale. J'avais beaucoup moins confiance que mon père dans mon avenir et je craignais bien d'être indigne de la série de grimpeurs dont il était si fier. La fonction de « chirurgien des hôpitaux », dont il me rebattit les oreilles jusqu'à ma dix-huitième année au moins, ne m'inspirait pas le moindre désir. À la vérité, plutôt de la répugnance, à cause de son côté boucherie. Moi qui défaillais devant une goutte de sang, je me représentais mal ouvrant des ventres, pataugeant dans des intestins, amputant des jambes gangrenées, pratiquant des trachéotomies, etc. J'en étais écœuré d'avance. Aux personnes qui demandaient « ce que je comptais faire plus tard », mon père répondait avec autorité que je serais chirurgien des hôpitaux, que c'était ma voie, mon ambition et la plus belle des réussites humaines. Il paraissait si convaincu, il était si plein d'espoir que je n'osais pas le contredire, malgré ma certitude que jamais je ne m'occuperais de médecine ni de chirurgie. C'est ainsi que les malentendus s'installent. Celui-ci a duré plusieurs années. Il n'a commencé à se dissiper qu'après que j'eus passé le baccalauréat et qu'il fallut penser sérieusement à une carrière pour moi. À ce propos, je dois noter un curieux trait de mon caractère, en complète contradiction avec mon goût pour la vérité, sa saveur âcre, ses exquises dissonances, qui est ma facilité à m'accommoder des malentendus, c'est-à-dire, en fait, du mensonge, à vivre avec eux comme si de rien n'était, à m'en soucier à peine. Je n'ai pas laissé d'en être étonné tout au long de mon existence et je m'en étonne encore maintenant. C'est comme si les malentendus étaient pour moi des déguisements, des dominos, des masques, des coups de baguette magique abolissant les complications de la réalité. Je ne compte plus les occasions où je les ai laissés s'installer, s'épaissir, s'indurer pour ainsi dire, tantôt par paresse, tantôt par politesse. En outre, j'étais persuadé que rien ne sert de se fatiguer à expliquer quoi que ce soit, car les gens ne veulent rien entendre, spécialement les grandes personnes, dont le principal défaut est l'incapacité à se rendre à la raison. Cette disposition, par la suite, m'a fort adouci la condition d'homme de lettres qui a été la mienne. Tout au long, j'ai été, à l'égard des critiques et des journalistes, semblable à un enfant devant les grandes personnes ou les pédagogues ; j'ai ressenti dans leurs jugements, leurs attitudes, leurs préjugés, leurs idées préconçues, leurs préventions, le même découragement que lorsque j'avais huit ans et que nul ne daignait prêter l'oreille à mes observations. De là, de nouveaux malentendus. Celui qui accompagna mon roman *Au bon beurre* dura une vingtaine d'années pour le moins. Moi qui croyais naïvement avoir écrit une satire, j'appris par les revues et les journaux que j'avais quelque obscène et immonde complicité avec mes affreux héros. J'en fus un peu fâché, mais Dieu merci, mes expériences enfantines me retinrent de me justifier. Je pris ce malentendu comme les autres en songeant (pensée au-dessus de mon âge, qui était la trentaine) qu'il passerait avec le temps, ce qui, d'ailleurs, arriva.

Étant dans ce train d'idées, je voudrais en profiter pour me débarrasser enfin d'une singulière présomption que j'ai eue jusqu'à mon adolescence et qui ne m'a jamais complètement passé par la suite, malgré une quantité de déconvenues, à savoir qu'il était impossible de ne pas m'aimer, ou du moins qu'il n'était pas concevable que les personnes à qui j'avais affaire n'eussent pas automatiquement, à mon égard, un préjugé favorable. Cela est d'autant plus inexplicable que j'avais mes antipathies, moi, que certaines gens avaient une tête qui « ne me revenait pas », d'autres dont le physique me déplaisait, d'autres, enfin, dont je sentais, comme disait Gide, que leur personnalité m'était « contraire ». J'admettais que l'on me grondât, que l'on me punît pour des bêtises que j'avais faites. C'était là la loi du monde, que je ne remettais nullement en cause, mais non pas que l'on me manifestât gratuitement de l'hostilité. Les enfants à qui l'on serine depuis leur plus jeune âge qu'il y a dans la vie une arithmétique rigoureuse des récompenses et des châtiments, que les efforts sont couronnés par le succès, et la paresse sanctionnée par la misère ou la déchéance, que l'on n'a rien que l'on n'ait mérité, ont au plus haut point le sens de la justice et le goût de la morale. Tel étais-je, évidemment, ne soupçonnant pas que les rapports des hommes entre eux n'ont rien d'arithmétique, mais ressemblent plutôt au racisme, c'est-à-dire se ramènent à des questions de peau. On réussit sa vie ou on la manque parce qu'on a plu ou déplu sans le savoir ni le vouloir à des personnages qui étaient en mesure de nous aider ou de nous briser. Il est impossible d'expliquer cela à un enfant, ni seulement de le lui laisser entendre. Cela va si fort à l'encontre de l'enseinement traditionnel qu'il en serait scandalisé, désespéré peut-être. Ce serait presque comme d'abuser de son innocence, le prostituer, le corrompre.

2

Meccano – Train électrique – Pathé-Baby Le jeune Scythe – Casque en forme de samovar

Il y avait peu d'apparence pour que les malentendus entre mon père et moi cessassent. Ils étaient constamment alimentés par ma politesse enfantine, ou plus exactement l'appréhension que j'avais de lui « faire de la peine » s'il découvrait que je n'étais pas du même avis que lui sur tous les sujets. Il paraissait si persuadé que j'étais sa réplique morale et intellectuelle, son décalque, qu'il eût été sacrilège de le détromper. Pis que sacrilège : j'y eusse vu une horrible ingratitude, une mauvaise action caractérisée. À cet égard, l'affaire du *Meccano* est particulièrement instructive.

Ce *Meccano* était un jeu destiné à développer les dons des jeunes garçons industrieux. Il consistait en un assortiment de plaques et de tiges de fer percées de trous que l'on assemblait avec des vis et des écrous. L'ensemble était livré avec un catalogue montrant tout ce qu'il était possible de construire avec ce décourageant matériel. Je me rappelle qu'il y avait sept boîtes, la première pour débutants, ne proposant que des maquettes relativement faciles à exécuter, la septième boîte, vaste comme une malle, pour virtuoses. Je crois que rien au cours de mon enfance ne m'a semblé aussi inutile et ennuyeux que le *Meccano*. J'étais aussi peu industrieux que possible, maladroit de mes mains, pétrifié par l'ennui devant ce jouet austère, conçu pour la totalité des garçons de ma génération sauf pour moi. J'étais d'autant plus désolé d'être le seul petit Français réfractaire au *Meccano*, que mon père, au contraire, le trouvait des plus ingénieux et des plus distrayant. Il lisait assidûment le catalogue et se lançait dans d'immenses travaux tels que la fabrication d'un treuil, d'une grue, d'un wagon de chemin de fer. Je le contemplais avec un mélange d'admiration et d'ennui. Malgré ma bonne volonté, je ne parvins jamais qu'à reproduire le premier modèle du catalogue, à savoir un porte-montre, instrument aussi laid qu'inutile, composé de deux pieds courbes, d'une plaque et d'un crochet.

Le *Meccano* m'était offert par ma cousine Marguerite, fille de ma tante Jeanne, dite « la Grosse », l'une des sœurs de ma grand-mère. C'était une femme élégante et gaie, pour laquelle j'avais une vive affection et qui me le rendait. Elle avait épousé en secondes noces un financier nommé Charley, grâce à qui elle menait une vie très opulente. Quoiqu'elle n'eût guère l'occasion de le montrer, au milieu de son luxe et sous son apparente frivolité, je devinais en elle une forte nature qui me plaisait beaucoup. Cela se manifestait par une façon d'aller droit au but dans ses propos, d'afficher en toute rencontre une insouciance presque cynique, d'avoir sur les lèvres un sourire moqueur. Je lui étais attaché aussi parce que c'était elle qui, de toute notre famille, me faisait les plus beaux cadeaux. Elle ne venait jamais chez nous sans m'apporter quelque gros chat noir en peluche, une carabine à air comprimé, une boîte de soldats de plomb (uniformes du premier Empire), un jeu de dames ou de nain jaune, provenant de boutiques luxueuses. Chaque hiver, elle nous envoyait de Strasbourg un gros foie gras en croûte dont j'ai gardé un souvenir que j'oserai qualifier de fabuleux, tel un mortel ayant dans un passé lointain mangé de l'ambroisie en provenance directe de l'Olympe. Il est vrai que j'avais alors des papilles gustatives toutes neuves et que rien ne m'échappait des saveurs les plus subtiles.

Lorsque l'occasion, Noël le 25 décembre, ou la Saint-Jean le 24 juin, requérait des présents plus importants, dignes de la circonstance, Marguerite me demandait en toute simplicité ce dont j'avais envie. Hélas ! ces scènes avaient lieu en présence de mon père : il était là, parlant en mon nom ; avant même que j'eusse ouvert la bouche, il s'écriait que la chose qui me plongerait le plus sûrement dans le ravissement était la boîte numéro trois, quatre ou cinq du *Meccano*, celle qui permettait de réaliser une automobile, en attendant la boîte suprême, numéro sept, avec laquelle, comble d'ingéniosité et par suite comble de gloire, on parvenait à fabriquer un *métier à tisser* (trente heures de travail). Ce métier à tisser m'inspirait un mépris et un dégoût complets. Qu'avais-je à faire d'un métier à tisser ? Je ne savais même pas ce que c'était. Perdre trente heures de sa vie à visser et à boulonner un objet aussi saugrenu me paraissait le sommet de l'absurdité. Dieu merci la boîte numéro sept était encore loin : trois ans, quatre ans peut-être. Autant dire l'éternité. Après avoir fait sa commande, mon père m'exhortait à remercier avec effusion ma cousine Marguerite qui me couvrait ainsi de cadeaux magnifiques. Étais-je assez conscient de mon bonheur ? Peu d'enfants, il fallait en convenir, recevaient une boîte de *Meccano* pour la Noël : je faisais partie de cette poignée de privilégiés. Lui, mon père, quand il avait mon âge, serait mort de saisissement s'il avait trouvé une telle merveille dans ses souliers. Quoique sachant très bien ce qui me plaisait et me déplaisait, j'étais, malgré tout, ébranlé. J'avais une confiance si aveugle dans les paroles de mon père que, surmontant ma déception et cachant mon dépit, je me répandais en actions de grâce, j'embrassais dix fois Marguerite, comme font les enfants quand ils veulent manifester une gratitude exceptionnelle et montrer de façon tangible l'amour que cela fait jaillir en eux. Je donnais hypocritement toutes les marques de la félicité. Pis encore : je finissais par penser que c'était ma faute si je n'appréciais pas le *Meccano* à sa juste valeur, si je n'en voyais pas les beautés éducatives et que peut-être, à force d'application, je finirais par me rendre compte de l'honneur que l'on me faisait. Contrairement à ce que s'imaginent les adultes, le premier mouvement des enfants est le bon vouloir. Ils sont prêts à croire n'importe quoi sur parole, jusqu'au moment où la marche du monde leur enseigne qu'on les a abusés ; encore beaucoup d'enfants préfèrent à la réalité les contes qu'on leur a débités, soit parce que ceux-ci les amusent plus que celle-là, soit par solidarité avec leurs parents.

Un autre jouet qui m'a bien ennuyé est le train électrique. Mon père m'avait tant endoctriné là-dessus, m'expliquant que rien n'était plaisant comme d'emboîter les rails les uns dans les autres, de construire un « circuit », faire rouler la locomotive et les wagons, les arrêter devant des gares, etc., que j'avais à la longue éprouvé une légère curiosité pour cette source de distractions si modernes. Mon père avait mis comme condition à ce don exceptionnel que j'eusse de bonnes notes en classe. Je devais avoir huit ans, alors. N'ayant pas assez envie du chemin de fer miniature pour me donner plus de peine que d'habitude, je restai l'élève médiocre que j'étais ordinairement. Mais cela ne suffit pas à empêcher qu'un jour mon père ne revînt à la maison les bras chargés de paquets et de cartons, un bon sourire de papa gâteau sur le visage. Je crois que le train lui a apporté beaucoup de joies. Chaque dimanche, il lui consacrait deux ou trois heures. Le « circuit » variait d'un dimanche à l'autre. On ouvrait la porte vitrée qui séparait le salon de la salle à manger, afin que le parcours fût suffisamment long et pittoresque. Malheureusement pour moi, il ne l'était pas plus de trois ou quatre minutes. Ce train qui ne changeait jamais d'itinéraire, qui n'offrait rien d'imprévu, qui ne s'arrêtait même pas devant la gare située sur le côté du piano me désespérait. J'ai un tableau très précis dans la mémoire : moi debout, mort d'ennui, attendant que la corvée se termine, et mon père, à quatre pattes, affairé, remettant le train sur la voie après un déraillement, raccordant deux rails qui s'étaient séparés, actionnant des aiguillages, vérifiant que le courant passe bien partout.

Tout paraît long quand on est enfant. Il me semble qu'il fallut des années à mon père pour qu'il se lassât de son train électrique. En fait, cela dut se produire au bout de deux ou trois mois, ne serait-ce que parce qu'il n'avait pas trouvé en moi le compagnon de jeu que, dans son amour paternel, il avait élu. Un des inconvénients du train électrique était de l'extraire de ses boîtes, d'assembler les rails et ainsi de suite. Cela prenait une bonne vingtaine de minutes ; et après qu'on l'avait longuement admiré se faufilant entre les pieds des fauteuils, parcourant le salon, la salle à manger et le vestibule, on passait encore un quart d'heure à démonter le circuit, ranger les rails en prenant soin de ne pas mêler les droits avec les courbes, mettre la locomotive et les wagons dans leurs écrins, porter le tout dans un placard.

La dernière apparition du train électrique dans ma vie remonte à ma neuvième année. Je m'étais cassé la jambe et l'on m'avait installé dans la salle à manger, devant la fenêtre. J'y recevais les visites qu'on voulait bien me faire, comme la marquise de Rambouillet dans sa chambre bleue. Mon père m'envoyait tel ou tel de ses clients qui lui demandait de mes nouvelles. J'ai reçu ainsi une bonne partie du gotha auvergnat et un ou deux colonels en retraite avec lesquels mon père s'était lié du temps qu'il était, comme il disait, « aux armées » et qui, après avoir été ses chefs, étaient devenus ses patients. La seule de toutes ces visites que je me rappelle avec exactitude est celle que me fit un garçon de mon âge, le jeune prince Andronikof, fils d'une grande dame russe que la révolution d'Octobre avait chassée de Saint-Pétersbourg et qui s'était réfugiée à Paris. Mon père, je ne sais comment, s'était constitué une assez nombreuse clientèle d'immigrés. Pendant qu'il soignait la princesse, on m'avait envoyé le petit Constantin, dans la pensée que nous nous distrairions mutuellement. Le train électrique était disposé sur la table de la salle à manger, dans un circuit restreint, mais où l'on avait quand même mis un aiguillage, un tunnel et la gare. Je fus très étonné de l'intérêt qu'éveillait ce spectacle chez mon visiteur. Il me demanda la permission d'actionner la locomotive et s'absorba dans cette occupation, apparemment charmé de faire passer et repasser le convoi devant la gare, ce qui faisait tinter une sonnerie pendant quelques secondes, ralentissant pour aborder un virage, s'arrêtant devant les signaux, devenant en quelques minutes un virtuose de l'aiguillage. Je ne pouvais m'empêcher d'envier cette disponibilité qu'il avait de se passionner de la sorte pour quelque chose qui ne m'inspirait que des bâillements. Je pensai que ce jeune Scythe ne connaissait rien du monde moderne et qu'il était assez normal, au fond, qu'il fût captivé par ce sommet de la civilisation occidentale qu'était un train électrique tournant sur une table de salle à manger.

Le jeune Scythe, toutefois, n'avait rien d'un barbare. Je le revois fort précisément : il avait une expression sérieuse et réfléchie qui me surprit plus qu'elle ne m'en imposa. Tant de gravité, selon moi, n'était pas de notre âge. Son allure aristocratique me frappa aussi et, quoique je fusse très imbu de la supériorité de ma naissance, j'eus le soupçon que le prince Constantin possédait quelques secrets de caste auxquels je n'avais pas eu accès. Pendant tout le temps que nous restâmes ensemble, il n'eut pas un sourire, ce qui ne diminuait pas son affabilité naturelle. Bien qu'il portât des culottes courtes, il avait une distinction, voire une majesté que j'observais comme on observe des mœurs folkloriques. Nous ne nous tutoyâmes pas. Je le revis de loin en loin au cours de mon enfance. En particulier mon père et moi fîmes quelques visites à la princesse, sa mère, qui habitait – comment me souviens-je de cela ? – rue Davioud près de la Muette. Elle nous recevait avec une gentillesse, une familiarité, une exubérance amicale dont j'étais aussi étonné que flatté. Elle partageait son appartement avec un vieil officier de l'armée impériale, ancien aide de camp du tsar, le colonel Swetchine qui, à ce qu'il me parut, veillait sur elle comme un père sur sa fille. Le colonel et la princesse parlaient un français roucoulant et musical dont je ne me lassais pas. Je ne me lassais pas non plus d'inspecter les trésors qu'ils avaient sauvés de leur naufrage. Ils se composaient d'un fanion dont je me dis *in petto* qu'il était celui du régiment de Préobrajenski, de gigantesques sabres croisés sur les murs, d'une collection d'ordres étrangers, jolis et précieux comme des bijoux, épinglés sur des coussins ou protégés par des vitrines. L'appartement de la princesse paraissait encombré comme un débarras ou un garde-meubles. Nourri des préjugés de la petite-bourgeoisie française, pour qui le comble de l'élégance est le genre désertique, je ne soupçonnais pas que la surcharge dans le mobilier et l'empilement des tableaux sont une des formes les plus civilisées, les plus agréables de la décoration. Ce dont je fus le plus ébahi, me semble-t-il, fut de voir tout un assortiment de miniatures autour de la glace de la cheminée du salon. Elles représentaient de gros messieurs ornés de féroces moustaches et vêtus d'uniformes sombres boutonnés jusqu'au menton. Les miniaturistes s'étaient appliqués à rendre l'argent des boutons et le teint rose des modèles qui étaient tous des généraux russes d'une santé florissante, encore qu'ils eussent un regard d'acier. J'aurais bien aimé savoir quel degré de parenté la princesse ou le colonel avait avec ces personnages, mais une bizarre timidité me retint toujours de le demander, à moins que ce ne fût une espèce de paresse à m'informer, un vague désir de conserver en moi un mystère anodin.

Le joyau du trésor Andronikof-Swetchine, à mes yeux, était le casque du colonel, qui était un objet d'art considérable et étincelant. Curieusement, dans mon souvenir, il se mélange avec le samovar de ma grand-mère. Je leur vois, à l'un et à l'autre, non seulement la même teinte de cuivre, mais encore les mêmes tuyaux. Or le casque du colonel était orné, je suppose, d'un aigle aux ailes déployées. Par quelle alchimie cet aigle s'est-il transformé en tuyaux et le heaume guerrier en paisible théière ? Il y a peut être à cela une explication, mais je me garderai de la chercher car il me semblerait commettre un péché contre la nature, comme un biologiste se livrant à des manipulations génétiques.

Constantin Andronikof reparut dans ma vie lorsque le général de Gaulle devint président de la République en 1958 : c'est lui que ce grand homme choisit comme interprète de russe dans ses entretiens avec les potentats soviétiques. Ainsi vis-je mon amateur de train électrique sur les écrans de cinéma et de télévision, légèrement en retrait du Général, mais paraissant collé à lui comme un rémora. Il n'avait rien perdu de sa gravité enfantine et semblait même encore plus sévère qu'à dix ans, s'il se peut. Je ne puis imaginer le prince André de *Guerre et paix* sous d'autres traits que les siens. Le héros de Tolstoï et le pupille du colonel Swetchine se superposent dans ma mémoire comme le casque de celui-ci et le samovar du boulevard Magenta.

Autant j'avais éprouvé de répugnance pour le *Meccano* et le train électrique, autant la troisième toquade de mon père en matière de divertissement me plut. Vers 1928, le cinéma français était aussi puissant et expansionniste que le cinéma américain. En tout cas, c'est surtout lui qu'on connaissait en France. Les frères Lumière n'étaient pas bien loin et nous avions quelques firmes célèbres, la maison Pathé, entre autres. Celle-ci, dans les dernières années du muet, eut l'idée de fabriquer de petits appareils de projection qu'elle appela « Pathé-Baby ». On les achetait ou on les louait et l'on pouvait ainsi se passer à domicile *Juve contre Fantômas*, *La Ruée vers l'or, Charlot soldat,* et divers autres chefs-d'œuvre. Installer le Pathé-Baby était une entreprise aussi laborieuse que de monter le circuit du train électrique, mais le résultat, au moins, était distrayant. Pour nos projections, nous utilisions la galerie d'entrée de l'appartement, qui avait sept ou huit mètres de long. On transportait à l'une des extrémités la table de la cuisine, sur laquelle on posait l'appareil, et on tendait un drap en guise d'écran à l'autre bout. J'ai encore dans les oreilles le ronron du Pathé-Baby et le claquement des bobines de pellicule s'enroulant d'un cylindre sur l'autre. Le tout dégageait une odeur très agréable d'électricité et de goudron, presque aussi religieuse que l'encens de la messe. Mais tout n'était-il pas religieux dans les séances de Pathé-Baby ? Mon père officiait plus comme un prêtre que comme un technicien. Quant à moi et à l'un ou l'autre de mes camarades que j'avais invité à la cérémonie, nous étions aussi recueillis que des fidèles. Je dois être, pour le Pathé-Baby, la proie de la même illusion que pour le *Meccano* et le train électrique, c'est-à-dire qu'il me sembla que nous nous amusâmes longtemps avec cela, alors que ce nouvel engouement de mon père ne dura pas plus que les autres, soit quelques mois. Du reste, de tous les « courts métrages » que nous regardâmes, je ne parviens à me rappeler qu'un seul, qui m'impressionna fortement. Il s'agissait d'une saynète interprétée par Max Linder et intitulée « Max n'aime pas les chats ». Après diverses tribulations avec des matous, dont il ne se tirait pas à son avantage, Max faisait un rêve qui le vengeait de la gent féline et le film finissait sur une image particulièrement horrifique : un chat crucifié sur un mur mais trouvant encore la force de cracher et de tordre son museau dans un rictus de haine. Je ne saurais dire à quel point cette production des studios Pathé me marqua. J'en fis longtemps des cauchemars, et peut-être que le peu d'attirance que j'ai pour les chats vient de là. Il y aura toujours entre ces bestioles et moi le fantôme tragique et facétieux de Max Linder.

3

Lycée Janson-de-Sailly – Roulements de tambour
Ne pas vivre avec son temps

En octobre 1928, mon père m'inscrivit en classe de huitième au lycée Janson-de-Sailly, non sans me notifier que j'avais bien de la chance d'entrer dans un établissement aussi luxueux, où n'étaient admis que les rejetons du plus grand monde et dont on ne sortait que pour se lancer dans des carrières éblouissantes. Un futur chirurgien des hôpitaux ne pouvait pas rêver meilleure préparation à la vie qui l'attendait. Autre merveille du lycée Janson : j'y apprendrais le latin et le grec, surtout le grec, qui est indispensable car, grâce à lui, on comprend aussitôt le nom des maladies et des médicaments. Philosophiquement, je pensais en écoutant mon père qu'il s'écoulerait un temps très long entre le moment présent et celui où je me trouverais face à face avec les deux dragons dont il me chantait les louanges, et un temps incommensurablement plus long jusqu'à ce que j'affrontasse le plus terrible de tous les dragons de la mythologie moderne, à savoir la faculté de médecine. Ce qui paraît si éloigné a quelque chose d'irréel. Les grandes personnes ne semblent pas se douter, lorsqu'elles font des projets devant des enfants, que cela ne signifie rien pour ceux-ci; c'est comme si on leur parlait de l'autre monde. Il est très facile d'acquiescer à des volontés dont on est sûr qu'elles n'auront jamais l'occasion d'être réalisées. À cause de cette différence dans l'évaluation du temps selon qu'on a huit ans ou qu'on en a quarante, les enfants ont le sentiment que tous les adultes sont des rêveurs, des originaux, des chevaucheurs de chimères, voir carrément des fous, et qu'à force de préparer l'avenir ils ne comprennent plus rien au présent. En face d'eux, les enfants sont d'implacables réalistes, c'est-à-dire qu'ils ne vivent que dans l'instant et l'avenir immédiat. D'où tant de malentendus entre les uns et les autres, entretenus, en toute bonne foi d'ailleurs, par les enfants.

Ce qui m'impressionna d'abord à Janson-de-Sailly fut l'immensité des lieux. L'endroit était si vaste qu'on l'avait coupé en deux : il y avait le Petit Lycée dans lequel on pénétrait par l'avenue Henri-Martin, et le Grand Lycée, auquel on avait accès par la rue de Longchamp. Chacun des deux lycées avait son organisation propre, ses classes, ses profs, ses pions, son surveillant général, ses cours de récréation. C'était plus que deux lycées : c'était deux mondes, séparés par un fossé aussi profond que celui des générations. À peine y parlait-on la même langue. Pour que la frontière fût bien marquée, on devait, si l'on voulait aller de l'un à l'autre, traverser une espèce de square aménagé au milieu des bâtiments et qu'on appelait pompeusement « la cour d'honneur », laquelle se recommandait par une statue représentant un jeune soldat, tenant son fusil à l'horizontale comme un pêcheur à la ligne tient sa gaule, ce qui incitait les chahuteurs à y suspendre un poisson en celluloïd. Ce soldat de pierre, bien que ce fût une sculpture assez médiocre, avait quelque chose d'émouvant à quoi j'étais très sensible. Je me racontais tout un roman à son sujet : qu'il préparait

Saint-Cyr, que la Grande Guerre l'avait happé avant qu'il eût fini ses études, qu'il avait été tué à la bataille de la Marne. Mourir à vingt ans, fût-ce en pleine gloire, vêtu d'un pantalon garance et coiffé d'un képi, quel rude destin ! C'était un ancien élève de Janson, évidemment, et l'on avait mis son effigie dans la cour d'honneur parce qu'il résumait dans sa personne les vertus de la jeunesse française.

On restait au Petit Lycée jusqu'à la quatrième, on entrait au Grand Lycée avec la troisième. Le passage d'un lycée à l'autre ressemblait au passage de la minorité à la majorité. L'événement se produisait à l'âge où la voix mue, où les poils poussent sur les jambes, où l'on commence à se transformer en homme. Le fait de passer du Petit au Grand Lycée rendait la séparation symbolique et définitive. D'une minute à l'autre, on était différent : le Petit Lycée et ses petits habitants s'éloignaient de nous à toute vitesse, au point que le jour même de la rentrée en troisième, alors que nous n'avions pas fini de reconnaître notre nouveau territoire, nous nous demandions comment nous avions pu passer cinq ans de notre longue vie dans cette école maternelle, ce berceau, cette couveuse. On appelle l'adolescence « âge ingrat », ce qu'elle est, certes, mais pas au sens où on l'entend habituellement. Ingrat est, en l'espèce, plutôt synonyme d'oublieux que de déplaisant ou de désagréable. On perd de vue l'enfant qu'on a été, on le trahit au profit de l'adulte que l'on va être. Il n'est que d'observer les gens de vingt ans : rien ne leur reste de leurs jeunes années, ils ne gardent pas en eux de traces de l'être qu'ils ont été, comme s'ils étaient l'objet d'une métempsycose et que toute vie antérieure eût été effacée de leur mémoire. On dit encore de l'adolescence qu'elle est « l'âge bête » ; il ne peut pas en être autrement car l'adolescent rejette toute son expérience, sa patience, sa sagesse, sa philosophie d'enfant, il les méprise, il en rit, comme un barbare insulte la civilisation qu'il a détruite. Pour ne parler que de moi, j'étais beaucoup moins intelligent à quatorze ans qu'à six.

Ce qui me charma dans le lycée Janson, c'est que l'existence y était rythmée de façon militaire. Toutes les heures, le concierge se plantait au milieu de la cour de récréation ou, s'il pleuvait, sous le préau, et faisait entendre un long roulement de tambour. Il se servait de cet instrument en virtuose tantôt avec force, tantôt avec subtilité, accumulant, comme pour le plaisir, les concetti et les roulades. Le son du tambour, répercuté et amplifié par les bâtiments entourant la cour, était puissant et exaltant comme l'orgue accompagnant l'*Ite missa est.* Et il avait une signification voisine puisqu'il nous apprenait que la messe pédagogique était finie.

Le concierge, comme tous les hommes de cette époque, était un ancien combattant, qui avait sans doute été affecté à la clique de son régiment, d'où la virtuosité qu'il déployait à faire danser ses baguettes. C'était un rouquin long, maigre, mélancolique, peu enclin à sourire. Durant les récréations, il nous manifestait une certaine familiarité distante, du genre de celle qu'ont les domestiques de grande maison à l'égard de leurs jeunes maîtres. En effet, le vétéran de la Somme et des Ardennes se muait alors en épicier ; il s'installait dans un kiosque en bois non loin des cabinets, peint comme ceux-ci d'une couleur brun rougeâtre, et débitait les friandises de 1928 : rouleaux de réglisse, petits pains de Tortosa, roudoudous, caramels (durs et mous) au détail, tablettes de chocolat ainsi qu'une espèce de sac en papier contenant une poudre citronnée qu'on suçait à l'aide d'un chalumeau de réglisse et qui s'appelait « Aspirfrais ». J'aimais beaucoup cette sucrerie et j'ai, pour m'en procurer, dépensé des fortunes d'argent de poche.

À la rentrée de 1929, l'orgueil que m'inspira mon accession à la classe de septième fut tempéré par une déception cruelle : on avait supprimé les mélodieux roulements de tambour qui me faisaient tant plaisir, au point que, semblable aux célèbres chiens de Pavlov, je salivais presque en les entendant, et on les avait remplacés par une sonnerie stridente qui tombait des toits du lycée. Quelle tristesse, quelle laideur ! La substitution de la cloche au tambour est la première rencontre que je fis avec le progrès. J'en fus véritablement atterré ; j'eus le pressentiment que le monde avait pris une direction qui me déplairait de plus en plus à mesure que j'avancerais dans la vie, que tout ce qu'on m'avait appris à aimer ou vers quoi m'inclinait mon cœur était condamné à plus ou moins bref délai. Le sinistre dring-dring de la sonnerie me révélait de façon confuse et allégorique que la douce France et l'univers derrière elle étaient fichus, que c'en était fini de l'amusement de vivre, des hasards qui, selon Balzac, sont plus grands à Paris qu'ailleurs, de la diversité, de l'imprévu, que tout allait s'uniformiser inéluctablement dans la commodité et la laideur, et cela au nom de ce que je détestais le plus, de ce que je sentais m'être le plus « contraire » : le progrès industriel et scientifique. Pourquoi les grandes personnes avaient-elles fomenté un tel complot dont le but, j'en avais la certitude dans chaque recoin de mon cœur, était d'enlever toute saveur à l'existence ? Moi, je n'étais attiré que par ce qui ne servait à rien : les histoires que racontaient les livres, les fauteuils Louis XV, les lustres en cristal, les valses viennoises, l'uniforme des mousquetaires, la salle des armures au musée des Invalides. À huit ans, je me réfugiais dans l'art et dans le passé comme un malheureux pris dans un bombardement court se mettre à l'abri dans une cave. Au milieu de quelle mutation de la terre, aussi abominable qu'inédite, étais-je tombé ? J'expose ces sentiments avec mes mots d'aujourd'hui et comme je n'aurais évidemment pas su le faire à huit ans, mais je garantis que je n'invente rien, que je ne brode pas, que je n'attribue pas mes idées d'adulte à l'enfant que j'étais. Aussi loin que je me souvienne, je trouve en moi une incoercible méfiance à l'égard de l'avenir, une répugnance à l'envisager, à m'accommoder de lui, à espérer sa venue, à « vivre avec mon temps » comme on dit. Je crois me rappeler que c'est à huit ans, c'est-à-dire pendant ma huitième à Janson, que j'ai lu pour la première fois *Les Trois Mousquetaires* dans la collection Nelson. Ce fut plus qu'une distraction, plus même qu'une découverte. Grâce au bon père Dumas, j'eus l'impression, tout le temps que dura ma lecture, de quitter notre époque, d'être en vacances du pénible XXe siècle, de déserter le « monde actuel » sur lequel Valéry jetait des regards perçants qui, si j'en avais eu connaissance, m'eussent peut-être réconforté.

J'ai lu bien d'autres livres depuis *Les Trois Mousquetaires*, et qui m'ont apporté de plus grands enseignements, peut-être de plus grands plaisirs, mais aucun n'est arrivé aussi à point dans ma vie, aucun ne m'a fourni aussi exactement ce dont j'avais besoin. D'où, de ma part, une tendresse particulière, une prédilection, qui ne s'est jamais démentie. J'ai relu *Les Trois Mousquetaires* une dizaine de fois. Je ne saurais en dire autant des romans de Balzac, Stendhal, Dostoïevski, Dickens, Proust dans lesquels, pourtant, j'ai véritablement vécu, comme un apprenti d'autrefois vivait chez son « bourgeois » et apprenait ou plutôt volait son métier, sans poser de questions, rien qu'en observant en silence les gestes des vieux compagnons. Avec le père Dumas, je n'ai rien appris du tout ; il n'a pas été un maître pour moi, il est descendu du ciel comme un gros ange crépu et basané afin de m'apporter une bouteille d'eau quand je cheminais dans le désert. Pour ce qui est du *Vicomte de Bragelonne* qui fait suite à *Vingt ans après*, je n'osai, pendant des années, le rouvrir à cause de la mort de Porthos à Belle-Isle qui se trouve au tome V ou au tome VI, et dont j'avais été, pendant une semaine, inconsolable.

4

Chevaliers en armure
Les joues de M. Pinçon – Mon ami Barbizet

J'étais fort loin à huit ans de deviner que j'étais intrinsèquement et uniquement un artiste, que rien d'autre ne m'intéressait que de reproduire la nature par le moyen des couleurs, des sons ou des mots ; cependant je me sentais inexplicablement différent de mes camarades, voyant en cela plutôt une insuffisance qu'une supériorité, sans compter, comme j'eus l'occasion de le constater par la suite, que les vocations ont une allure négative : on sait tout ce qu'on ne pourra ou qu'on ne voudra pas faire, mais on n'a pas le soupçon de ce que l'on fera, et cela dure très longtemps. Jusqu'à l'adolescence au moins. C'est à treize ans révolus que je commençai à entrevoir mon véritable destin, que je pressentis de quel domaine j'allais hériter. Néanmoins, à huit ans j'avais quelques-uns des traits qu'une vocation peut façonner, quand ce n'eût été que mon goût du passé et mon attirance pour ce qui était beau ou me semblait tel. J'avais également un don marqué pour le dessin. Toute surface plane et raisonnablement vierge m'attirait, je ne pouvais m'empêcher de la couvrir de personnages, de paysages ou d'objets ménagers. À sept ans j'étais fou du Moyen Âge ; je remplissais des cahiers entiers de chevaliers en armure, coiffés de heaumes, montés sur leurs destriers, affrontant dans des tournois, sous le regard pâmé des nobles dames en hennins, d'autres chevaliers tout aussi bien équipés. C'est Dumas et *Les Trois Mousquetaires* qui m'arrachèrent aux cottes de mailles et aux masses d'armes. Par lui, je passai sans transition de Jean le bon à Richelieu le terrible. J'étais fort respectueux des livres imprimés qui étaient sacrés à mes yeux, comme la matérialisation de la Pensée humaine et sur lesquels je n'eusse osé griffonner. Fallait-il que je fusse fanatique des *Trois Mousquetaires* pour illustrer, comme je le fis, les deux volumes de la collection Nelson ! Je mis partout, dans les marges, les têtes de chapitre, les culs-de-lampe, des duels, des gants à crispin, des feutres à plumes, des bottes en entonnoir, des moustaches menaçantes et même des chevaux. Pour cette œuvre, j'avais prélevé sur mon argent de semaine de quoi acheter un flacon d'encre de Chine et des pinceaux fins. Je crois me rappeler que je ne montrai mon chef-d'œuvre qu'à un seul de mes camarades, dont le nom me revient quasiment du fond des siècles : Emmanuel Courtillot. C'était un gentil garçon, dont la société me plaisait, car il était impossible de trouver un meilleur public : toujours prêt à rire ou, plus exactement, à pouffer. J'étais sûr qu'avec lui mes plaisanteries les plus lamentables ou, comme on disait, mes « astuces les plus vaseuses » seraient saluées par des mimiques enthousiastes telles que de gonfler les joues, réprimer des soubresauts d'estomac, envoyer une colonie de postillons dans la nuque du voisin de devant. Courtillot, auprès de qui je me retrouvais chaque jour en étude, attendu que nous étions des « externes surveillés », avait un don comme moi pour le dessin. Tous deux nous passions les heures interminables d'étude à crayonner une foule de bonshommes nus comme des vers et munis de très gros attributs, reproduits dans tous les détails. Un psychanalyste aurait vu, sans doute, diverses choses dans cette inspiration, dont je jure qu'elle était parfaitement innocente.

Mon professeur de huitième portait le nom d'un petit oiseau, encore que l'orthographe différât : il s'appelait M. Pinçon. On eût difficilement trouvé un esprit moins léger et moins ailé. Comme le concierge du lycée, c'était un ancien combattant, un de nos innombrables héros, dont la seule présence nous rappelait que nous aurions un jour, nous, petits enfants, la charge énorme de la France sur nos épaules, comme ils l'avaient eue sur les leurs. M. Pinçon portait la Grande Guerre inscrite sur son visage. Une balle ennemie lui avait percé les deux joues. Il en était resté un trou, une sorte de cratère des deux côtés. Le jour de la rentrée, mes camarades et moi nous fûmes très impressionnés par cette double et bizarre cicatrice. Elle nous faisait l'effet d'une décoration, d'une croix de guerre ou d'une médaille militaire métaphysique. M. Pinçon, autant qu'il m'en souvienne, n'était pas un homme bien gai, il était même carrément morose. Je mettais ce caractère sur le compte des épreuves qu'il avait traversées pendant quatre ans et dont, évidemment, il ne nous parlait pas. J'en étais étonné, le comparant à mon père qui n'avait retenu de la guerre que les côtés plaisants ou épiques, et comme un cadeau gigantesque composé de liberté, de danger et d'allégresse que lui avait offert le destin. Avec M. Pinçon c'est un autre aspect des combats que j'entrevoyais, les longues attentes dans la boue des tranchées, les mutilés, les blessés de la face qu'on appelait « les gueules cassées », les offensives d'infanterie où les trois quarts d'un régiment étaient fauchés par les mitrailleuses, les cadavres accrochés aux barbelés et M. Pinçon au milieu de toutes ces horreurs, coiffé de son chapeau melon gardant sa dignité professorale sous les obus et les marmitages. Il me semble qu'il nous révéla un jour que justement il avait été mobilisé dans l'infanterie et qu'il avait fini les campagnes avec le grade de lieutenant, comme mon père. Son allure était aussi peu martiale que possible. Je ne puis l'imaginer autrement que serré dans son pardessus noir, qu'il devait bien enlever, quand même, pour nous faire la classe.

Parfois, tel ou tel romancier s'intéressant à la machinerie sociale décrit comment les individus d'une même génération restent amis ou du moins gardent entre eux des relations familières au long des années. Ces liaisons, qui se nouent à l'école dès l'enfance, finissent par former une société à demi secrète dont les membres ne se retrouvent pas sans quelque attendrissement et se rendent volontiers service entre eux. J'ai fait cette expérience au lycée Janson. Sous la férule de M. Pinçon, je me suis lié pour la vie avec une demi-douzaine de garçons dont l'un, jusqu'à sa mort, qui m'affligea plus que celle d'un parent, fut l'un de mes amis les plus fidèles. Il s'agit de Jacques Barbizet que je connus en huitième et qui, quarante après, m'étonnait en me racontant ma propre vie, mon enfance, ma jeunesse, mes canulars, mes reparties, dont j'avais tout oublié mais dont les plus menus détails étaient présents à sa mémoire. Cet homme, fort supérieur, d'un esprit mordant et prompt à la moquerie, avait, relativement à moi, une complaisance admirative, comme d'un grand frère à l'égard de son puîné, en qui il devine quelque chose qui fait qu'on l'aime plus que le reste de la famille. Tout le temps qu'il a vécu, Jacques, qui était devenu ce que mon père eût tant voulu que je fusse, à savoir professeur de médecine, et professeur fort réputé, sinon célèbre, à ce que je crois, s'est fait modestement mon chantre, mon aède, racontant inlassablement mes hauts faits de potache, ponctuant ses récits d'éclats de rire, toujours amusé de voir mes mimiques de surprise en l'écoutant.

La photo de classe de huitième que j'ai conservée montre bien, si on l'étudie d'un peu près, à quel point le tempérament de Jacques (ou plutôt de Barbizet, car en ce temps-là on appelait les écoliers par leur patronyme, non par le prénom comme aujourd'hui où l'on singe en tout les Américains) était éloigné du mien, à croire que nous fûmes attirés l'un vers l'autre avant tout par nos différences. Jacques est au dernier rang, où se placent d'instinct les flemmards, les chahuteurs, les têtes brûlées. Il est à côté de la tête la plus brûlée de la classe, un nommé Lapoule, qui faisait peur à tout le monde par son laconisme, sa brutalité de parole et la certitude qu'on avait, si l'on se frottait à ce surhomme, à cet indomptable fils des poilus de 14, que l'on recevrait une effroyable raclée. Il n'est pas jusqu'au nom de Lapoule, pourtant comique, qui n'inspirât de l'effroi. Dernière supériorité : il était pensionnaire, c'est-à-dire qu'il avait l'âme plus forte que nous autres, la peau plus dure, le cœur blindé, l'esprit rompu aux ruses nécessaires à la survie. En outre, il portait l'uniforme dont étaient revêtus alors les pensionnaires des lycées et collèges de l'État : vareuse bleu marine dont les revers étaient ornés d'un laurier en broderie dorée, du genre palme académique. Lapoule portait ce costume avec une négligence frôlant la chienlit, comme un soldat en campagne : cravate lâche, chemise ouverte, vareuse déboutonnée. L'ensemble avait une élégance débraillée qui m'emplissait d'envie, sûr que j'étais que, quelle que fût ma vie plus tard, je ne pourrais jamais y atteindre. Barbizet fait très bonne figure à côté de ce ruffian. Il a une bouche d'homme d'action, un front dur avec une frange de cheveux, un œil intrépide, on sent chez lui autant d'énergie, autant d'élan vital que chez le féroce Lapoule. Contrairement à celui-ci, son veston est bien fermé, son col de chemise ne se tortille pas. En civil, il a l'air plus militaire que Lapoule dans son uniforme.

Après ces deux personnages formidables, j'ose à peine me décrire. Tout, dis-je, diffère entre Barbizet et moi : la pose d'abord. Jacques a l'air d'un taureau prêt à foncer. Moi, je fais un sourire placide à l'extrémité droite du deuxième rang, endroit sans signification, place où l'on passe inaperçu. Je respire la bonne volonté contente de soi, j'ai le bras gauche appuyé sur la hanche, un costume agrémenté d'un gilet, lequel est barré d'une chaîne de montre. Je me rappelle ce gilet et cette chaîne, à laquelle aucune montre n'était accrochée mais qui me paraissait l'ornement indispensable d'un dandy. Pour ce qui est du gilet, je l'aimais fort ; en le revêtant, j'avais l'illusion de vieillir de plusieurs années. Je n'avais plus huit ans, mais trente ou quarante, âge de la maturité, de la responsabilité, de la respectabilité, toutes choses qu'un gilet, avec ses six boutons, personnifie admirablement. Mon regret était de n'avoir pas un gros ventre et un estomac rebondi que cette pièce d'habillement eût mis en valeur.

En contemplant la photo de classe, prise dans la cour d'honneur du lycée Janson, je m'aperçois que M. Pinçon tient entre ses genoux un chapeau de feutre bordé et non pas un melon. Pourtant c'est avec un melon sur la tête qu'il est demeuré dans mon souvenir. Malgré le témoignage formel de M. Pierre Petit, photographe officiel du lycée Janson, le melon est indissociable de sa personne. Bien entendu, il me paraissait très vieux, mais sur le cliché, c'est à peine un quadragénaire que l'on voit, avec, derrière son expression sévère, une curieuse ombre de sourire juvénile. La guerre, qui était passée sur ce sourire, ne l'avait pas complètement effacé.

Il y avait au lycée quatre catégories d'élèves : les pensionnaires, appelés les Panses, les demi-pensionnaires ou demi-Panses, les externes surveillés et les externes libres. Les Panses ne sortaient que le dimanche, pour aller déjeuner dans leur famille ou chez leur « correspondant ». Leur état me paraissait à la fois terrible et enviable. Terrible parce que les Panses menaient une existence monotone de militaires consignés au quartier et ne bénéficiaient que d'une permission hebdomadaire. Connaissant bien la nature enfantine, qui est féroce et impitoyable, j'imaginais facilement quelle loi de la jungle régissait les rapports des Panses entre eux. Les plus forts, les plus méchants imposaient leur domination. Malheureux les pacifiques ! Sans parler des maîtres d'internat, des pions, des surveillants qui ajoutaient la tyrannie de l'ordre à la tyrannie du désordre. Néanmoins, je ne pouvais m'empêcher de penser qu'il y avait quelque mystérieuse vertu dans l'internat complet, que cette vie rude, cernée de tous côtés par les dangers, corsetée par la discipline, devait être une excellente école de la volonté, du caractère, de l'endurance, du courage. Passés les premiers mois, surmontées les épreuves et les brimades, on tournait au vieux troupier couturé de cicatrices, qui n'a plus peur de rien, ayant affronté les pires dragons que recèle ce monde. J'enviais aussi les pensionnaires d'être prisonniers du lycée : ainsi étaient-ils libérés de leurs proches, ils n'avaient plus à se soucier des mille obligations que l'on a au sein de sa famille, ni à supporter ce qui rend si pesante parfois la présence constante de nos parents : leurs jérémiades, leurs feintes mélancolies destinées à nous donner mauvaise conscience, leurs menus chantages, leur encombrante sollicitude, leurs idées absurdes, leur irritante certitude de savoir mieux que nous ne le savons nous-mêmes ce qui nous est bienfaisant ou nuisible, toutes caractéristiques des grandes personnes, d'autant plus exaspérantes que nous dépendons d'elles pour tout et que le moindre mouvement de révolte prend des allures louches de crime de lèse-majesté. Quand mon père, après m'avoir reproché ce qu'on reproche traditionnellement aux enfants : paresse, étourderie, sournoiserie, goût du mensonge, brandissait le spectre de la pension, je me prenais à regretter *in petto* qu'il ne mît jamais sa menace à exécution. J'étais condamné à rester pendant huit ou neuf ans, autrement dit huit ou neuf siècles, externe surveillé, ce qui était, selon moi, la pire condition possible. Que n'étais-je au moins demi-Panse ! J'osai une ou deux fois, non sans timidité, exprimer ce modeste désir, mais je me heurtai à une réprobation qui me découragea. Il n'était pas question, pour moi qui étais habitué à la saine cuisine « bourgeoise » de Toto, d'absorber la nourriture de gargote servie au réfectoire. C'est ma santé qui était en jeu.

5

Agonie du Palais rose – Mistinguett à cheval Odeur d'ozone – Beautés des transports en commun Des bibliothèques dans le métro

Les inconvénients d'être externe surveillé étaient de deux ordres. Comme on rentrait déjeuner à la maison, il fallait faire quatre fois par jour le trajet de la rue des Acacias où j'habitais à la rue de la Pompe où se trouvait le lycée et vice versa. Après quelques mois, ce parcours, toujours identique à lui-même, me devint très fastidieux. J'en connaissais tous les détails, j'aurais pu énumérer les boutiques devant lesquelles je passais et ce qu'on exposait dans leurs vitrines. Je me rappelle surtout un magasin de la rue Duret, qui avait en montre quelques objets d'art moderne, dont une demoiselle nue en bronze, coiffée à la garçonne, se tenant en équilibre sur un pied et levant ses deux bras dans un geste gracieux. Cette représentation d'une personne du sexe, quoiqu'elle me parût le comble de l'érotisme, ne me troublait pas à proprement parler ; elle me mettait plutôt dans la tête des idées romanesques. J'ai conservé le souvenir d'une autre devanture qui ne m'attirait pas moins, encore qu'elle n'offrît rien de sensuel aux regards. Elle était située rue de la Pompe, au confluent de l'avenue Victor-Hugo. On y admirait la maquette en bois peint d'un hôtel particulier de style Louis XVI. L'établissement avait pour enseigne : « Stores Belzacq frères ». Effectivement, toutes les fenêtres de l'hôtel particulier étaient garnies de stores miniatures vert émeraude, du plus pimpant effet. Cet hôtel et ces stores me faisaient rêver de je ne sais quelle vie heureuse et luxueuse, dans une contrée réservée à d'opulents oisifs, la Promenade des Anglais à Nice, par exemple, qui d'après mon père était une sorte d'Éden, où l'on menait la vie à grandes guides et dont la splendeur culminait avec le « Casino de la Jetée », dans lequel, selon lui, on perdait inévitablement sa chemise. Cette dernière expression me rendit longtemps perplexe. Quel spectacle curieux et peu banal que des joueurs sortant torse nu du casino à quatre heures du matin après y avoir pénétré en frac ! La vie des enfants est bourrée de mystères à cause des images, métaphores et clichés dont usent machinalement les adultes, sans soupçonner qu'à huit ans on prend tout à la lettre.

Il fallait un bon quart d'heure pour aller à pied de chez nous au lycée Janson. En ce temps-là le Palais rose, construit par Boni de Castellane sur le modèle du Grand Trianon, n'avait pas encore été détruit. À chaque trajet, je le longeais. J'en ai gardé un souvenir mélancolique comme si cela avait été effectivement un morceau de Versailles transporté avenue Foch. Il avait l'air enfoncé dans la terre et, comme il était abandonné depuis des années, on en voyait tout le délabrement. Il y avait de la rouille sur les grilles, les volets avaient souffert des intempéries, les poignées des portes étaient tachetées de vert-de-gris. Rien n'est lugubre comme un palais inhabité. Ce qui a été fait pour être un lieu de fêtes et de plaisirs, recevoir du beau monde, contenir des trésors, être le chef-d'œuvre d'une époque, semble souffrir d'une vulnérabilité particulière. On n'imaginait même pas que le Palais rose fût habité par des fantômes. Ceux-ci l'avaient quitté comme les vivants. Tout était désert, physiquement et moralement. Je ne pouvais, lorsque je passais, m'empêcher de le regarder, comme on regarde un malade qui n'en finit pas de mourir, avec un mélange de tristesse, de compassion et de curiosité. Je notais les progrès de l'humidité, les dégradations des diverses façades, les avancées de la rouille et du vert-de-gris. Je me demandais si, un beau jour, quelqu'un achèterait cette magnifique épave pour lui redonner vie, encore que je ne crusse guère à un tel sauvetage. L'époque n'était pas à la préservation des belles choses. On les abattait sans pitié pour construire à leur place ce qu'on appelait des « immeubles de rapport ». Il eût fallu un second Boni de Castellane pour relever le Palais rose, et il n'y en aurait évidemment pas. La Grande Guerre avait fait disparaître cette race de dissipateurs splendides. Elle nous avait apporté avec ses tueries, ses inhumanités, sa gloire, quelque chose d'inédit et de désespérant : la médiocrité. La France s'était dévaluée comme sa monnaie.

Je traversais l'avenue Foch comme un pays autonome qui n'était plus tout à fait la ville. Elle était ombragée par de grands arbres. Je ne sais pourquoi, j'ai gardé le souvenir de longues pentes couvertes de gazon (« Pelouse interdite »). D'un côté de l'avenue était aménagée une allée cavalière, fréquentée par des dames coiffées de bombes et des messieurs en chapeau melon. Ils montaient des chevaux de toutes les couleurs dont ils pressaient les flancs de leurs jambes bottées. J'aurais beaucoup aimé « faire du cheval », moi aussi, comme ces élégants, d'abord parce que, en 1928, les chevaux tournaient la tête des petits garçons, tout comme un siècle ou cinq mille ans plus tôt, et ensuite parce que l'on a la griserie d'enfiler des bottes, lesquelles, selon moi, composaient les trois quarts du plaisir de l'équitation. Les personnes célèbres et les militaires faisaient trotter leurs bêtes avenue Foch. J'y ai certainement vu quelques-uns de nos généraux vainqueurs. Nonobstant, je ne me rappelle qu'une seule écuyère qui allait au pas et que je reconnus au premier coup d'œil. Elle avait cent ans pour le moins et la tête grimacière d'un vieux singe. Je la considérai bouche bée, comme on admire un monument. Elle me fit un sourire qui pendant une seconde effaça son aspect simiesque. Je m'enfuis, elle passa. C'était Mistinguett.

Mon père professait que mes quatre marches à pied quotidiennes étaient très bonnes pour ma santé, à cause de « l'exercice » que cela me forçait à faire et parce que je respirais un air qui n'était plus aussi pur qu'au temps de Napoléon III, mais qui n'était pas aussi pollué qu'aujourd'hui. D'ailleurs, les matins de printemps ou d'été, je sentais une odeur d'ozone qui tombait sur Paris, qui se substituait à toutes les autres senteurs citadines et qui me mettait d'une humeur allègre pour le reste de la journée. Je n'aurais pas su trouver les mots adéquats pour faire entendre à mon père que quatre quarts d'heure d'exercice font une heure et que c'était beaucoup pour mes petites jambes. Comme toujours, il me fallait prendre les choses de biais ou par la bande, c'est-à-dire trouver un faux prétexte pour masquer la réalité. Heureusement il existait en l'occurrence un moyen d'échapper honnêtement aux contraintes de la société : c'était d'utiliser les transports en commun. Je ne me rappelle plus comment je fis admettre le métro et l'autobus à mon père, mais il est de fait que j'y parvins. Toutefois je commençai par ne rien dire, puis au bout de quelques semaines ou de quelques mois je fus bien obligé de plaider en faveur de la RATP (qui s'appelait alors TCRP, « Transports en commun de la région parisienne »). C'est que je n'avais plus assez d'argent pour acheter des billets de métro et des carnets de tickets d'autobus. Je n'en pouvais plus de rogner sur le budget de la collection Nelson. Quels mensonges, quels sophismes, quels artifices inventai-je pour grappiller trois à quatre francs par semaine en sus de mon allocation ? Je crois que le principal fut l'argument de la vitesse. Je proclamai, avec une énergie qui finit par me convaincre moi-même, qu'avec la TCRP j'allais comme le vent, que je me trouvais transporté en un clin d'œil de la rue des Acacias à la rue de la Pompe, que c'était un gain de temps fabuleux : non seulement je n'étais plus obligé de me presser, de bâcler ma toilette, d'engloutir voracement mon petit déjeuner (manger trop vite est mauvais pour l'estomac, c'est connu), mais encore j'arrivais en avance au lycée, ce qui me permettait de bénéficier de cinq ou dix minutes d'étude pendant lesquelles je préparais fructueusement le travail de la journée.

Mon père, qui ne circulait guère par le moyen des transports en commun, fut suffisamment dupe pour me céder et me consentir les quelques francs dont j'avais besoin. La moindre enquête aurait réduit à néant mes inventions. En effet il était tout aussi long, sinon davantage, d'aller à l'école par le métro ou l'autobus que d'y aller à pied. Pour ce qui est du métro, je le prenais à la station Obligado, direction Vincennes, je changeais à l'Étoile, puis à Trocadéro et je descendais à la station Rue de la Pompe, qui n'était pas très loin du Petit Lycée, mais qui n'en était pas très proche non plus. Quant à l'autobus il fallait aller le chercher à l'Étoile, ce qui était une trotte. Il n'était pas rare qu'on l'attendît une dizaine de minutes, voire un quart d'heure. En ce temps, on ne distinguait pas les autobus par des numéros, mais par des lettres. Celui dans lequel je montais s'appelait « A.S. ». Lorsqu'il apparaissait enfin, il était bondé. Impossible de trouver une place. Heureusement, les autobus de mon enfance avaient une plate-forme ouverte, sur laquelle on sautait après avoir rattrapé le véhicule à la course et dont on descendait en voltige, sans attendre l'arrêt, quand on était arrivé à destination. Sur cette plate-forme régnait le contrôleur coiffé d'une casquette, vêtu d'un uniforme, et muni d'une machine à manivelle fixée sur son ventre, avec laquelle il oblitérait les tickets des voyageurs. Il donnait le signal du départ au machiniste en tirant sur une chaînette terminée par une poignée en bois, qui faisait entendre un « dzing ! » très suave à l'oreille. De même que je regrettais de ne pas porter de bottes comme les cavaliers de l'avenue Foch, de même j'enviais fort le contrôleur de bénéficier de la prérogative de tirer sur sa chaînette. Cette occupation, à mes yeux, était une des plus agréables et des plus pittoresques qu'eût jamais inventées l'espèce humaine.

L'agrément du métro, à cause de quoi je l'utilisais plus volontiers que l'autobus, est qu'on pouvait s'y adonner presque tranquillement à la lecture. Si l'on compte que j'ai pris le métro deux ou trois fois par jour pendant dix ans, de la huitième à la philo, on conviendra que j'ai eu le loisir d'y absorber des bibliothèques. Vers quatorze ou quinze ans, ma moyenne de lecture a baissé, car j'ai commencé à être distrait par les dactylos et les demoiselles de magasin qui se rendaient à leur travail. Elles étaient maquillées outrageusement, le teint crayeux, l'œil barbouillé de mascara, la bouche vermillonne, ce qui me les rendait très désirables, et dont elles ne laissaient pas de s'apercevoir, d'où, de leur part, des sourires imperceptibles, des regards ironiques, des effleurements de mains qui pouvaient signifier n'importe quoi et que je n'osais pas interpréter comme des encouragements.

Pour en revenir à mes huit ans, rien alors, fût-ce la reine de Saba, Miss France ou le président Doumergue, n'eût possédé assez d'attraits pour me faire lever les yeux de mon roman. Je n'en détachais pas le regard pendant les changements à l'Étoile et à Trocadéro. Le nez dans les pages imprimées, j'arpentais les couloirs comme un somnambule, montant avec tant de lenteur dans les wagons que mon cartable, ficelé sur mon dos, restait quelquefois coincé entre les portes quand elles se fermaient automatiquement, dans un grand soupir d'air comprimé. Je trouvai assez vite un moyen de lire plus commodément : il consistait à changer non pas à

Étoile mais à Marbeuf-Rond-Point des Champs-Élysées et à prendre de là une correspondance qui me menait directement à Rue de la Pompe. C'était plus long et faisait un trajet encore plus saugrenu que l'autre, sans parler d'un couloir interminable entre les deux lignes, le long duquel il fallait cheminer pendant dix bonnes minutes, mais j'étais incontestablement moins interrompu. Avec le temps, ces gestes devinrent si machinaux que je les accomplissais sans même m'en apercevoir et sans quitter mon bouquin des yeux.

6

M. Magny – Entreprise criminelle contre lui Quart-de-botte Insurmontable ennui du devoir – Inutilité des études Grain de folie – Un auteur subversif

Les cours avaient lieu de huit heures à midi et de deux heures à quatre heures. L'ennui d'être externe surveillé était qu'il fallait être présent à une heure et demie et passer une demi-heure en étude avant d'entrer en classe. Semblablement, à quatre heures, alors que, pour les externes libres, la journée était finie, nous devions aller encore en étude jusqu'à six heures du soir, après une brève récréation. Heureusement que j'avais comme voisin de pupitre mon brave Courtillot qui rivalisait avec moi dans la verve dessinatrice et riait plus ou moins silencieusement à mes chuchotements. Nous avions un vieux pion (était-il si vieux ? Je crois qu'il était né autour de 1860, ce qui lui donnait soixante-huit ans ou soixante-dix ans). Il s'appelait M. Magny. Efflanqué et vacillant comme il était, il me paraissait aussi antique qu'une momie égyptienne extraite de ses bandelettes, au point que je ne pouvais concevoir qu'il pût avoir un prénom. J'ai encore dans les oreilles sa grosse voix chevrotante de vieillard. Assis à son bureau sur l'estrade, absorbé à inscrire des notes et des appréciations dans nos carnets de correspondance que nous devions montrer chaque semaine à nos parents et rapporter au lycée munis de leur signature, il levait la tête de temps à autre, nous considérait d'un œil clignotant de presbyte pardessus ses lunettes et poussait un glapissement qui ne changeait jamais, agrémenté d'un léger roulement des r : « Trravaillons, les ânes ! »

Mon carnet d'externe surveillé, malgré tant d'années et malgré une bombe qui, en 1978, détruisit mon logis, n'a pas disparu. L'ayant retrouvé dans de vieux papiers et le feuilletant, il me revient que M. Magny était un brave homme qui prenait nos bêtises avec un fatalisme indulgent et, à l'inverse de la plupart de ses collègues, s'employait plutôt à minimiser les tragédies qu'à les exagérer. Sa vieillesse d'ailleurs, c'est-à-dire sa faiblesse, le rapprochait de nous, elle le faisait en quelque sorte rétrograder dans la hiérarchie humaine, elle le mettait presque de plain-pied avec les enfants. Les pions de vingt, trente ou quarante ans étaient pleins de force et d'autorité ; malgré nos farces et nos révoltes, nous avions peur d'eux. Pas de M. Magny, qui tenait à peine sur ses jambes. Chaque page du carnet de correspondance était divisée en deux : *Classe* et *Étude*. C'était M. Pinçon, comme il se devait, qui visait la première rubrique et M. Magny la seconde, dans laquelle il exprimait la bonne opinion qu'il avait de moi. Il me donnait invariablement 10 sur 10 en « conduite » et en « application » ; jamais moins de 7 ou 8 pour les leçons. Où donc voyait-il des raisons de m'honorer de la sorte ? Chaque semaine j'étais charmé par tant d'aveuglement, sachant très bien que je ne valais pas la moitié de ces flatteuses évaluations. M. Magny était-il si chenu, si insensible, si perdu dans ses idées préhistoriques, qu'il fût incapable de s'apercevoir que je n'étais rien d'autre qu'un vaurien ne pensant qu'à préserver sa paresse et à chahuter sans se faire prendre ? En fin de compte, je trouvais bien agréable d'avoir pour surveillant un brave homme écrasé par le poids des ans et n'ayant visiblement plus toute sa tête. Le pion idéal eût été un individu sourd, muet et aveugle. J'y rêvais derrière mon pupitre.

La mansuétude ou l'indifférence de M. Magny ne suffisait pas à le mettre à l'abri des entreprises criminelles. Il était, le pauvre homme, aussi chauve qu'on peut l'être, ce qui stimule aisément l'invention malfaisante des gens dont l'âge est sans pitié. Je ne me rappelle plus lesquels de mes condisciples combinèrent l'attentat dont il fut victime, mais ils y mirent une science et une ingéniosité remarquables, qu'ils n'eussent pas déployées pour résoudre un problème d'arithmétique. Il fallait en effet commencer par évaluer le trajet oblique des rayons du soleil entrant par la fenêtre de la salle d'étude, puis disposer un miroir au-dessus de la chaire selon une certaine inclinaison afin que le soleil ainsi capté tombât à plomb sur le crâne incliné de M. Magny. Nous eûmes ainsi, pendant un bon moment, le spectacle sublime de la momie passant à chaque minute sa main tremblotante sur sa tête, s'agitant sur sa chaise, faisant des grimaces, tournant les yeux à droite et à gauche, ne comprenant rien aux rires étouffés qui accompagnaient ses mouvements convulsifs. Nous aurions volontiers assisté à cette pantomime de choix pendant des heures, quitte à ce que notre victime mourût d'insolation, mais le soleil finit par tourner. Durant la récréation, après la séance, on enleva le miroir, en sorte que M. Magny ne sut jamais ce qui lui était arrivé, et l'oublia sans doute, mais nous ne l'oubliâmes pas, nous autres. Nous en parlions encore en septième, l'année suivante, en nous esclaffant, mais non sans quelque nostalgie : M. Magny était parti en retraite et on nous avait attribué comme pion une sorte de nabot vif, attentif, pète-sec, dont la taille ne dépassait guère la nôtre, à cause de quoi nous l'appelions « Quart-de-botte ». Ce n'est pas à lui que nous aurions osé jouer de mauvais tours ! Quand il était en service, un silence épais régnait dans l'étude, ce qui était lugubre par comparaison avec l'agréable bourdonnement habituel coupé de ricanements, de toux forcées, de bruits d'objets tombant par terre, de borborygmes. Quart-de-botte, à la moindre trace d'indiscipline, n'hésitait pas à gratifier le délinquant de quatre heures de consigne, ce qui signifiait qu'il fallait venir au lycée le jeudi et purger la punition en étude à faire quelque travail insipide et interminable, tel que copier trois cents fois la phrase « Je ne rirai plus bêtement aux plaisanteries ineptes de mes camarades ». Nous redoutions les heures de consigne, de retenue ou de « colle », et nous tâchions de les éviter, de la même façon que les automobilistes de maintenant se méfient des contraventions et s'ingénient à passer au travers. Comme eux, nous n'étions jamais complètement tranquilles. Deux, quatre, ou six heures de colle pouvaient à tout instant nous tomber sur la tête sans même que le soupçon nous eût effleuré que nous étions en infraction. Quart-de-botte était particulièrement désespérant, il était partout où se commettait une sottise. Les heures de colle jaillissaient de ses doigts comme des confettis. Rien n'échappait à son œil de lynx. Cette terrible clairvoyance était tempérée par son esprit moqueur, ses paroles sarcastiques, et une sorte de bonne humeur grâce à quoi, en dépit de ses sévérités, il ne parvenait pas à se rendre complètement antipathique.

Durant toute ma huitième, je crois bien n'avoir pas récolté une seule heure de retenue. À la vérité, j'étais un écolier assez terne. Je ne me distinguais ni dans le bien ni dans le mal. La seule supériorité que je montrais consistait, dans les dictées, à ne point faire de fautes d'orthographe. Était-ce le fait de la bonne instruction que j'avais reçue au cours Maintenon, de mes lectures ou d'un sens inné que je possédais de la langue française? Un peu de chaque, je pense. J'avais, dans le secret de mon esprit, une familiarité avec les mots français et la grammaire par laquelle on les assemble dans des architectures harmonieuses, voire une espèce de divination de l'étymologie, alors que j'ignorais tout de cette science, et jusqu'à son nom. Ce n'était pas par là que j'avais quelque chance de me faire admirer par mes condisciples. Du reste je ne voyais rien de rare ou de glorieux dans le fait d'être bon en dictée. Je n'étais même pas un de ces forts en thème boutonneux, à l'odeur fade, à la voix brève, porteurs de lunettes, qui ne font certes pas figure de héros scolaires, mais pour lesquels les petits voyous éprouvent un vague respect. À part le français et les « leçons de choses » qui me plaisaient parce qu'elles montraient la vie dans ses réalités quotidiennes, j'étais au-dessous du médiocre dans toutes les matières. L'histoire elle-même m'ennuyait, quoiqu'elle fût enseignée dans un manuel mélangeant agréablement les légendes aux événements authentiques et dans lequel on pouvait admirer une cinquantaine d'illustrations réalistes : Vercingétorix jetant son glaive aux pieds de César, Louis XI causant avec le cardinal La Balue dans sa cage, Turenne tué par un boulet à Salzbach, Napoléon se faisant couronner empereur par le pape, le maréchal Foch à cheval au défilé de la Victoire. N'est-il pas singulier que rien de cela ne m'ait intéressé, alors que mon père m'emmenait six ou huit fois par an au musée des Invalides, que je connaissais dans ses moindres recoins, y compris les salles désertes où étaient exposés les Plans en relief commandés par Louis XIV? J'étais tout imbibé d'histoire de France; Walter Scott et le père Dumas aidant, mon esprit était un vrai bal costumé, rempli d'armures, de châteaux forts, d'arquebuses, de couleuvrines, de chapeaux à plumes, d'arbalètes, de rapières, de châtelaines sur leurs haquenées. Mais s'il fallait mettre tout cela en ordre, le placer dans une perspective, y inscrire des dates, j'étais saisi de découragement. Il y a là un trait permanent de mon caractère, que j'ai admis à la longue mais qui, à huit ans, me déconcertait beaucoup : lorsqu'un savoir quelconque devenait obligatoire, je m'en dégoûtais immédiatement. Je ne m'intéressais qu'au facultatif, à ce que j'avais recherché moi-même, poussé par la passion, la lubie ou la curiosité, non à ce qu'on prétendait m'enseigner. Je n'ai pas changé depuis ce temps lointain; j'éprouve toujours la même répugnance s'il me faut faire par devoir ce que j'aurais fait dans l'allégresse si l'idée m'en était venue toute seule. Tout est sujet d'inquiétude quand on est enfant : cette disposition si contrariante de mon esprit me tracassait : j'y voyais une insuffisance, presque un vice, dont j'aurais à pâtir ma vie entière.

Je n'avais que mépris pour la géographie; cette discipline m'assommait; mon don pour le dessin s'enfuyait s'il me fallait tracer le cours d'une rivière ou la frontière d'un département. Du reste qu'est-ce que les méandres de la Loire ou le coloriage des Pyrénées orientales avaient de commun avec la peinture? Cela relevait du travail d'un arpenteur, non d'un artiste. Or, moi, j'étais un artiste; il ne me servirait jamais à rien d'avoir en tête la liste des sous-préfectures, non plus que de savoir que les Alpes étaient nées du plissement hercynien ou que la ville de Melbourne se trouvait en Australie. Je note au passage que, durant ma vie scolaire, j'ai constamment été surpris par l'inutilité de ce que l'on s'évertuait à me faire entrer dans la cervelle. J'avais l'intuition que ce ne serait jamais que par moi-même, sous la pression d'un désir violent et parfois inexplicable, que j'absorberais ce qui m'était nécessaire. À la vérité, je ne voyais dans les études qu'une corvée de politesse envers la société, quelque chose « qui se faisait » quand on avait un certain rang à tenir, une obligation mondaine que je réduisais au minimum et accomplissais aux moindres frais. Quant à l'arithmétique, n'en parlons pas ! J'y étais tout autant fermé que trois ans plus tôt, et pas plus désireux qu'alors d'y comprendre quelque chose. Je ne daignais même pas ouvrir le manuel. L'ennui que, supposais-je, dégageait cet ouvrage m'épouvantait comme si ce n'était pas d'humbles problèmes de robinets et de chemins de fer que j'y trouverais, mais les sept femmes de Barbe-Bleue, baignant dans leur sang ou pendues à des crocs de boucherie.

Quelques-uns de mes camarades d'enfance qui ont bien réussi par la suite, tels que le journaliste Maurice Siegel ou le cinéaste Gérard Oury, ont gardé de moi le souvenir d'un gamin falot, insignifiant, incolore, qui ne se faisait guère remarquer, d'une sorte de quantité négligeable comme il y en a dans toute compagnie. Je meublais la classe; je ne l'illustrais pas. Ils voyaient juste sans doute. Avec le recul, il me semble qu'entre huit ans et douze ans j'ai passé mon temps à mettre de l'ordre en moi, à me recenser, à reconnaître mes forces et mes faiblesses. Il n'y avait rien là de conscient, comme on peut penser : je me promenais à l'intérieur de moi avec les tâtonnements d'un aveugle qui touche les murs et les objets avec ses mains, et finit malgré les ténèbres par se représenter les lieux où le hasard l'a jeté, ainsi que les avantages qu'on peut en tirer si l'on n'est pas trop obtus. Ce n'est que vers la cinquième, en 1932, que je commençai à soupçonner que j'étais un peu fou, ou du moins que j'avais un « grain de folie » comme celui que mentionne La Rochefoucauld, c'est-à-dire des impulsions imprévues, des témérités, des passions qui prenaient le pas sur mes intérêts, des entêtements.

Jusque-là j'avais été très raisonnable, ou du moins j'avais joué avec succès le rôle de l'enfant facile, rusant avec tout le monde afin de préserver sa tranquillité ; après ma douzième année, je fus moins sage, je rusai moins souvent, j'osai émettre des opinions qui n'avaient pas cours auprès des adultes, je pris à mon compte des propositions hardies qui m'avaient plu chez les auteurs. C'est à peu près à cette époque que je découvris Anatole France, par qui je fus aussitôt séduit, car il disait dans ses livres le contraire de ce que ma famille ou mes proches m'inculquaient depuis si longtemps, à croire qu'il avait lu dans mes pensées. Étions-nous seuls, lui et moi, à voir le monde et les hommes dans leur vérité, à ne pas nous laisser abuser par les raisonnements fallacieux des grandes personnes ? Le style narquois par lequel l'auteur s'exprimait me charmait particulièrement : ce ton de moquerie et de persiflage me montrait, mieux que les idées, que c'était moi qui avais raison contre la société. Il s'ensuit que je dévorai ses œuvres avec la même boulimie que jadis celles du père Dumas. Mon père désapprouvait fort cette lecture. Il considérait Anatole France comme « un esprit subversif », jugement impressionnant, qu'il prononçait d'une voix sévère, le sourcil froncé, l'air préoccupé, comme si je m'étais lié avec un personnage interlope qui pouvait m'entraîner à voler, si ce n'est à assassiner, ou encore comme si je m'étais mis en rapports avec un individu affecté d'une maladie hautement contagieuse. Sachant que j'étais atteint en secret, et depuis longtemps, de la même maladie, laquelle ne m'avait conduit ni au tombeau ni en prison, je jugeai futiles les mises en garde paternelles. Il me semble que je lus en quinze jours une bonne dizaine de bouquins du cher Anatole, et parmi les plus subversifs. Après quoi, tout ce qui portait son nom me fut confisqué. Malgré son style Louis XV-imitation, ses vues courtes parfois, son contentement, son pharisaïsme radical-socialiste, j'ai gardé pour lui une vieille tendresse : il m'a apporté la preuve écrite, à une époque où j'en avais besoin, que je n'étais pas seul de mon espèce sur la terre.

7

Teutons obscurs – Ginette dans son lit
Colère d'un financier – Mariage de Ginette

Nous passâmes les vacances de Noël de 1928 à Strasbourg dans la maison qu'y possédait ma cousine Marguerite, et qui me paraissait vaste et somptueuse comme un palais. Je fus charmé par la vie opulente qu'on y menait et qui répondait à mes goûts. La maison était bâtie dans un style néo-alsacien, avec des colombages et deux ou trois toits pointus, harmonieusement décalés les uns par rapport aux autres. À cette époque, il n'y avait pas dix ans que Strasbourg était redevenue française. Les Strasbourgeois étaient encore dans l'euphorie que leur donnait le sentiment d'une patrie longtemps désirée et enfin retrouvée. Cela n'empêchait pas que l'on n'y sentît un peu partout encore l'influence germanique. On était en France, mais pas tout à fait. Les noms des rues étaient les vestiges visibles d'une longue présence allemande. La maison de Marguerite était située rue Schiller ; celle de ma cousine Marie-Louise, sa sœur, rue Geiler. Qui diable était ce Schiller ? Qui était ce Geiler ? Ces Teutons obscurs me semblaient bien outrecuidants d'avoir leur nom sur une plaque d'émail dans une ville française. Je les considérais avec mépris, moi qui, à Paris, avais l'honneur d'habiter une rue bordée au nord par l'avenue Mac-Mahon et au sud par l'avenue de la Grande-Armée, et sur qui, de ce fait, rejaillissait la gloire de l'Empereur et l'éclat de la victoire de Magenta.

Marguerite avait une fille, qui portait le prénom charmant (et fort poétique à mes yeux) de Ginette. Celle-ci avait sept ou huit ans de plus que moi, ce qui faisait d'elle une jeune fille, c'est-à-dire quelqu'un qui m'était hiérarchiquement supérieur. Toutefois elle n'usait pas ou guère du droit de me commander comme une grande personne à part entière. Au contraire, je sentais entre elle et moi quelque chose comme une complicité enfantine, et qu'elle était plutôt de mon bord que de celui du reste de la maisonnée. Je n'étais pas amoureux d'elle, mais je ne laissais pas d'apprécier en petit connaisseur ses rondeurs, sa *morbidezza*, ses sourires gentils, sa facilité dans les rapports, son parfum. Elle avait pour moi des câlineries de grande sœur qui joue à la maman, et dont, si j'avais passé deux ou trois semaines en sa compagnie, j'eusse eu la tête bel et bien tournée. Le matin au réveil, elle m'invitait à la rejoindre dans son lit, ce qui m'était très agréable. J'entrais dans ce lit chaud, qui sentait bon. Je ne savais ce qui était le plus moelleux : les oreillers, le matelas ou Ginette elle-même, contre laquelle je me pelotonnais avec un élan qui ne m'échappait pas mais dont elle ne paraissait pas s'apercevoir. La fenêtre qui donnait sur le jardin enneigé, la lumière mate de l'hiver, le froid qui régnait dehors ajoutaient à la perfection de ce moment. Ginette, moulée dans sa chemise de nuit en soie, sous laquelle je ne perdais rien de ses formes, Ginette avec ses bras potelés, sa taille fine, ses hanches de femme, sa peau douce, son rire qui tenait du gloussement, était pour moi la personnification même du confort, de la sécurité, de l'éphémère bonheur terrestre.

L'autre souvenir que j'ai de mes vacances à Strasbourg est moins agréable. Le mari de Marguerite, Charley, était un homme aux cheveux blancs et à l'expression assez revêche, facilement coléreuse. Je ne saurais dire comment il avait imprimé sa marque dans sa maison de la rue Schiller, mais il est de fait qu'on la voyait dans toutes les pièces. C'était bien là le logis d'un financier. Tout y était trop neuf, ou trop brillant, y compris les meubles anciens, dont on eût dit, quoiqu'ils eussent un ou deux siècles d'âge, qu'ils avaient été fabriqués la veille. Sur les bureaux Louis XV surchargés de cuivres, s'étalaient des dossiers et des papiers dont l'air rébarbatif révélait à l'observateur le plus superficiel qu'il s'agissait là de choses assommantes et lugubres, telles que contrats, relevés, statuts de sociétés, récépissés d'actions. Un après-midi que j'étais désœuvré, quelqu'un (Marguerite elle-même, sans doute) me donna pour me distraire deux ou trois vieux carnets de chèques correspondant à des comptes bancaires fermés depuis longtemps. Je me revois nettement vautré par terre dans le salon, griffonnant au crayon des millions ou des milliards, dessinant des paraphes pleins de courbes et de volutes, éparpillant des fortunes sur le tapis beige (car elle était beige, cette moquette, je suis formel là-dessus, et épaisse comme la laine d'un mouton). Il est fort agréable à huit ans de signer des chèques, fussent-ils périmés : on a l'illusion d'avoir vieilli de trente ans, d'être un monsieur, un chef de famille qui distribue l'argent, qui paie, et qui, de ce fait, est le maître de tout le monde. Soudain Charley entra, il vit ce à quoi je m'occupais et se mit dans une colère qui me prit complètement au dépourvu. Que pouvait il y avoir de criminel dans un amusement aussi innocent que celui auquel je m'adonnais ? Lorsque j'entrevis le sens de cette explosion, je la jugeai très disproportionnée et même passablement inepte. Selon mon cousin par alliance, il était d'une extrême gravité de laisser traîner des chèques libellés et signés : n'importe qui pouvait les ramasser, les présenter et les encaisser, d'où des malheurs effroyables : ruines, faillites frauduleuses, qui déshonoraient leur homme et le réduisaient à la mendicité, au désespoir, au suicide. En écoutant ces absurdités, je pensais, avec mon bon sens d'enfant, qu'il était peu probable que des documents aussi fantaisistes que ceux que j'avais émis fussent honorés par les banques et que, selon l'habitude des grandes personnes, Charley faisait beaucoup de bruit pour trois fois rien. Sur ces entrefaites, ma cousine Marguerite, attirée peut-être par les cris de son tempétueux époux, arriva à son tour. Sa présence apaisante ne tarda pas à agir. De sa voix tranquille, légèrement moqueuse, où l'on distinguait une trace d'accent alsacien, elle dit à Charley exactement ce que je pensais, à savoir qu'il était grotesque de se mettre dans des états pareils pour une bagatelle et qu'il fallait autre chose pour jeter une famille sur la paille qu'un gamin qui s'ennuyait un après-midi d'hiver à Strasbourg. Comme mon père, comme la plupart des coléreux, Charley, après ses flamboiements, se calmait assez vite. Je ne dirai pas qu'en l'occurrence le sourire revint sur son visage, car il n'était point enclin au sourire, mais il reprit la mine rechignée qui lui était coutumière et qui ne signifiait pas qu'il fût particulièrement de mauvaise humeur.

Ginette se maria l'année suivante, ce dont je conçus quelque dépit. Il y avait entre nous deux des liens quasiment charnels qui auraient dû, à mon avis, l'empêcher pendant quelques années au moins de songer à un autre homme que moi pour remplir sa vie. Je trouvai un certain apaisement à apprendre qu'elle n'avait pas fait un mariage d'amour, mais qu'on l'avait vendue à un vieux monsieur qui avait le double de son âge, c'est-à-dire trente-trois ou trente-quatre ans. Je n'en revenais pas que ce fût sa mère, sa propre mère, qui eût arrangé ce marché inhumain, antinaturel, absolument contraire au dénouement des comédies de Molière. Cela m'ouvrit des perspectives sur la personnalité de Marguerite, que j'avais considérée jusque-là comme une riche et agréable parente, toujours gaie, toujours libérale et qui, comble de séduction, ne cherchait en aucune circonstance midi à quatorze heures. Se pouvait-il que, derrière cette façade, se dissimulât une personne inflexible, un despote, une âme de fer ? Au fond je n'en étais pas trop étonné, sentant qu'il y avait autre chose en Marguerite que ce qu'elle montrait, une sorte de noyau dur ou de moteur secret grâce auquel elle avançait à travers la vie comme un vaisseau de guerre sur la mer. Ayant décidé que sa fille était en âge d'être mariée, et ayant peut-être envie de se débarrasser d'elle pour mener une existence encore plus indépendante et plus commode que celle qu'elle avait, elle avait cherché le parti le plus sortable à son goût. La bonne Ginette, enfant docile et obéissante, n'était pas de taille à résister à cette Catherine II. D'ailleurs son tempérament placide s'accommodait de toutes les situations et je crois qu'elle ne fut pas malheureuse avec son mari, lequel eut la complaisance de la laisser tranquille pendant cinq ans, ayant été fait prisonnier en 1940 et ayant joué au bridge dans un oflag jusqu'en 1945. En outre, elle possédait un moyen d'échapper quelques heures par jour à la vie conjugale, étant, comme moi, douée pour le dessin et la peinture et se livrant à cet art peut-être avec plus de liberté depuis son mariage qu'elle n'en avait eu la possibilité auparavant.

J'ai un souvenir de Ginette en ménage, qui doit se situer vers ma dixième année. C'était au cours d'un autre voyage à Strasbourg ; elle nous avait invités à déjeuner, mon père et moi, par amitié ou par tendresse, et pour nous faire les honneurs de son domaine, lequel me parut mesquin auprès des splendeurs de la maison Charley, rue Schiller : petites pièces, meubles modernes, objets d'art pour bourgeois et les œuvres complètes de Claude Farrère sur un rayonnage vitré. Apparemment, cette collection était le trésor de mon nouveau cousin qui me la fit admirer en détail. Chaque volume portait un envoi à son nom, dont il tirait une vanité ingénue, ce que je jugeai excessif, n'ayant que mépris pour un auteur dont je n'avais pas lu une ligne mais en qui je ne voyais qu'un des nombreux fabricants de la littérature contemporaine. J'aurais à la rigueur pardonné Farrère au cousin s'il ne s'était acharné à me déplaire en enveloppant ma bonne Ginette, qui m'appartenait par droit de priorité, d'un regard de propriétaire, comme s'il l'avait achetée dans un magasin, payée, et posée sur une étagère. Je fus particulièrement choqué par un geste qu'il se permit sur sa personne : elle était assise, lui debout à côté d'elle, tenant dans la main gauche *Fumée d'opium* et de la droite caressant indécemment le cou de sa femme, ou plutôt de sa chose, du menton jusqu'à la naissance des seins.

8

LA CHEVADE – JEAN GAUTHIER – *LE CRI DU PEUPLE*
POINCARISTE ET SECTAIRE – MA TANTE ÉMILIE EST UNE MUSE
LE TOCSIN CONTRE L'ORAGE – LANGUE D'OÏL
LA VIERGE RÉPUBLICAINE DE BREDONS

Ginette n'était pas ma seule cousine. J'en avais une autre à laquelle j'étais pareillement attaché. Son prénom éveillait des idées de fraîcheur, de pomme, de grenouille, d'eau de mer : Marinette. Elle était la fille de ma tante Émilie, sœur aînée de mon père ; je la voyais deux ou trois semaines par an, à l'époque des grandes vacances. En effet, ma tante Émilie était institutrice dans une petite commune du Cantal : La Chevade, près de la ville de Murat, et nous allions passer à la maison d'école des villégiatures ayant le double avantage de resserrer les liens familiaux et d'être peu coûteuses. La Chevade et son école restèrent, jusqu'à ce que j'atteignisse ma dixième année au moins, de puissants pôles d'attraction pour moi. L'odeur de la maison me grisait presque quand nous arrivions ou que je m'éveillais le matin. C'était la représentation olfactive d'une forte vie campagnarde. On devinait que la maison avait traversé un hiver très froid, qu'elle avait été balayée par les vents pendant trois ou quatre mois, qu'elle avait résisté sans fléchir aux assauts de la terrible nature auvergnate. Penser qu'en décembre la température descendait à vingt degrés au-dessous de zéro au Lioran ! Cette localité se recommandait par un célèbre tunnel que l'on évoquait en frissonnant et qui, dans mon imagination, couvert de glace et de neige, dans une lumière bleue de Jugement dernier, m'apparaissait comme la porte du septième cercle de l'Enfer de Dante, qui est le cercle du froid.

Il régnait dans l'école de La Chevade une odeur de bois de pin qui me charmait les narines. Les matinées d'été avaient une fraîcheur quasiment hivernale. Ma tante Émilie ne disposait pour nous loger que d'une seule chambre ; je dormais dans le même lit que mon père, sous un gros édredon rouge qui n'était pas superflu. Je me rappelle très bien ce lit, qui me paraissait monumental et qui ne devait pas l'être tant que cela. C'était un lit de style Louis-Philippe avec beaucoup de bois et des volutes à la tête et au pied. Il était flanqué d'une table de nuit contenant un pot de chambre. À huit ans, j'avais déjà pris le pli de lire une demi-heure ou une heure avant d'éteindre la lumière. Avec mon père allongé à ma gauche, ces orgies romanesques n'étaient pas de mise, non certes qu'il n'eût aussi l'habitude de se coucher avec un livre ou un journal mais, apparemment, ce qui était bon pour lui ne l'était pas pour moi. Dès que nous étions au lit, il me disait de sa voix de commandement :

« Jean (il prononçait *Jon*), tourne-toi de l'autre côté et dors ! » Chaque soir, je constatais, non sans étonnement, que le sommeil, ainsi convoqué, arrivait assez vite. Souvent, au cours de ma vie, j'ai eu des surprises de ce genre, c'est-à-dire que je pensais que l'interruption d'une habitude qui m'était chère me causerait une grande gêne ou un grand dépit alors qu'en réalité cela ne me faisait ni chaud ni froid, je l'oubliais presque d'une minute à l'autre.

Les nourritures que nous offrait ma tante Émilie étaient, quoique fort simples, voire rustiques, plus savoureuses qu'ailleurs, à commencer par le café au lait du petit déjeuner, dans lequel on trempait de grosses tartines de pain bis couvertes d'un beurre qui, comme dans un poème de Rimbaud, « fleurait de longs miels végétaux et rosés ». J'ai gardé de même un souvenir extraordinaire d'un plat de petit salé aux choux qu'elle préparait de ses mains, qui me faisait défaillir de bonheur et comme je n'en ai plus mangé nulle part. Toutefois, ce n'était pas seulement parce que la cuisine était bonne que j'éprouvais du plaisir à aller à table : il y avait dans nos repas quelque chose d'imperceptiblement solennel parce que c'était des repas de famille. J'étais là entouré de gens de ma race, du même sang que moi. Pour un petit Parisien, fils unique par surcroît, c'est une expérience très heureuse (et assez rare). Quoique connaissant beaucoup moins bien ma tante Émilie et ma cousine Marinette que tel ou tel de mes amis ou camarades, j'avais avec elles des ententes secrètes, et j'éprouvais à leur égard un sentiment d'appartenance ou de solidarité que personne d'autre ne m'inspirait.

Ma tante était mariée à l'homme le plus gentil, le plus chaleureux, le plus complaisant, le plus bienveillant que j'aie jamais rencontré dans ma vie : mon oncle Jean Gauthier. J'avais pour lui une affection sans bornes. Il avait une grosse moustache d'Arverne et un sourire véritablement céleste. Je crois qu'il n'y avait pas en lui une trace de méchanceté, il était tout bonté, des pieds à la tête. Les enfants ne se trompent pas là-dessus : leur instinct est aussi sûr que celui des animaux. Les seules occasions où j'ai vu mon oncle Jean se départir de sa mansuétude étaient les controverses politiques qu'il avait avec mon père. J'appris ainsi qu'il était membre du parti communiste de Clermont-Ferrand. Chaque matin, il recevait au courrier un journal, ou plutôt un brûlot, intitulé *Le Cri du peuple*. Quoique je n'eusse que huit ans, je trouvais ce titre bien emphatique et même à la limite du ridicule. Quelle sorte de cri poussait donc le peuple, qui n'était pas arrivé jusqu'à mes oreilles ? Évidemment, il s'agissait là d'une métaphore, d'une image, d'une allégorie : le cri était muet, c'était un cri moral exhalé par le peuple depuis le fond des siècles afin de révéler sa misère, et qu'on n'avait commencé à entendre qu'en 1789, à moins que ce ne fût au congrès de Tours de 1920. Ma curiosité pour les choses imprimées étant insatiable, je tâchai de lire le journal de l'oncle Jean, mais j'y renonçai bientôt, rebuté par le style de la publication qui était un mélange de véhémence et de platitude. Avec Dumas, Théophile Gautier, même la comtesse de Ségur, j'étais habitué à des récits d'un autre ragoût. Je ne me rappelle qu'un article de première page, consacré au possesseur d'un grand magasin de Clermont qui buvait la sueur de plusieurs dizaines de prolétaires et qui était désigné comme « cette vieille crapule de Conchon-Quinette ».

Mon père, quant à lui, était furieusement réactionnaire, en sorte qu'il n'y avait aucun accommodement possible entre les beaux-frères. J'entends encore mon oncle Jean, si placide, si affectueux et délicat dans le courant de l'existence, s'écrier d'un ton de reproche : « François, vous n'êtes rien d'autre qu'un poincariste ! » J'ignorais ce que cela voulait dire exactement, mais je comprenais que c'était là, dans sa bouche, une réprobation suprême, un anathème, une excommunication. Était-ce à dire que mon père était un adepte du président Poincaré ? Mais où était le mal ? On m'avait inculqué depuis l'enfance que Poincaré était un « grand Français », que s'il existait un homme dont nous pouvions être fiers, c'était lui, qui était l'un des artisans de la Victoire. Ma tante et ma cousine, pendant ces empoignades, avaient un air à la fois gêné et moqueur que je ne laissais pas d'observer. Un soir, avant de nous glisser sous notre couette, mon père me confia : « Ton oncle Jean est un sectaire. » Ce jugement me libéra d'un souci. « Sectaire » rendait un son aussi péjoratif que « poincariste ». Selon mon père, il n'y avait pas de pire perversion de l'esprit que le sectarisme. Heureusement, j'étais assez sage, du haut de mes huit ans, pour faire la part des choses, c'est-à-dire me fier plutôt à mon intuition qu'à de vaines paroles de grandes personnes écervelées. Tout comme je savais au fond de moi qu'il n'y avait rien de blâmable dans le fait que mon père fût un adepte de Poincaré, personne au monde ne m'eût jamais fait considérer mon bon oncle Jean, qui m'aimait comme son fils, qui me passait tout, qui était l'indulgence et la faiblesse personnifiées, comme la vilaine bête malfaisante appelée sectaire.

Un des bonheurs que je trouvais à passer mes vacances dans une école est que la salle de classe était tout à moi. Je pouvais m'y rendre à n'importe quel moment de la journée, me jucher sur l'estrade et imaginer que vingt ou trente galopins m'écoutaient dans un silence religieux, ce qui ne m'empêchait pas de les accabler de punitions épouvantables. J'avais à ma disposition les accessoires pittoresques de l'école primaire, parmi lesquels une longue baguette, presque une perche, servant à désigner les chefs-lieux sur les cartes murales Vidal-La Blache et les parties du corps humain sur les planches anatomiques. Le plus beau, que je ne me lassais pas d'admirer, était, disposées sur une étagère derrière la chaire, quelques sculptures en bois fabriquées au cours des années par les élèves. Certaines avaient pris de la patine ; toutes me paraissaient aussi achevées que les chefs-d'œuvre des compagnons du tour de France. L'habileté, l'invention des enfants de La Chevade et de ses environs me confondaient. Quelle éducatrice, quelle muse était donc ma tante Émilie pour avoir ainsi métamorphosé de petits paysans en menuisiers, en artistes ! À moins que les natifs de ce coin de la terre auvergnate n'eussent été bénis spécialement par les dieux du travail manuel. L'exposition consistait en pelles, pioches, râteaux, brouettes, tombereaux, charrues, moissonneuses, réduits à la dimension de jouets, mais auxquels il ne manquait pas un détail. Les roues des véhicules, surtout, bien circulaires, tournant sans grincer sur leurs moyeux, finement ciselées, excitaient mon admiration. J'ai longtemps espéré que l'on me ferait don d'un de ces objets sublimes, mais cela appartenait visiblement au trésor de l'école (autrement dit à l'État), qui devait demeurer complet et intact, en attendant d'être légué aux générations futures.

Tant par son tempérament que par son métier qui lui avait donné l'habitude du commandement, ma tante Émilie était le vrai chef de famille de La Chevade. Je n'ai jamais très bien su ce que faisait mon oncle Jean. Je crois qu'il était représentant en tissus. Parfois, il mentionnait ses voyages à travers l'Auvergne, dans un de ces cabriolets à deux roues que l'on appelait « vinaigrettes » au XVIIIe siècle. Ce n'était pas un conteur expérimenté, il n'cntrait guère dans les détails ni ne filait l'anecdote, mais il suffisait qu'il évoquât sa carriole cahotant dans les chemins de montagne entre Aurillac et Saint-Flour, Chaudes-Aigues et Rodez, son vaillant petit cheval qui trottait à travers la pluie jusqu'à la nuit tombante, lui, l'oncle Jean tenant les guides et faisant claquer son fouet, pour que je le considérasse brusquement comme un personnage très romanesque, une sorte de héros d'épopée, et ne tombasse dans la rêverie. La façon brève, sans fioritures, presque allusive qu'il avait de rapporter ses prouesses, comme un ouvrier parle de son ouvrage, ajoutait à la magie. Mon imagination me le montrait, avec son bon sourire et sa grosse moustache, tenant tête aux éléments, évitant les ornières, calme au milieu des dangers, comme le maréchal Joffre à la veille de la bataille de la Marne. Que devenaient les échantillons de tissu et les pièces de drap pendant ces minutes historiques ? Je ne le demandai jamais, paralysé par je ne sais quelle bienséance. Demande-t-on à un héros s'il a pris le temps de faire pipi entre deux actions d'éclat ?

La Chevade n'était pas un si maigre hameau qu'elle ne possédât une église ou, tout au moins, une chapelle, qui était desservie le dimanche par un curé des environs et dont la gardienne, dans la semaine, était une vieille paysanne qu'on appelait la mère Vallarcher. Celle-ci exaspérait ma tante Émilie par la manie qu'elle avait, pendant les orages (assez fréquents), de courir à l'église et de sonner la cloche à toute volée. Le tocsin alternait avec le tonnerre. Si la tempête avait lieu la nuit, Mme Vallarcher n'hésitait pas à jaillir du lit et à se livrer à ses bruyants exorcismes. C'était un beau spectacle que la chapelle environnée d'éclairs et les injuriant à perdre haleine par la voix de sa cloche. Ma tante Émilie ne se lassait pas de pester contre la mère Vallarcher qui croyait conjurer l'orage et risquait plutôt d'attirer la foudre avec son tintamarre. J'admirais beaucoup ma tante, capable d'une déduction aussi forte. Je voyais en elle le siècle des Lumières condamnant la superstition moyenâgeuse.

J'étais très lié avec la bruyante sacristine, à qui je donnais du « madame Vallarcher » long comme le bras, ce qui, avais-je observé, la flattait. Elle m'invitait quelquefois chez elle, dans sa baraque au sol en terre battue, où l'on respirait l'odeur de tous les modestes foyers auvergnats : l'humidité, le feu refroidi, le fumet des êtres humains, les relents d'une vieille soupe de légumes ayant longuement mijoté. Mes narines en étaient agréablement chatouillées : je humais là quelque chose d'immémorial, un remugle éternel de l'humanité. Ayant appris, en écoutant les grandes personnes disserter sur la société et les mœurs, que tous les paysans français, sans exception, cachaient un magot (composé principalement de louis d'or) dans des lessiveuses, j'étais persuadé qu'il en allait de même pour la mère Vallarcher, malgré ses airs de pauvresse par lesquels elle donnait le change. À mon grand désappointement, je n'aperçus aucun ustensile de ce genre dans son logis, encore que j'eusse jeté, jusque dans les réduits les plus ténébreux, un regard perçant. Je ne vis pas non plus, suspendu à un crochet, quelque hypocrite bas de laine contenant des liasses d'actions de Suez, de la Royal Dutch ou des Tramways de Shanghai, car le bas de laine servait aussi, le cas échéant, de coffre-fort, ce qui ne manquait d'ailleurs pas de m'intriguer. Pourquoi choisir cette pièce d'habillement pour y dissimuler ses économies ? Un bas de laine est à la merci des mites, qui y font des trous, par lesquels s'écoule notre avoir, et l'on se retrouve un beau matin ruiné sans y avoir pris garde. Les seuls bas de laine qu'avait Mme Vallarcher entouraient ses pieds, et, s'ils avaient des trous, ceux-ci ne laissaient passer que ses orteils. Faute de lessiveuse, elle possédait un buffet dont deux tiroirs étaient fermés à clé, sur lesquels je la surprenais quelquefois dardant des coups d'œil obliques de chienne protégeant ses petits. C'était là, de toute évidence, que dormait sa fortune. Certes, la lessiveuse ou le bas de laine eussent été plus conformes à la tradition, mais enfin le buffet n'était pas si mal, après tout. Le fait qu'il recelât les millions de la mère Vallarcher lui conférait de la grandeur et du mystère. Et l'essentiel n'était-il pas qu'il y eût un magot, pour l'honneur de la paysannerie française ?

Nulle part autant qu'à La Chevade je n'ai souffert d'être un citadin. Ailleurs c'était une supériorité : tout était plus spirituel, plus intelligent, plus gai, plus amusant, plus beau à Paris que dans n'importe quelle partie du monde, et cet éclat rejaillissait sur le plus humble des Parisiens, en l'occurrence moi. Point à La Chevade. C'était comme si cette minuscule bourgade du Massif central, dont nul ne soupçonnait l'existence au-delà de Murat, avait été une espèce d'État souverain, ayant ses annales, ses coutumes, ses traditions orales, son langage. C'est le langage surtout, autrement dit le patois auvergnat, que les paysans parlaient entre eux et que mon père tout comme mon oncle Jean comprenaient, qui m'inspirait un sentiment d'infériorité. J'aurais donné plusieurs années de ma vie pour être capable de dialoguer avec les grands Auvergnats moustachus, lents et puissants comme leurs bœufs, qui revenaient des champs en échangeant Dieu sait quels secrets essentiels, Dieu sait quelles pensées profondes que j'étais condamné à ne jamais connaître. Mon impuissance à apprendre le dialecte chuintant, rocailleux, hermétique qu'on parlait à La Chevade me désolait d'autant plus que je prenais sans difficulté l'accent du terroir. C'est le vocabulaire et les tournures grammaticales qui n'entraient pas dans ma tête. Je crois que ma tante Émilie et, avec elle, ma cousine Marinette n'étaient pas fâchées que je fusse ainsi réfractaire au parler cantalien, la première parce qu'elle était institutrice, et l'autre parce qu'elle faisait des études pour le devenir. En effet, une des missions de l'école primaire sous la IIIe République était d'imposer la langue d'oïl dans tous les départements et spécialement d'extirper sans pitié ce qui subsistait de la langue d'oc, dont le patois auvergnat était un des rejetons. La mère et la fille avaient embrassé la doctrine du ministère de l'Instruction publique comme deux soldats disciplinés de l'enseignement laïque et obligatoire.

La ville de Murat n'était distante de La Chevade que de deux ou trois kilomètres. Nous y avions des parents à qui il était séant de faire une visite. Je ne les connaissais pas et ils ne me connaissaient pas davantage ; cependant ils m'accueillaient avec une chaleur et une familiarité dont j'étais très flatté, y voyant la preuve que non seulement ces braves gens m'acceptaient dans leur clan, mais encore qu'ils comptaient sur moi pour porter à un haut degré de célébrité le nom de Dutourd, déjà très honorablement connu dans des lieux tels qu'Antignac, Mauriac, Allanche, Marcenat, Neussargues et par-dessus tout Champagnac-les-Mines, dont je crus comprendre que cette localité était le berceau de notre race. Nous y allâmes déjeuner un jour. J'en ai gardé le souvenir d'une grande ripaille, sur une table immense en plein air, autour de laquelle étaient assises vingt personnes sinon davantage. Les deux seuls convives qui restent dans ma mémoire sont un séminariste et un patriarche qui s'appelait Dutourd comme moi et qui avait bien trois cents ans, vu la blancheur immaculée de sa moustache et le bois luisant de sa canne, sur laquelle il s'appuyait depuis le règne de Louis-Philippe pour le moins. Le séminariste, nommé Andrieux, excita beaucoup ma curiosité et mon imagination, d'autant plus qu'il était en soutane. Il avait une gaieté bavarde, une agilité physique, un esprit d'entreprise qui me surprirent. Selon moi, un garçon qui s'était donné à Dieu et qui portait l'uniforme sévère de la religion ne pouvait être qu'un personnage grave, rempli de componction, s'abîmant en prière toutes les trois minutes, considérant avec pitié les vaines agitations du monde. Or le jeune Andrieux était tout le contraire. Je le revois en train de sauter par-dessus une haie, avec de grands éclats de rire, la soutane relevée jusqu'aux fesses, m'invitant à le suivre dans ses acrobaties. Il est aujourd'hui chanoine et m'envoie une carte tous les ans de Saint-Flour où il a pris sa retraite.

Tantôt nous nous rendions à pied à Murat, ce qui faisait une promenade, tantôt nous prenions la De Dion qui n'avait encore que cinq ans d'âge et continuait à faire son petit effet dans les sous-préfectures et les chefs-lieux de canton. Il m'est resté de Murat l'image d'une ville tout en hauteur, coupée de rues montant à pic et descendant vertigineusement. La couleur des pierres tirait sur le café au lait. La plupart des maisons étaient agrémentées d'une tour, ce qui conférait à l'agglomération une allure aristocratique, une gentilhommerie qui étaient tout à fait dans mes goûts. Il n'y a peut-être rien d'exact dans cette description, faite après tant d'années, sans compter que je voyais les choses avec mes yeux de huit ou neuf ans, et qu'elles me paraissaient gigantesques et mystérieuses, mais tant pis, ma foi : il ne faut pas retoucher un souvenir pour lui rendre sa ressemblance avec la réalité. Les déformations de la mémoire sont aussi précieuses, sinon plus, que l'exactitude littérale.

J'aimais particulièrement une colline proche de Murat, que j'escaladais deux ou trois fois pendant les vacances et qu'on appelait la montagne de Bredons, au sommet de laquelle s'élevait une statue en bronze de la Sainte Vierge. Cette Vierge avait une corpulence qui la rendait très proche de ses visiteurs ; elle ressemblait à la République, telle que les sculpteurs de 1880 avaient coutume de la représenter : lourde, majestueuse, bienveillante, apaisante, maternelle, nourricière. Son seul défaut était qu'on se brûlait la main si l'on s'avisait de la toucher, car elle était exposée de tous les côtés aux rayons du soleil auvergnat, lequel, je ne sais pourquoi, pendant les heures où il consentait à se montrer, m'a toujours semblé plus chaud, plus torride qu'ailleurs. Dans mon souvenir, la montagne de Bredons est un brasier.

Une autre promenade que je faisais volontiers, tout seul car elle ne m'éloignait de la maison que de six ou huit cents mètres, en sorte que je ne risquais pas de me perdre, était une espèce de plateau ou de promontoire que l'on voyait de la fenêtre de ma chambre et qui fermait l'horizon. Il portait le nom de « rocher de Chastel » et me fascinait parce qu'il avait la forme de l'Asie Mineure telle que je l'avais vue dans l'atlas, entourée par des mers aux noms très poétiques : la mer Égée, la mer de Marmara, le Pont-Euxin, et parsemée d'endroits aussi magiques qu'illustres tels que le Bosphore, la Corne d'or, l'Hellespont, la Troade, le Scamandre. Les jours où j'avais l'esprit moins poétique ou moins romanesque, le rocher de Chastel m'apparaissait plutôt comme une espèce d'enclume de basalte ou un pied de fer de cordonnier. Ce paysage devenait tragique et grandiose pendant les orages. Le rocher de Chastel, sous de lourds nuages noirs, couronné d'éclairs, aurait pu servir de décor pour *Le Roi Lear*.

9

Crépuscule des enfants – Marcenat en 1619
Dédée et Louisette
Ennui des pique-niques – L'Auvergne pittoresque
Le guide Michelin en 1930

Nos vacances auvergnates comportaient obligatoirement une excursion ou plutôt un pèlerinage à la ville de Marcenat où vivaient ma tante Marguerite Vigouroux, autre sœur aînée de mon père, et ses deux filles, Andrée et Louise, plus communément désignées sous leurs diminutifs de Dédée et Louisette. Cette expédition réjouissait tout le monde : mon père qui conduisait la De Dion, ce dont il ne se lassait pas, mon oncle, ma tante et Marinette qui n'avaient guère l'occasion de voyager en automobile et moi qui étais animé d'une curiosité incessante pour ma famille, par laquelle je me sentais enraciné très loin dans le sol le plus français qu'on pût imaginer : au centre même de toutes les Gaules. Quoique étant fils unique (et assez content de l'être car cet état a les mêmes charmes que le célibat), je regrettais que cette famille qui était la mienne ne fût pas touffue et profonde comme une forêt ; si jeune que je fusse, je voyais bien que notre souche se desséchait, qu'elle était en train de mourir. Mon père s'enorgueillissait souvent d'être « le onzième d'une famille de douze enfants ». Que restait-il de ces douze êtres humains ? Ma tante Émilie, ma tante Marguerite, mon oncle Antonin, pharmacien à Allanche, avec qui mon père était en froid par la faute, disait-il, de la femme de celui-ci, vraie teigne, médisante, et semeuse de discorde notoire. Tous les autres étaient morts : le petit Firmin, le benjamin si doué pour les études, aussi bien que le beau Guillaume, le premier-né, qui avait laissé une réputation de dandy et qui fut emporté à trente ans par la tuberculose. Avec les quatre survivants, on était loin de la fécondité de mes grands-parents. Ils n'avaient à leur actif que trois enfants uniques : Marinette, le fils du pharmacien et moi ; et les deux petites Vigouroux. Cinq rejetons en tout. Ah ! non, hélas ! les personnes de mon sang ne rivalisaient pas avec la forêt des Ardennes ou celle de Brocéliande ! Elles formaient à peine un taillis où poussaient vaille que vaille des arbustes rachitiques. Où étaient passés les pullulements que mentionnaient les romans d'autrefois dont j'étais nourri ? On devine des ribambelles de mioches dans la comtesse de Ségur, Hector Malot, Erckmann-Chatrian, Dumas ; les générations se bousculent, elles se marchent sur les pieds. Et qui fait le tour de France ? Non pas deux compagnons gavots ou dévorants, mais deux enfants, deux gamins immortels qui n'ont pas peur de marcher, d'avaler des kilomètres, qui déploient une énergie d'explorateurs qui veulent tout savoir de la civilisation française. Évidemment, je ne voyais pas ces choses, à huit ans, avec la même clarté qu'aujourd'hui, mais je sentais que la condition enfantine s'était dégradée depuis le XIXe siècle, que j'assistais à une espèce de « crépuscule des enfants » qui allait de pair avec les autres déclins du monde occidental. Mon père avait beau me seriner que, comparé à son enfance semi-paysanne, je vivais comme « un petit prince », j'aurais volontiers échangé ma princerie contre sa condition de onzième héritier d'un pauvre instituteur de campagne. Avait-il dû s'amuser, lui, avec ses diablotins de frères et sœurs !

La maison qu'habitait ma tante Vigouroux avait été achetée par mon grand-père afin de s'y retirer. C'était un vénérable bâtiment dont l'entrée était surmontée d'un écusson portant une date très ancienne, 1619, je crois, ce qui signifie que, la porte franchie, on pénétrait dans un endroit où avaient vécu des sujets du roi Louis XIII. J'en étais chaque fois un peu étourdi. Mon cher d'Artagnan, si ses aventures l'avaient conduit dans le Cantal (à la poursuite de Milady ou du sinistre Rochefort), aurait pu y manger un pâté de venaison en vidant quelques flacons de vin de Saint-Pourçain. Je ne me rappelle de l'intérieur de la maison que l'escalier. Au dernier étage, il était fermé par une barrière de bois destinée, je suppose, à empêcher les petits marmots de dégringoler sur les marches et de se rompre le cou. Mon père ne manquait jamais de me faire remarquer l'épaisseur des murs qui était, en effet, considérable : un mètre ou davantage. C'était là pour lui un sujet de fierté, comme si les murs étaient une représentation allégorique de la force morale et physique des Auvergnats. Ceux-ci étaient inébranlables et éternels comme la maçonnerie de Marcenat en 1619.

Ma tante Vigouroux avait un visage luisant comme une pomme et un corps tout cassé par les rhumatismes. J'étais captivé par ses mains que l'arthrite avait recroquevillées, qu'elle ne parvenait pas à ouvrir complètement, et dont les doigts formaient un angle droit à la deuxième phalange. Elle était pleine de bonne grâce et nous recevait avec des transports. Mon père avait une prédilection marquée pour sa sœur qui l'appelait « François » tendrement, comme une mère. C'est d'ailleurs le rôle qu'elle avait joué pour lui, étant de dix ans son aînée. Elle avait financé, avec ses économies, ses études de dentiste, métier qu'il avait choisi, ou plutôt vers lequel son goût pour la médecine l'avait entraîné, contre la volonté de mon grand-père, lequel voulait qu'il fût, comme lui, instituteur. Ces complicités, ces dévouements, font des amitiés indestructibles. J'observais entre mon père et ma tante Marguerite un attachement qui me paraissait aussi beau, aussi légendaire, ma foi, qu'un sentiment antique. Mon père toutefois n'allait pas jusqu'à englober dans son affection mes cousines Dédée et Louisette qu'il avait prises en grippe un jour où il les avait surprises se moquant de lui. Il en avait été d'autant plus ulcéré que, se croyant tenu pour toute sa vie par sa gratitude à l'égard de Marguerite, il ne s'était pas contenté de lui rembourser ce qu'elle lui avait avancé jadis, mais encore continuait à lui verser une pension, dont bénéficiaient les deux donzelles. Il faut dire à sa décharge que celles-ci, qui étaient insolentes, arrogantes, dédaigneuses, très imbues de leurs personnes, ne suscitaient guère la sympathie. Quant à moi, elles me faisaient peur parce qu'elles riaient très fort et prenaient le genre moderne : cheveux courts, robes aux couleurs criardes, bas de soie, souliers à hauts talons. Elles se promenaient bras dessus, bras dessous dans la grande rue de Marcenat jetant des regards effrontés partout et parlant comme deux pies. Peu s'en fallait que je ne les assimilasse à Delphine de Nucingen et Anastasie de Restaud, ma pauvre tante étant la mère Goriot de ces deux monstres balzaciens. Tout au moins telle était la version de mon père, mais je faisais quand même la part de sa médisance naturelle. Malgré le peu de respect qu'il leur inspirait, Dédée et Louisette, lorsqu'elles parlaient de lui, l'appelaient toujours avec une certaine considération « l'oncle », mot qu'elles prononçaient avec leur accent auvergnat légèrement nasal et chantant : « *l'ancle* ».

Tout n'est pas rose dans les vacances des enfants, à cause des grandes personnes qui tiennent à les associer à leurs distractions. L'un des plaisirs favoris de mon père était le pique-nique, activité qui me pétrifiait d'ennui et pour laquelle j'avais une aversion confinant à la haine. Faire un pique-nique dans la forêt de Rambouillet ou la forêt de Fontainebleau signifiait pour moi trois heures perdues à des bêtises ou à des corvées. Si encore on s'était borné à emporter quelques provisions de bouche qu'on eût mangées sur l'herbe à la bonne franquette (et le plus vite possible), je n'y aurais vu que demi-mal. Mais mon père, féru de perfection en tout, avait acquis au fil des années un matériel d'une grande diversité : table et chaises pliantes, valises en osier contenant les couverts, les verres, les assiettes, les serviettes, le sel, le poivre, la moutarde, etc. Nous avions même un parasol, objet immense, muni d'une pointe meurtrière à son extrémité, afin de l'enfoncer dans la terre, et que l'on passait dans un trou pratiqué au milieu de la table. À la vérité, cet équipement était le pendant du train électrique, et je soupçonne que mon père prenait le même bonheur à s'en servir. Comme pour le train électrique on mettait un bon quart d'heure à tout disposer et un autre quart d'heure à remballer. Je m'ennuyais tant que, pour me distraire, je mangeais trop. Moyennant quoi j'avais mal au cœur, ce qui me rendait le retour dans la De Dion extrêmement pénible.

On ne faisait, Dieu merci, pas de pique-niques au cours des vacances auvergnates, mais cela était compensé par les excursions. À cinq dans la voiture, nous étions passablement serrés, et j'avais l'humiliation d'être assis sur la banquette arrière avec les femmes, moi dont la place officielle était à la droite du conducteur. Il paraît que je devais absolument contempler le barrage de la Truyère, le viaduc de Garabit, le puy Mary et le plomb du Cantal, que c'était là très instructif pour un garçon de mon âge. J'ai contemplé ces lieux illustres (ou tout au moins on me les a montrés) et je n'en ai pas retenu le moindre détail, si ce n'est que le viaduc de Garabit, construit par Eiffel ou quelqu'un de ses disciples, me sembla un témoignage de la laideur métallique qui est apparue avec notre époque. Pour ce qui est du puy Mary, il ne m'est resté dans la mémoire qu'un vaste paysage montagneux noyé sous la pluie ; ce spectacle distillait une telle mélancolie qu'il ne fallait pas moins que mon insouciance ou mon indifférence pour n'en être pas affecté. J'avais dans la tête, pour passer le temps, une chanson que ma cousine Marinette interprétait en s'accompagnant au violon (talent que je ne manquais pas d'envier) et dont le refrain, très amusant, était : « Occupe-toi du pli de ton pantalon ! » Ce n'est que beaucoup plus tard (vers douze ou treize ans) que je devins amoureux de Marinette, et que j'éprouvai un certain émoi à me promener près d'elle, le bras autour de son cou. Après notre séparation pour cause de fin de vacances, je lui envoyai une carte postale où je lui disais que son absence me plongeait dans le spleen. Un de mes camarades, esprit moqueur, à qui, pour me donner des airs de grand amoureux, j'avais montré cette déclaration, en fit des gorges chaudes et me dit qu'à l'intention d'une Auvergnate, j'aurais dû écrire : « le chpleen ». Cette réflexion porta un grand coup à mes sentiments.

Ce n'était pas tant que les vacances dussent finir un jour qui me chagrinait, mais que l'obligation de réintégrer l'existence quotidienne, le sérieux ou le permanent de la vie, de revenir à Paris, à la rue des Acacias, au lycée Janson me séparât de quelques personnes qui m'étaient, en trois semaines ou en huit jours, devenues plus chères que tout le reste du monde. Les années enfantines sont faites de ces déchirements, de ces menues tragédies auxquelles les adultes accordent peu d'attention ou encore pensent qu'elles seront oubliées en un mois ; mais ils oublient eux-mêmes ce que représente un mois pour un enfant : c'est interminable, c'est long comme une vie entière. Bref, quand il fallait quitter l'Auvergne et ses habitants auxquels je m'attachais davantage d'une année à l'autre, j'étais fort triste, je m'embarquais dans la De Dion comme un aventurier d'autrefois dans un bateau à voile, pour un voyage qui allait durer Dieu sait combien de temps.

En 1930, les autoroutes n'existaient pas, en sorte que les voyages en automobile étaient plus longs qu'à présent, mais aussi plus agréables. Les chemins étaient bordés de grands arbres ; il n'était pas rare que l'on fût immobilisé pendant plusieurs minutes par un troupeau de moutons ou quelques vaches qui ne se pressaient pas de céder la place. On s'arrêtait pour déjeuner dans des établissements qui servaient des nourritures délectables, à l'ingestion desquelles nous nous préparions religieusement. En effet, mon père, qui n'était pas insensible à ce genre de satisfactions, qu'il appelait des « réjouissances gastronomiques », ne se déplaçait jamais à travers la France sans un livre que je ne me lassais pas d'étudier et que je finis quasiment, en dépit de son volume et de sa diversité, par connaître comme un parpaillot connaît la Bible : le guide Michelin. Pendant qu'il conduisait, je lisais à haute voix les notices concernant les hôtels et les restaurants du parcours. Nous nous sommes arrêtés à nombre d'entre eux, dont je serais bien en peine de citer les noms aujourd'hui. Quelques-uns ont surnagé dans ma mémoire avec leurs enseignes charmantes, comme on n'en voit plus, maintenant que tout le monde prend le genre américain :

l'hôtel du Chêne-Vert à Saint-Pourçain-sur-Sioule, l'hôtel du Grand-Cerf à Cosne, le Grand-Veneur à Fontainebleau. Dans nos voyages en Auvergne, nous nous arrêtions parfois à l'hôtel Splendide, à Pougues-les-Eaux, que le guide signalait par trois ou quatre clochetons, ce qui signifiait « Palace, grand confort, service impeccable ». Passer une nuit dans un caravansérail aussi luxueux me remplissait d'orgueil. On y servait l'eau minérale de l'endroit, un peu gazeuse, légèrement ferrugineuse, que je préférais au champagne. Enfin, le clou de nos randonnées était le Relais gastronomique à Saint-Pierre-le-Moûtier, que le guide honorait de trois étoiles. On y servait un « buisson d'écrevisses amoureuses » que je n'ai pas oublié. Non plus que je n'ai oublié l'odeur de la salle à manger de cette auberge, qui était à la fois douceâtre et puissante : les chefs-d'œuvre culinaires que le patron préparait dans son officine avaient badigeonné les murs de leur fumet ainsi que des couches de peinture.

LIVRE TROISIÈME

1

Paris a une couleur marron
Difficultés de l'état de chouchou
Contagion de l'amitié – Présomption de culpabilité
Pique-nique avec M. Beaudelaire

La rentrée des classes avait lieu le 3 octobre, jour invariablement lugubre, non pas parce qu'il fallait se remettre au travail mais parce que chaque année à cette date, avais-je remarqué, le temps était exécrable. Il bruinait, il faisait froid, j'avais l'impression que la nuit tombait à trois heures de l'après-midi. Comparé aux grands espaces dont je revenais, Paris était désespérant comme une prison, baigné d'une couleur marron ou grisâtre selon les heures de la journée, troué la nuit, ou plus exactement perforé, par les lumières jaunes des réverbères. Pourquoi dans ma mémoire la rentrée des classes a-t-elle cette teinte ténébreuse ? Cela est doublement inexplicable ; le 3 octobre n'est pas l'hiver, loin de là, et les jours n'ont pas encore diminué sensiblement ; en second lieu, étant aujourd'hui un vieillard, je suis victime du mirage habituel de la vieillesse : je ne puis m'empêcher de penser que les saisons, dans mon enfance, étaient plus tranchées ou, pour mieux dire, plus franches que maintenant, qu'on avait des étés agréablement chauds sans qu'ils tournassent à la canicule, de bons et braves hivers pendant lesquels il tombait de la neige, des printemps aigrelets et des automnes tiédasses.

Hormis les conditions météorologiques, j'aimais la rentrée, dis-je. Changer de salle de classe, se plier à d'autres habitudes, être soumis à un maître inconnu dont on ne sait s'il sera coulant ou sévère mais qu'il faudra déchiffrer très vite pour ne pas être pris au dépourvu dans la grande affaire de mener sa barque, être entouré de têtes nouvelles, tout cela me causait quelque appréhension, mais pas trop. Pour ce qui est des têtes, il n'y en aurait guère d'inédites et le dépaysement serait très relatif, attendu que j'arriverais en septième accompagné de la majeure partie de la huitième. J'étais plus inquiet quant au savoir qu'on allait m'enfoncer dans la tête. Les efforts intellectuels, dans l'enfance, sont aussi fatigants que les efforts physiques ; on les redoute autant et on s'ingénie, chaque fois qu'on le peut, à les esquiver. Hélas ! s'il était loisible, avec une lettre des parents, de se faire exempter de gymnastique (ou gym), il n'existait pas de certificat médical contre les maths ou la géo.

Mon passage en septième fut marqué par une aimable surprise : le troupeau des élèves s'ornait de deux fillettes. Comment les avait-on admises dans une école réservée exclusivement aux garçons, aux jeunes mâles, et en un temps où l'idée d'enseignement mixte paraissait le comble de l'imprudence en matière d'éducation ? Je ne l'ai jamais su. Je ne sais même pas s'il y avait d'autres gamines dans les classes élémentaires. Je pense qu'on en comptait quelques-unes, car je les rencontrais au cours d'instruction religieuse (ou catéchisme, ou caté), qui se donnait à la chapelle du lycée, le mercredi soir, et qui était enseigné par un ecclésiastique que je haïssais, l'abbé Bottinelli. J'aurai l'occasion de revenir sur ce personnage qui, somme toute, a joué un rôle important dans ma connaissance du monde et de ses lois incohérentes, ainsi que, plus tard, mon professeur de quatrième, M. Saulgeot.

Les deux demoiselles de la septième m'apparurent, au premier abord, comme des créatures célestes et la perspective de passer toute une année scolaire avec deux personnes du sexe me plongea dans une rêverie romanesque qui dura quelques jours. J'en fus tiré par mes camarades, moins attendris que moi, voire carrément moqueurs. Ils professaient un mépris marqué pour les filles, ne se gênaient pas pour proclamer qu'elles étaient idiotes, que c'était deux mochetés, et ricanaient jusque sous leur nez. Cette attitude virile m'influença, au moins en surface, car dans le fond de mon cœur j'étais toujours plein de sentiments tendres et délicats, lesquels ne trouvèrent jamais à s'exprimer, car nos petites condisciples, sans être à proprement parler sur le qui-vive ou sur la défensive, se montraient peu liantes, ne frayaient guère avec nous et restaient ensemble, pareilles à deux bonnes sœurs. Elles s'appelaient Denise de Dardel et Erna Abelson. La première était toute maigrichonne avec un teint mat tirant sur le jaune et un sourire assez aigu. Je la trouvai charmante et tout à fait digne d'inspirer de l'amour à un mousquetaire. Elle portait une robe ornée d'un col Claudine. Mlle Abelson me plaisait moins, quoiqu'elle fût assez attirante, potelée comme elle était et bien en chair, les cheveux coupés par un coiffeur de haute volée, ses petits pieds dans des souliers vernis à lanières qui, tel Monsieur Nicolas, m'enflammaient l'imagination. Mais cet ensemble était gâté, du moins pour moi, par une expression sérieuse, pour ne pas dire revêche. Je crois n'avoir pas vu une seule fois, pendant un an, Mlle Abelson rire ou seulement sourire. La gravité m'a toujours inspiré de l'antipathie. Il en était déjà ainsi quand j'avais cinq ou six ans. Je n'aimais que les personnes gaies, simples, ne la « ramenant pas », selon la formule du temps. Même les gens tristes par tempérament (et je pense que c'était le cas de ma condisciple) m'inspiraient de l'éloignement. Entre ceux-ci et moi, je sentais une incompatibilité généralement insurmontable.

La septième fut l'une des périodes les plus heureuses de mon enfance, par le fait, surtout, de notre professeur, M. Beaudelaire. N'ayant jamais entendu parler jusqu'alors de son illustre homonyme, je trouvai ce nom bizarre, hétéroclite, curieusement fabriqué avec le « beau-fixe » du baromètre, et la « fille de l'air », personnage que j'avais rencontré plus d'une fois dans mes lectures. M. Beaudelaire me plut dès les premières minutes par sa manière joviale, sa rondeur, l'énergie qui sortait de sa personne, sa rudesse indulgente. C'était un grand et gros homme frisant la soixantaine, avec des sourcils touffus, une moustache gauloise, des cheveux coupés courts, quasiment en brosse. Cet aspect lui donnait un air de bonté violente qui mettait en confiance. Pourquoi ai-je gardé un souvenir particulier de ses mains qui étaient celles d'un vieux monsieur robuste et soigné, grassouillettes, le bout des doigts charnu, comme si chacun des ongles eût été entouré d'un petit pneu ?

Dans les années qui suivirent la guerre, la mode était au patriotisme : on entendait sans cesse des hymnes à la France éternelle, ce qui était aussi fastidieux que les déclamations mondialistes d'aujourd'hui. M. Beaudelaire cédait peut-être en partie à l'esprit du temps, mais on sentait une profonde sincérité dans sa flamme patriotique. Le jour de la rentrée, afin de nous mettre dans le ton de l'année scolaire qui nous attendait, il nous dicta, pour orner la première page de notre « cahier de textes », un morceau dont j'ai tout oublié, si ce n'est qu'il se terminait par l'interjection : « Vive la

France ! » (souligné). Il vérifia, élève par élève, si nous étions bien allés à la ligne pour tracer ces trois mots et si nous n'avions pas oublié le point d'exclamation.

Il ne se passa pas un mois que je ne devinsse le *chouchou* de M. Beaudelaire. Comment cela se fit-il, quelles promesses ce brave homme aperçut-il ou devina-t-il derrière ma médiocrité scolaire ? Toujours est-il qu'il entrevit quelque chose que je ne distinguais pas moi-même, un secret de ma nature qui ne devait m'être dévoilé qu'après beaucoup d'années. J'ai ainsi rencontré au cours de ma vie quelques personnes (fort peu, une douzaine en tout peut-être) ayant eu l'intuition de ce que j'étais derrière mes apparences et m'ayant aimé pour ainsi dire à l'aveuglette. Chaque fois j'en ai ressenti la même surprise heureuse.

Être le chouchou d'un professeur est une position délicate. En effet, les enfants pratiquent entre eux une espèce de morale de voleurs ou de loi du Milieu qui leur interdit de frayer avec les représentants officiels de la société, c'est-à-dire le corps enseignant. Le chouchou fait figure de traître ou, au moins, de transfuge. Ses condisciples le considèrent comme un indicateur de police, comme un individu louche qui a abandonné ses pareils pour s'acoquiner avec l'ennemi. À cette hostilité se mêle aussi quelque envie. Il s'ensuit que le chouchou doit avoir de l'habileté et du doigté, ne pas donner aux camarades l'impression qu'il a été ensorcelé par le prof, qu'il est devenu sa créature, son séide, son espion, mais qu'il se borne à profiter de l'aubaine, qu'il est resté le même vaurien qu'auparavant. Cela suppose un certain nombre de lâchetés et de reniements, dont je me suis sans doute rendu coupable dans la cour de récré, où se règlent les comptes, ou à l'étude. De même, j'ai bien dû faire hypocritement l'aimable, l'empressé, le zélé, le cafard auprès du bon M. Beaudelaire. Cela m'était aisé car je l'aimais bien en dépit de mes précautions pour que nul ne le soupçonnât ; je ne demandais qu'à plaire à un homme qui avait une si bonne opinion de moi et qui « croyait en mon avenir ». Cela me flattait d'autant plus que je n'y croyais guère, moi, à cet avenir. Une telle notion, du reste, m'était généralement étrangère. Les enfants vivent au jour le jour ; quant à moi, je ne voyais pas plus loin que le bout de la semaine.

J'ai dit que je concevais mal que je pusse déplaire gratuitement, que l'on éprouvât de l'aversion pour moi sur un simple regard, sur une impression fugitive. Inversement, j'étais tout aussi étonné lorsque je constatais que j'avais inspiré de l'intérêt, de l'attachement, sans que ce fût la récompense de ma bonne volonté ou de mon travail. Je ne dirai pas que l'amitié ou, mieux, l'affection que M. Beaudelaire conçut pour moi qui n'en étais digne en aucune façon et que, tout au long de l'année, il me porta, finit par m'ouvrir les yeux ; du moins elle me fit entrevoir la loi fondamentale de l'attirance des êtres les uns pour les autres, ou leur répulsion, à savoir que le mérite n'y entre pour rien ou peu de chose. L'amitié comme la haine sont généralement réciproques, comme si elles étaient contagieuses. D'ailleurs elles le sont.

De nos jours, on entend parler sans cesse des « parents d'élèves », qui forment des associations, se réunissent toutes les semaines, tiennent des conférences avec les professeurs, les critiquent, parfois les mettent en accusation, donnent leur avis sur la façon dont on instruit les enfants, et ainsi de suite. En 1929, les parents d'élèves n'existaient pas. Je veux dire qu'ils ne se manifestaient point en tant que tels. Ils faisaient tacitement confiance au système éducatif de la IIIe République, et à ses représentants. C'était assez décourageant pour nous autres ; on pouvait être sûr qu'en toute circonstance, nos parents se montreraient solidaires des profs, que jamais ils n'admettraient que, dans telle ou telle rencontre, nous avions peut-être raison contre eux, que tel maître nous avait pris en grippe et nous persécutait injustement. Cela faisait un front des adultes impossible à entamer. Entre la parole d'un pion et la nôtre, les parents n'hésitaient pas : c'était toujours celle du pion, fût-il le roi des fourbes, le mensonge personnifié, le sadisme fait pédagogue, qu'ils acceptaient, à notre confusion. Mon père n'était pas différent des autres : chaque fois que je me mettais dans un cas litigieux, il ne prenait en compte que l'avis de l'autorité. Quelles que fussent les circonstances, j'étais dans mon tort. Avec lui la « présomption d'innocence » n'existait pas, mais plutôt la « présomption de culpabilité ». De tout cela, il suit qu'il ne se dérangeait guère pour aller conférer avec mes professeurs. Pour me féliciter ou me gronder, il se fondait sur mon carnet de correspondance et sur les bulletins trimestriels, lesquels portaient généralement l'appréciation « Pourrait mieux faire », ce qui le rendait de méchante humeur pour la journée et se traduisait par de furieuses lamentations que j'écoutais d'un air contrit.

M. Beaudelaire est probablement le seul de mes professeurs que mon père ait jamais rencontré. Comment cela se fit-il ? Est-ce moi qui lui donnai l'envie de faire sa connaissance en dessinant son portrait par mes récits, ou fut-ce M. Beaudelaire qui éprouva le désir de parler de son élève préféré avec le papa de celui-ci ? Aucun souvenir. Ce dont je suis sûr, c'est que ces deux hommes se trouvèrent des affinités de caractère, des idées politiques voisines ou identiques, un même sentiment barrésien du pays ; et enfin une propension à prendre, comme on dit, la vie du bon côté. Bref, ils se plurent au point que, quand vint l'été (peut-être fût-ce en juillet, au début des grandes vacances), mon père invita M. Beaudelaire et son épouse à faire un pique-nique dans je ne sais quelle forêt des environs de Paris. J'étais fort curieux de savoir quelle personne partageait la vie de mon professeur. Elle m'a laissé un souvenir violet, ce qui ne signifie pas qu'elle portât des vêtements de cette teinte, mais plutôt que son attitude avait quelque chose de réservé, de résigné, d'endeuillé, de délicat, de vieillot qui se traduisait ainsi dans ma sensibilité. Souvent j'ai remarqué, lorsque j'étais enfant, que certains événements que je traversais, certains êtres que je rencontrais imprégnaient mon esprit comme une teinture, et que leurs couleurs en étaient la représentation à la fois exacte et symbolique. Était-ce ma vocation d'artiste qui se manifestait de cette façon mystérieuse ? Encore aujourd'hui, je surprends en moi des correspondances de ce genre. Je crus m'apercevoir que Mme Beaudelaire n'était pas plus charmée que je ne l'étais par les pique-niques. Elle prenait peu de part à l'affairement général, ne parlait guère, soit par timidité, soit par ennui, et souriait poliment comme pour marquer qu'elle ne se désintéressait pas complètement de nos activités. Je crois n'avoir plus revu M. et Mme Beaudelaire après l'apothéose du pique-nique. Les vacances creusèrent entre eux et mon père un précipice qui parut trop profond, à la rentrée, pour qu'on eût le courage de le combler. La vie d'ailleurs acheva de nous séparer. Mon bon professeur ne devait pas être bien loin de la retraite, et moi je passai en sixième, ce qui fut une vraie cassure, voire un changement de destin, puisque j'allais apprendre le latin, c'est-à-dire quitter le primaire pour le secondaire.

2

L'abbé Bottinelli
La Sainte-Hermandad et le bras séculier
Tremblement de terre
dans le XVIe – Caste inférieure

L'autre occasion où mon père intervint en personne dans mon existence d'écolier fut loin d'être aussi heureuse que nos relations avec M. Beaudelaire. L'abbé Bottinelli, qui me détestait et à qui je le rendais bien, menaçait chaque semaine de m'expulser du catéchisme. C'était un ecclésiastique sévère qui ne s'adressait à moi que sur un ton grondeur ou sarcastique, et ne cachait pas le mépris que je lui inspirais. Il l'exagérait même, afin que nul n'ignorât mon abjection. Ayant aussi peu que possible la tête métaphysique, je ne comprenais pas mieux les mystères du christianisme que ceux de l'arithmétique. Rien de ce qui était enseigné dans le manuel d'instruction religieuse n'entrait dans mon entendement. Cette impuissance, cette indifférence non à la foi, mais à ce qui l'expliquait ou la décrivait, ne me chagrinait pas à proprement parler, mais me donnait du remords. Pourquoi mon esprit était-il si réfractaire au surnaturel ? Heureusement mon insouciance m'empêchait d'en être affecté plus d'un quart d'heure. Mon bon génie me soufflait que ces préoccupations n'étaient pas de mon âge, et qu'elles se résoudraient toutes seules, plus tard.

Il y avait de la méchanceté dans l'abbé Bottinelli. Je le voyais clairement jusque dans sa démarche, qui était noble, majestueuse, conquérante, bien propre à effrayer les âmes timides. Dans sa belle soutane rehaussée d'un liseré violet (signifiant qu'il était au moins chanoine), il avait l'apparence tantôt d'un vaisseau de haut bord, tantôt d'un dindon. Il se faisait un devoir de m'interroger en priorité, et par des regards obliques, des pirouettes, des pincements de lèvres, des airs résignés, de convier mes camarades à mépriser un paresseux et un ignorant tel que moi. Ne comprenant goutte aux attributs de Dieu ou au dogme de l'Immaculée Conception, je restais lamentablement muet. Pendant que cette persécution durait, j'avais l'impression de comparaître devant un juge implacable, un Rhadamanthe qui me claquait au nez les portes du Paradis et m'expédiait chez Satan où m'attendait une éternité de douleurs. Il ne manquait pas de jeunes cafards dans l'assistance pour ricaner de ma nullité et faire ainsi leur cour au féroce Bottinelli. Celui-ci m'avait relégué au dernier rang, où je pouffais en compagnie de trois agnostiques de mon espèce. Naturellement, il avait l'œil fixé sur notre banc et en particulier sur moi, à qui il ne passait rien. J'étais indigné de cette partialité, de cet acharnement.

Par bonheur, de temps à autre, mon bourreau (dont j'appris de la sorte qu'il était un mondain, un abbé de cour, et qu'il cultivait de flatteuses relations dans le Tout-Paris) se faisait remplacer par un moine franciscain, charmant jeune homme ruisselant d'indulgence, de patience, de douceur, de charité, qui nous apparaissait par comparaison comme un ange descendu du ciel. Il s'appelait le père Gaudemary. Il était si peu matériel que l'on n'imaginait pas qu'il eût un corps humain sous sa bure : c'était comme si elle ne recouvrait qu'une âme. Il avait une large tonsure qui accentuait son aspect angélique. Ses pieds nus dans des sandales ne laissaient pas de m'inquiéter : il risquait d'attraper des rhumes, lesquels dégénéreraient en bronchites, en pleurésies, en phtisie galopante, qu'il ne soignerait pas, évidemment, dans son désir de rejoindre Jésus au plus tôt dans le séjour étincelant des bienheureux. Chaque fois qu'il nous catéchisait à la place de Bottinelli, il régnait dans la chapelle de Janson un léger désordre, un agréable laisser-aller, une atmosphère de confiance bon enfant qui nous changeait des séances habituelles. Le père Gaudemary, par sa bonté quasiment palpable et la lumière qui émanait de sa personne, exerçait sur nous un étrange pouvoir. Pour moi qui étais un paria, un lépreux dans la maison du Seigneur, je lui portais l'affection que l'on éprouve à l'égard d'un saint homme qui vous a tendu la main alors qu'on était au fond de la misère. J'étais jaloux de constater que sa mansuétude ne se bornait pas à moi, mais s'adressait à tous. J'aurais aimé un traitement de faveur.

Je ne sais plus quelle bêtise j'avais faite qui entraîna Bottinelli à me mettre définitivement à la porte du catéchisme. Avais-je chahuté, avais-je montré quelque empressement moqueur ou grossier envers les filles du premier rang, m'étais-je posé en impie querelleur (par provocation, car je n'étais nullement impie au fond de mon cœur ; je me lamentais plutôt d'être si fermé à la théologie) ? Mais avais-je seulement fait une bêtise plus marquée que les autres ? Ce n'est pas sûr. Bottinelli, à ce qu'il me semble, s'était enfoncé dans la tête que j'étais la brebis galeuse de son troupeau et qu'il fallait au plus tôt m'écarter. Il apporta d'ailleurs une certaine solennité à ma condamnation, attendant la fin du cours pour prononcer sa sentence. Au milieu d'un silence de mort, il me déclara d'un ton peiné (que je jugeai le comble de l'hypocrisie) qu'il me plaignait beaucoup, que je ferais ma première communion où je pourrais mais certainement pas à la chapelle de Janson, qu'il me retranchait de la communauté, que j'aurais sans doute un triste avenir, mais qu'il ne faudrait m'en prendre qu'à moi. Là-dessus, gonflé dans sa soutane comme un dindon en colère, il tendit le bras vers la porte, geste imposant, mais qui fut gâché parce que le catéchisme était fini, qu'il était l'heure de partir et que tout le monde se leva. En dépit de ma légèreté, j'étais abattu comme un hérétique ayant comparu devant la Sainte-Hermandad et que celle-ci avait remis au « bras séculier ».

En l'occurrence le bras séculier était représenté par mon père, qui n'était guère tourmenté par les questions religieuses, mais ne manquerait pas, j'en étais sûr, de prendre contre moi le parti de Bottinelli. Ainsi étais-je placé devant le genre de choix qui m'était le plus pénible : ou passer tout de suite aux aveux et raconter ma mésaventure en rentrant, le soir, à la maison ; ou ne rien dire, faire comme si de rien n'était, comme si nul incident digne de remarque n'avait troublé ma paisible vie scolaire. C'est cette dernière attitude que j'adoptai. En dehors de la chapelle de Janson, qui savait que j'avais été chassé du temple ? Avec de la chance et quelques judicieux mensonges par omission de ma part, mon père passerait plusieurs années sans avoir vent de ma turpitude. Sans compter que toutes sortes d'événements pouvaient fort bien survenir d'ici à la fin du mois, qui détourneraient efficacement l'attention de mon indigne personne. Je n'allais pas jusqu'à souhaiter une déclaration de guerre, ni même que Bottinelli fût écrasé par un autobus en se rendant à un dîner en ville, mais un tremblement de terre affectant une partie du XVIe arrondissement aurait bien fait mon affaire, ou encore un incendie ravageant le Petit Lycée de fond en comble, la nuit de préférence, quand il serait désert. La croyance au miracle allait avec mon insouciance et avec la certitude que j'étais protégé par les puissances surnaturelles, lesquelles ne me laisseraient jamais sans secours dans les embarras. Je n'ai pas perdu cette superstition, encore qu'elle ait pris, avec les années, une tournure négative ; je n'accepte jamais de rendez-vous à trop longue échéance, pensant à tout ce qui risque, en quelques mois, de venir à la traverse, à commencer par ma propre mort ou celle du bonhomme qui ose braver les dieux en spéculant sur l'avenir.

L'avantage de ne pas faire d'aveu est que l'on finit par oublier soi-même ce dont on est coupable. Il ne me fallut pas vingt-quatre heures pour que ma conscience redevînt toute blanche, tout immaculée comme si le prêtre fanatique qui m'avait acculé à la dissimulation n'eût pas existé. Au point que, le surlendemain, je n'éprouvai pas la moindre méfiance quand mon père, rivalisant de subtilité avec moi, me demanda d'un ton négligent comment marchaient mes études. À ce genre de question, je répondais généralement par des propos lénifiants, apaisants, optimistes, et surtout vagues. Lorsqu'on ment, il ne faut pas être trop précis, trop détaillé, mais rester au contraire dans le flou, dans l'imprécis, dans le sommaire. Ainsi réduit-on au minimum le risque de se contredire par la suite. J'étais si absorbé par l'application de mon système et la confiance dans son efficacité, que je n'aperçus aucun piège lorsque mon père, ayant été rassuré par moi sur mes progrès (lents mais sûrs) dans les diverses matières au programme, me demanda, avec une indifférence si bien jouée que j'en fus choqué après coup, des nouvelles du catéchisme. En toute candeur et ingénuité je répondis que là aussi, « on était content de moi ». L'effet qu'eut cette phrase anodine fut pareil à l'explosion de plusieurs barils de poudre dans la soute d'un navire. Mon père se mit à crier que je n'étais qu'un fieffé menteur, un paresseux incurable, un « petit malheureux », un mauvais fils. Puis il brandit un papier qui se révéla être une lettre que l'abbé Bottinelli lui avait envoyée pour l'informer de l'événement unique dans les annales religieuses qu'était l'éviction d'un catéchumène pour cause d'indignité.

À l'âge de neuf ans, il y avait belle lurette que j'avais désappris de pleurer ; aussi gardai-je l'œil sec pendant la diatribe de mon père, pensant qu'il finirait par se calmer. Afin de me justifier, je tentai d'expliquer que tout n'était pas ma faute dans le drame qui nous occupait et que l'abbé, à sa façon, n'était pas plus immaculé que moi. J'y parvins, sans doute, car mon père, le sourcil encore froncé, mais l'air moins courroucé, me dit qu'il irait « rendre visite à mon curé » et que « ce serait bien le diable » s'il n'obtenait pas gain de cause. Ces paroles me soulagèrent beaucoup ; en me taisant sur mes tribulations, en les gardant soigneusement secrètes, j'en assumais tacitement la responsabilité. Or il est bien lourd d'être responsable de soi, à neuf ans. Que mon père reprît l'affaire à son compte me rendit toute ma légèreté. Non sans m'inquiéter, d'ailleurs, car il n'est jamais bon que les grandes personnes aient des conciliabules derrière votre dos.

L'entrevue eut lieu quatre jours plus tard. Mon père en revint très satisfait, et même guilleret. Il se borna à m'informer, avec un demi-sourire de triomphe, que, le mercredi suivant, je pourrais siéger de nouveau sur les bancs de la chapelle de Janson et profiter de la catéchèse. Ce n'est que quelque temps après que je connus les détails de la négociation. Il en avait tiré un piquant récit, dont il ressortait qu'il avait « mis le marché en main » à Bottinelli : si celui-ci ne revenait pas sur sa décision et refusait de me réintégrer dans « le giron de notre sainte mère l'Église » (*sic*), c'est tout simple : je ne ferais pas ma première communion. Lui, mon père, s'en moquait « dans les grandes largeurs ». « Mais, se serait écrié Bottinelli, c'est du chantage ! – Parfaitement ! » aurait répliqué mon père avec un cynisme bon enfant qui, paraît-il, avait emporté le morceau.

Cependant, je n'en avais pas fini avec le Savonarole de la rue de la Pompe. Quelle confidence mon père, pour l'attendrir, lui avait-il faite, dont il ne m'avait pas rendu compte ? Lorsque, le mercredi suivant, je pénétrai d'un pas hésitant dans la chapelle et allai modestement m'asseoir sur le banc du fond, j'eus le déplaisir d'entendre Bottinelli raconter à mes camarades, enchantés par ce croustillant roman, que, revenant sur son arrêt, il avait pris en compte les malheurs que j'avais eus au cours de ma vie, entre autres celui de perdre ma mère. J'étais d'autant plus au supplice que le scélérat prenait une voix apitoyée et que je lui voyais une lueur de compassion dans l'œil. Il avait un certain don de parole (il roulait un peu les r), l'histoire qu'il racontait était si mélodramatique, si lamentable que j'avais honte d'en être le héros. On n'avait pas le droit de parler de ma mère, de ma « petite maman ». Moi, je ne parlais jamais d'elle, non pas pour essayer d'oublier qu'elle n'était plus là, mais pour ne pas souffrir sans arrêt de son absence. En outre, je cachais soigneusement que j'étais orphelin : cela me semblait déshonorant. À cause de cette singularité, j'avais le sentiment d'appartenir à une caste inférieure.

3

Port illégal d'uniforme – Sainte-Menehould
Hamlet aux fourneaux – Mon ordonnance
Desingly
Raoul Deprez-Crassier était une âme noble

Aux vacances de Pâques de 1929, mon père, qui ne se séparait jamais de moi, m'emmena pendant quinze jours à Sainte-Menehould, ville de garnison renommée dans l'art d'accommoder le pied de cochon, où ses devoirs de soldat-citoyen l'appelaient. À cette époque, les officiers de réserve étaient astreints périodiquement à passer quelques jours ou quelques semaines sous les drapeaux, dans des intentions que je n'ai jamais pu élucider de façon satisfaisante. Pour qu'ils ne se rouillassent pas dans les blandices de la vie civile, qu'ils n'ignorassent rien des perfectionnements apportés par le progrès au matériel militaire, ou pour les préparer à la prochaine guerre ; mais quelle guerre, puisqu'il n'y en aurait plus ? Bref, nous partîmes dans la De Dion. Mon père avait endossé son uniforme de lieutenant, qui me plaisait moins que celui qu'il portait sur ses photos à Verdun en 1916. Il s'était fait faire une vareuse à la dernière mode, avec le col ouvert comme un veston de pékin ; or, selon moi, un soldat sérieux ne pouvait être que boutonné jusqu'aux oreilles ; il avait remplacé ses grandes bottes si impressionnantes par des leggings de chauffeur de maître. Malgré ces menues déceptions, je le trouvais encore très beau, j'étais fier que l'on me vît dans la compagnie d'un héros harnaché en héros, et je déplorais qu'il dissimulât sous un manteau son ceinturon, son baudrier, ses magnifiques boutons de cuivre ciselés, non parce que le temps, au mois d'avril, était aigrelet, et le serait de plus en plus à mesure qu'on irait vers l'Est, mais par discrétion ou par modestie. Ces sentiments qui lui faisaient honneur ne faisaient pas mon affaire. J'avais soif de gloire.

Pour je ne sais plus quelle raison, nous nous arrêtâmes dans une ville du parcours, Vitry-le-François à ce qu'il me semble. Peut-être fallait-il donner du repos à la De Dion qui avait tendance à « chauffer » quand on la surmenait. Mon père m'enjoignit de l'attendre sagement dans la voiture le temps qu'il allât acheter des journaux et des cigares. Son képi était resté sur la banquette arrière ; à peine eut-il le dos tourné que j'attrapai ce couvre-chef héroïque et le posai sur ma tête en le calant sur une oreille de façon qu'il ne me tombât pas sur les yeux. Quoique, comme je l'appris à Sainte-Menehould, mon père appartînt au train des équipages, arme dont il jugeait qu'elle était moins romantique que la cavalerie ou toute autre troupe de ligne, il portait un képi noir d'artilleur. Un gendarme cogna à ma vitre tout en faisant le salut militaire de l'autre main. J'activai la glace et j'entendis prononcer par une voix respectueuse et rocailleuse : « Mon Yeut'nant, faut pas rrester là, c'est un stationnement interrdit. » Le pandore avait le délicieux sourire des subalternes s'adressant à un supérieur hiérarchique. J'étais si content d'être pris pour un officier de l'armée française et salué comme tel par la maréchaussée, que je n'osai rien répondre, de crainte que ma voix aiguë ne dénonçât mon imposture. En outre, j'étais fort inquiet car il ne m'échappait pas que, orné du képi comme je l'étais, je commettais un délit très grave : le port illégal d'uniforme. Par bonheur, mon père revint à temps pour me tirer d'embarras. En le voyant, le gendarme comprit sa méprise et ils en rirent tous les deux.

À Sainte-Menehould, nous descendîmes dans un hôtel renommé pour sa spécialité de pieds de porc, et dont je crois qu'il avait pour enseigne le nom du propriétaire : hôtel Hersant. Du moins c'est sous cette appellation qu'il était connu dans la région et j'oserai presque dire célèbre. M. Hersant avait l'air rêveur et mélancolique qu'ont assez souvent les chefs cuisiniers, ai-je remarqué. Cet Hamlet en veste blanche se promenait silencieusement dans l'hôtel, jetant des regards tristes sur son personnel et ses clients. Quelquefois, après les repas, il se montrait à la salle à manger où, comme un suzerain accepte l'hommage qui lui est dû, il recueillait les compliments des dîneurs sur l'excellence de ses pieds de cochon. Mais ces louanges lui faisaient-elles seulement plaisir ? Il les avait trop entendues, sans doute, depuis des années qu'il était hôtelier et, si l'on en croyait son expression, elles ne chatouillaient plus aucune vanité en lui. Peut-être qu'une étoile supplémentaire dans le guide Michelin l'aurait tiré un moment de sa morosité, mais ce n'est pas sûr.

Il arrive assez fréquemment, si l'une des deux personnes d'un couple a un caractère assez marqué, que l'autre ait le caractère inverse. C'était le cas de Mme Hersant qui était gaie, vive, bavarde, trépidante. C'était une belle brune très maquillée que je trouvais terriblement vieille car elle avait trente-six ou trente-huit ans. Ayant toujours plu aux dames d'un certain âge, je ne manquai pas de faire la conquête de celle-ci, qui m'invitait volontiers dans sa chambre, c'est-à-dire dans l'appartement privé qu'elle occupait à l'hôtel avec son mari. Elle finissait sa toilette devant moi sans qu'elle parût en être gênée, de sorte que je la vis mainte fois en combinaison, ses belles épaules rondes exposées à mon admiration, ainsi que ses jambes gainées, comme dit Maurice Dekobra dans *La Madone des sleepings,* des « fuseaux arachnéens de deux quarante-quatre-fin ». En ce temps-là, on ne prenait guère de douche et l'on ne se baignait pas plus d'une fois par semaine. Les gens avaient une odeur humaine dont les nez d'enfants ne perdaient rien. Mme Hersant n'y faisait point exception. En pénétrant chez elle, j'étais assailli par toutes sortes de parfums agréables, y compris celui, assez fort, destiné à masquer les autres senteurs, et dont elle se tamponnait le cou avec un morceau d'ouate. Je contemplais sur sa coiffeuse diverses fioles, poudres, crèmes de beauté, vernis à ongles, rouges à joues et rouges à lèvres, bref ces choses de la femme que j'avais connues autrefois avec ma mère, et qui, chaque fois que, par hasard, je les rencontrais, éveillaient en moi des sentiments confus et contradictoires de curiosité et de nostalgie.

Je serais bien en peine de dire en quoi consistaient les périodes militaires de mon père. Je l'ai surtout vu jouer aux cartes avec les autres officiers. Il faisait d'interminables parties de bridge ou de belote, et rattrapait généralement ce qu'il avait perdu en le risquant à quitte ou double « en cinq points à l'écarté ». Cette villégiature, à ce que j'observai, l'amusait. Elle lui rappelait les années de guerre qui, si elles n'étaient pas les meilleures qu'il eût connues, avaient constitué du moins la grande aventure de sa vie. Se retrouver avec des « camarades », comme il disait, lui apportait un lointain reflet des heures enivrantes passées à défendre la patrie contre l'envahisseur, et pendant lesquelles on vivait au-dessus de sa condition, au-dessus des minuties de la vie civile, au-dessus des lois.

La caserne de Sainte-Menehould, me semble-t-il, était située à l'écart de la ville sur une hauteur. Elle abritait un régiment colonial composé d'Annamites. En tant qu'officier, mon père se vit attribuer une ordonnance qui était un homuncule jaune, guilleret, gazouillant un sabir franco-indochinois et d'une complaisance sans bornes. N'ayant pas besoin d'un serviteur de ce genre, il me l'attribua, ce qui convint autant à l'Annamite qu'à moi. J'étais fier de marcher dans la rue accompagné d'un soldat en uniforme, légèrement en retrait, et lui, il n'était pas fâché d'échapper à la routine du quartier en jouant à la nounou. Ce brave garçon riait sans arrêt. La moindre parole, la plus anodine ou la plus bête, que je disais déclenchait en lui des crises d'hilarité respectueuse. J'ai rarement joui d'un aussi bon public. Il n'était guère plus haut que moi. Le matin, il se présentait à mon lever en se mettant au garde-à-vous et en faisant le salut militaire. J'étais étonné par de telles marques de respect, je les trouvais excessives, indues et frisant le ridicule. Je tentai de faire comprendre à mon ordonnance que ces singeries n'étaient pas de mise entre nous mais je sentis que je le blessais. Il éprouvait une vive satisfaction à me traiter en général de division ou en mandarin, comme si le fait d'être attaché à un personnage aussi majestueux le rehaussait lui-même. Ai-je compris cela, à neuf ans ? Je crois que je l'ai un peu deviné, car je cessai assez vite de refréner le zèle de mon garde du corps. Entre autres prérogatives, il tenait essentiellement à me seconder dans ma toilette, et me lavait les pieds dans une bassine, longuement, méticuleusement, comme il aurait astiqué des cuivres au *Miror*.

Mon séjour à Sainte-Menehould constitue une période particulièrement riche de mon enfance. Bien qu'il n'ait duré que deux semaines, j'ai l'impression d'être resté là-bas plusieurs mois. J'eus même le temps de m'y faire un ami de mon âge, qui était le fils du marchand de bicyclettes, nommé Desingly. Je ne sais comment nous nous connûmes, mais nous devînmes assez intimes pour qu'il m'invitât à déjeuner chez lui. Ses parents m'admirèrent beaucoup ; ils me répétèrent plusieurs fois avec chaleur que j'étais « très distingué » et qu'on pouvait déduire de ma distinction « naturelle » que j'étais un authentique aristocrate. Comme nul jusqu'alors ne s'était avisé de rien de semblable, ce jugement me charma et je pris au cours du repas quelques airs éthérés ou pensifs destinés à confirmer les parents Desingly dans leur bonne opinion. Je crois que ma distinction naturelle fit de l'effet sur le fils Desingly, car je sentis chez lui, en dépit de son caractère aventureux et mutin, une espèce de vague respect ou de subordination, qui m'attacha à lui. C'est sans doute chez les Desingly que j'eus connaissance de l'hymne des pêcheurs à la ligne qui venait d'être publié sur une feuille recto verso, et dont je n'ai pas oublié le premier couplet (à chanter sur l'air de *La Madelon*) :

Allons, debout, chevaliers de la gaule
De Sainte Menou et de ses environs,
Partons tous la ligne sur l'épaule
Pour pêcher la rossette et le goujon !

Cette poésie naïve s'enfonça si bien dans ma tête que j'en fis une analyse serrée. Je notai d'abord qu'il fallait prononcer Menou et non Menehould : important renseignement pour quelqu'un voulant en toute circonstance avoir l'air averti. Ensuite je jugeai hardie l'expression « chevaliers de la gaule », désignant les gentils flemmards qui passent leur journée à contempler leur bouchon. La ligne étant le fil de la canne à pêche, n'était-ce pas une licence hasardée que de parler de « ligne sur l'épaule » ? Enfin, à quelle famille de piscidés appartenaient les rossettes ? C'était la première fois que je lisais le nom de ce poisson. Comme à mon accoutumée, je ne demandai à personne de m'éclairer, en sorte que j'ignore toujours de quel habitant des rivières il s'agit.

J'avais, au lycée Janson, dans la classe de M. Pinçon, un camarade, prénommé Charlie, avec lequel je m'étais lié au point d'aller quelquefois passer l'après-midi du jeudi chez lui. Ces sortes de visites consacrent une amitié. Elles prouvent que l'on prend tant d'agrément à être ensemble que les heures de cours, d'étude ou de récréation n'y suffisent pas. Charlie habitait avenue Bugeaud un magnifique appartement où il vivait avec sa mère, femme élégante, très mondaine, qui m'intimidait, lorsque je la croisais, dans ses belles robes et ses fourrures. Aux murs du logis étaient accrochés des portraits de personnages austères vêtus de noir et ornés de perruques qui étaient les ancêtres authentiques de mon condisciple car ils portaient le même nom que lui, inscrit en lettres rouges en haut du tableau et suivi d'un blason. J'étais fort impressionné par cette sévère noblesse de robe, encore que je la trouvasse peu compatible avec mon brave Charlie qui n'aimait que les « astuces » et les facéties du genre : « Connais-tu le pape Savon (de Marseille) célèbre pour ses bulles ? »

Il y avait un mystère dans la naissance de Charlie, qui n'était peut-être pas le fils de celui sous le nom duquel on l'avait inscrit à l'état civil et qui avait disparu je ne sais comment ; peut-être avait-il été l'un des derniers tués de la guerre, car Charlie était mon aîné de plusieurs mois. Mais qui était son père ? Un certain M. Deprez-Crassier l'attendait souvent après la classe, l'emmenait en promenade, au cinéma ou au restaurant, lui faisait maint cadeau. Charlie disait qu'il était son parrain. Toutefois il ne m'échappait pas qu'il y avait entre eux une curieuse ressemblance physique, qui se marquait plutôt par l'architecture du visage que par des traits communs. Charlie d'ailleurs professait une tendresse et un attachement véritablement filiaux pour ce prétendu parrain ; il l'appelait par son prénom, Raoul, comme il l'eût appelé « papa » et pour maintenir, à l'usage du monde, une fiction dont ni l'un ni l'autre n'étaient dupes. Raoul, de son côté, avait une manière paternelle, attentive, indulgente, généreuse, qui était très révélatrice. Il se souciait plus de Charlie que ne s'en souciait sa mère, tout occupée qu'elle était à ses futilités.

M. Deprez-Crassier me plaisait beaucoup par sa rondeur, sa bonne humeur, son esprit tourné à la plaisanterie, sa propension à rire de tout. Charlie ayant tenu à me présenter à lui, je me trouvai parfois en tiers dans leurs parties, ce qui était toujours fort amusant et fort gai. Raoul, entre autres joyeusetés, m'initia à l'art de la contrepèterie qui me parut un des plus fabuleux trésors de l'intelligence humaine et dans lequel j'excellai bientôt. J'étais particulièrement sensible au fait que Raoul ne me traitait pas en enfant, mais que, par quelque subtile délicatesse, il parvenait à me faire sentir qu'il n'y avait pas la moindre différence entre lui, qui avait la cinquantaine, et Charlie et moi, qui avions quarante ans de moins. À cette époque, les parents avaient la manie de proclamer qu'ils étaient les « camarades » de leurs enfants et non leurs maîtres. Pur mensonge, au demeurant : ils nous opprimaient comme en 1730 ou en 1830. Seul Raoul, qui ne se targuait jamais d'être notre camarade, l'était réellement. D'où je concluais que c'était une âme noble. Je ne me trompais pas.

Je pensais aussi que ce charmant homme avec qui je me sentais tant en confiance ferait un excellent ami pour mon père, et je n'eus de cesse, épaulé par Charlie, de les mettre tous deux en rapport. Nous avions vu juste : les deux hommes se trouvèrent mutuellement à leur goût. Cette amitié dont j'avais été l'organisateur culmina lorsque mon père fit sa période militaire à Sainte-Menehould. Raoul, ou plutôt « Deprez » comme nous disions à la mode du temps, nous proposa de nous rejoindre là-bas pendant quelques jours, pour le plaisir, pour l'amitié, pour l'amour de Charlie dont j'étais le meilleur copain et pour goûter les célèbres pieds de cochon de M. Hersant. Ainsi est-il lié dans mon souvenir à la ville de Sainte-Menehould et surtout à ses environs, que nous sillonnâmes dans la De Dion, attendu que mon père tenait à me faire visiter les champs de bataille, et, pour ainsi dire, à mettre mes pas dans les pas des héros morts. Nous visitâmes le fort de Vaux, le fort de Douaumont, l'Ossuaire, la Tranchée des baïonnettes, Verdun où ce qui m'intéressa surtout fut les vieilles fortifications de Vauban. Nous nous arrêtâmes aussi dans un des cimetières militaires qui sont si nombreux dans ces régions, Raoul désirant vérifier si la tombe d'un de ses compagnons d'armes enterré là était convenablement entretenue. Nous cherchâmes cette tombe pendant un bon moment au milieu des croix blanches qui s'étendaient à perte de vue, et ne la trouvâmes pas sans peine, le nom du pauvre soldat étant mal orthographié. Je crois que c'est la seule fois où j'ai vu M. Deprez-Crassier grave et attristé. Il ne l'était pas, deux ou trois ans plus tard, lorsque, atteint probablement d'un cancer, et sans le sou, il se mourait dans un hôtel misérable de la rue Beudant, où j'allais le voir en compagnie de Charlie : au contraire, toujours gai, toujours en train, et nous servant quelque contrepèterie nouvelle. Il était homme à plaisanter jusque sur son lit de mort.

Tout est nourriture pour les enfants. En rentrant de nos randonnées à travers la Champagne, j'avais la sensation d'être repu, d'avoir mangé avec boulimie l'histoire de France. Pendant nos visites, je voulais tout voir avec la même curiosité, la même fébrilité que dans un musée. Mais la Champagne n'était-elle pas le plus grand musée de la nation, quelque formidable annexe des Invalides ? J'ai encore dans les narines le parfum de terre humide que je respirais au fond des casemates et des divers lieux souterrains où, pendant quatre ans, s'était retranchée l'âme de la patrie. Mon père était un guide aussi complaisant que je pouvais le souhaiter : il savait tout, ou du moins il me paraissait tout savoir sur la guerre, il me la racontait de façon très captivante ; mieux que captivante : évocatrice. Le soir, gorgé de récits épiques, aussi légendaires que réalistes, j'avais quelque difficulté à m'endormir. Je voyais des poilus avec leur bourguignotte, leur fusil lebel, leur uniforme que j'imaginais tout raide de boue et de sang et dont, en esprit, je palpais quasiment le gros drap rêche bleu horizon.

Il faut quand même que j'en fasse l'aveu : à l'inverse de Raoul Deprez-Crassier, je n'éprouvais aucun goût pour les illustres pieds de cochon de M. Hersant. À la vérité, je les trouvais immangeables. Je crois que leur originalité consistait dans le fait qu'ils cuisaient pendant deux jours ; cela produisait une bouillie gélatineuse dont j'étais écœuré rien qu'en la voyant dans mon assiette. Ayant autant qu'il se peut la politesse des enfants, je ne révélai mon secret à âme qui vive. Je poussai même la délicatesse jusqu'à manger deux ou trois fois de l'infâme spécialité menehouldienne, avec toutes les marques de la gourmandise comblée. J'ai bien d'autres exemples de cette politesse qui, j'ose le dire, a empoisonné mon enfance et dont, hélas ! j'ai gardé quelques traces, comme un microbe endormi et qui se réveille parfois quand je m'y attends le moins.

4

Francophilie des Belges en 1929
Un petit Français de plus
La trompeuse optique intérieure
La montre de Raoul et la mienne

Un autre tableau du séjour à Sainte-Menehould s'est fixé en moi. Un soir, quatre clients débarquèrent à l'hôtel. La vue d'un officier français en uniforme, à savoir mon père, provoqua chez eux un tel enthousiasme que je crus qu'ils allaient se jeter sur sa poitrine et l'embrasser. Il s'agissait de deux couples de Belges qui venaient se promener en France. En ce temps-là, les liens qui attachaient la France victorieuse et la « vaillante petite Belgique » étaient très puissants. Le roi Albert nous était si cher, si proche, si familier que, quand il mourut, cinq ans plus tard, cela fut ressenti comme un deuil national. Il n'y avait pas entre les deux pays les relations aigres et moqueuses que l'on observe à présent, et qui sont une des suites déplorables de la défaite de 1940. Les désastres, les échecs remplissent les vaincus de rancœur et de hargne les uns à l'égard des autres ; leur vue leur rappelle qu'ils n'ont qu'une chose à partager : le déshonneur ; tandis que la victoire unit, elle fait des compagnons d'armes, des frères, à la vie à la mort. Les quatre Belges de Sainte-Menehould respiraient tant le bonheur, ils étaient si affectueux et si expansifs que, bien que je les jugeasse trop bruyants et que mon quant-à-soi de petit Français pudique fût choqué par leur exubérance, je ne pus m'empêcher d'être flatté par la furieuse francophilie dont ils étaient animés et par l'attendrissement, pour ne pas dire l'admiration, avec laquelle ils me considéraient : j'étais la France de l'avenir, laquelle ne manquerait pas d'être digne de la France actuelle, sinon supérieure. Par quelle alchimie de la mémoire le nom de ces passants fugitifs est-il resté dans mon cerveau ? Le plus jeune et le plus élégant des deux couples s'appelait De Doncker. Monsieur était député de la circonscription de Merchton au parlement de Bruxelles : il avait du reste l'orgueilleuse bonhomie propre aux représentants du peuple ; quant à Madame, on devinait à son élégance, son parfum, ses bijoux que c'était une femme lancée, ayant l'usage du monde, ce qui s'alliait très bien à la familiarité flamande. L'autre couple, composé d'un gros monsieur dans la soixantaine et de son épouse qui n'était pas moins grosse que lui, était sensiblement moins relevé. Le gros monsieur, qui avait un fort accent, nous donna sa carte de visite sur laquelle était gravé : Joseph Wérotte, maire de Profondeville.

Comme à mon accoutumée, je ne manquai pas de séduire Mme De Doncker qui, autant que je puisse en juger à présent, s'était mis en tête de faire de moi un homme du monde. Malheureusement, pour ce grand travail, elle ne disposait que de vingt-quatre ou quarante-huit heures. Peut-être cette aimable femme pensait-elle que j'appartenais à cette catégorie de sujets d'élite à qui il suffit d'indiquer brièvement la bonne route pour qu'ils la prennent. Or j'étais, par chance ou par malchance, imperméable aux influences de ce genre. À neuf ans, mon premier mouvement, comme aujourd'hui, plus que de me soucier du sens de ce que l'on me disait, était de goûter la façon dont cela était dit, de me faire secrètement une idée ou un portrait de la personne qui me parlait, de son caractère, de sa spécificité, bref de la regarder plutôt comme un peintre qui laisse babiller son modèle et ne s'occupe que des rapports de ton ou de l'angle de la lumière. Il faut convenir que la manière de

Mme De Doncker était charmante et que, si elle était séduite par moi, je ne l'étais pas moins par elle. De toutes les choses sûrement précieuses dont elle m'entretint, je ne me rappelle que son jugement sur ses compagnons de voyage. Elle tint à me faire savoir que les Wérotte étaient d'un rang social fort inférieur à celui des De Doncker et que c'était une marque insigne d'amitié que ceux-ci leur avaient donnée en les emmenant avec eux dans leur périple. D'ailleurs il suffisait, pour en être assuré, de voir comme ces braves gens se sentaient honorés et la naïveté avec laquelle ils montraient leur fierté.

À la fin d'un dîner où nous avions fait table commune, Raoul, mon père et les quatre Belges, et où tout le monde avait trop bu, sauf moi, il y eut une grande explosion patriotique, ou, plus justement, une grande effusion d'amour franco-belge : au milieu du brouhaha, une voix virile (était-ce celle de M. De Doncker, qui était bel homme ?) s'écria joyeusement : « Si vous entendez chanter *La Marseillaise* au milieu de la nuit, cela voudra dire qu'il y aura, dans neuf mois, un petit Français de plus ! » Je ne compris goutte à cette proclamation : les rires et les applaudissements qui l'accueillirent m'expliquèrent de quoi il s'agissait, encore que j'eusse de la peine à concevoir par quel miracle génétique un couple de citoyens belges pouvait procréer un enfant français. Tout cela ne me parut pas du meilleur goût mais, à neuf ans, je n'étais pas très assuré de mon jugement, non plus que de ma morale. J'avais un préjugé respectueux pour ce que faisaient ou disaient les grandes personnes, je n'imaginais pas qu'elles pussent, dans quelque domaine que ce fût, nous donner le mauvais exemple. En l'occurrence, c'est surtout la francophilie exaltée de nos amis belges qui me frappa, en dépit de son expression indécente. Elle chatouillait ma vanité, impliquant que d'avoir la nationalité française était un privilège du même ordre que d'être une personne de qualité sous l'Ancien Régime.

Le temps, avec ses barrières, ses clôtures, ses limites, pour ainsi dire son cadastre, n'existe pas dans les souvenirs. Il m'est impossible de me rappeler si nos Belges restèrent deux jours ou davantage à Sainte-Menehould, ou s'ils n'y passèrent qu'une nuit, comme il eût été normal : celle, historique, de *La Marseillaise*. Peut-être, grâce à Raoul, à mon père, à moi, à la bonne cuisine de l'hôtel Hersant, se plurent-ils à leur étape et décidèrent-ils de la prolonger. Il me semble que cette dernière supposition est la bonne, car j'ai conservé en moi, de la belle Mme De Doncker et du gros Wérotte, trop d'images, trop de paroles pour que cela ait tenu en quelques heures seulement. J'ai connu avec l'une des sensations de confiance et d'intimité qui prennent plus de vingt-quatre heures pour s'installer dans la mémoire ; l'autre m'a trop longuement vanté les charmes, l'activité, l'esprit civique, le dynamisme de sa commune de Profondeville pour que ces discours, qui ne me captivaient guère, mais que j'écoutais avec patience, n'eussent pas excédé une journée. Il était malheureux que le bon M. Wérotte n'eût d'autre sujet de conversation que ses affaires municipales, car il m'inspirait, avec son gros ventre, sa bonne tête ronde, son accent « à couper au couteau », sa complaisance loquace, une puissante sympathie. Je sentais en ce brave homme une bonté naïve, prompte à s'émerveiller des moindres bêtises, dont j'étais touché. Je n'avais cure qu'il ne fût pas du même monde que M. et Mme De Doncker : il me plaisait. Voici une singularité de ma nature que j'ai observée dès mon plus jeune âge : bien que j'eusse autant que quiconque le snobisme des enfants et que je m'enorgueillisse de posséder des relations brillantes, j'ai toujours été indifférent aux positions sociales ; du moment que quelqu'un me séduisait ou m'amusait, il pouvait bien être la lie de la terre, je m'en moquais.

Les personnes qui, après vingt ou trente ans, revoient les lieux de leur enfance sont surprises de constater que tout s'est rapetissé : telle maison qu'ils croyaient vaste comme un château n'est qu'une cahute, telle forêt où l'on manquait de se perdre si l'on s'y aventurait n'est qu'un boqueteau, le grand parc a les dimensions d'un jardin de curé. Le temps, dans la mémoire, est sans doute l'objet d'une semblable illusion. Ce qui nous paraît avoir duré huit jours ou un mois peut avoir été bien plus bref, voire, dans certains cas, plus schématique. Les années ajoutent de faux détails à l'image que l'on a en soi, comme des couches de peinture sur une vieille fresque. Je suis dans la même incertitude sur le nombre de jours que Raoul Deprez-Crassier passa avec nous à Sainte-Menehould que sur ceux qu'y demeurèrent les De Doncker. Malheureusement on ne peut pas visiter le passé comme une maison de famille et comparer la réalité avec ses métamorphoses. Aujourd'hui il me semble que Raoul nous a tenu compagnie pendant une bonne semaine, si ce n'est toute la durée de la période militaire ; mais c'est ma sensibilité d'enfant qui parle, mes yeux d'enfant qui voient cela ; je n'ai d'autre repère que ma trompeuse optique intérieure. Pour un enfant, une journée est très longue, pleine de péripéties, pleine de paroles et de passions qui ne s'effacent pas. D'où le mirage.

Raoul Deprez-Crassier avait quelque chose de « moderne » que je jugeai à la fois très élégant et, par rapport à moi qui n'étais pas moderne du tout, qui n'aimais que le genre Louis XIII, chevaliers du Moyen Âge, grenadiers de la garde impériale, quelque peu exotique. La coupe de ses costumes, leur tissu, leurs couleurs claires, leur fantaisie (l'un d'eux était désigné sous le nom de « prince-de-galles ») m'intéressaient comme des curiosités esthétiques. Il faut dire que Raoul portait à merveille ses vêtements, avec un mélange de netteté, d'aisance et de laisser-aller que je trouvais le comble du bon ton. Quelque douleur que cela me causât, il me fallait convenir que mon père n'avait pas cet incomparable chic. Je me consolais en pensant qu'il était plus sérieux. Raoul manifestait une insouciance, une gaieté, une ingéniosité à trouver dans tout matière à plaisanter, qui, pensais-je, n'étaient pas de son âge et, pour un peu, lui eussent donné l'allure d'un chevalier d'industrie, d'un homme qui vit d'expédients. Quel métier exerçait-il ? Je l'ai oublié, si je l'ai jamais su. Je crois qu'il était « dans les affaires », ce qui ne veut rien dire et ajoutait à son mystère. Pour un petit bourgeois comme moi, être dans les affaires, c'était se tenir en équilibre sur la ligne imperceptible qui sépare l'honnête du douteux. Raoul, par son entrain et sa morphologie, ressemblait à un célèbre comédien de cette époque : Jules Berry. Du moins, tous deux se superposent dans ma mémoire, au point que je ne distingue plus bien ce qui était de l'un et ce qui était de l'autre. Ce que j'admirais particulièrement chez lui était ses mains, grandes, puissantes, carrées, manucurées. J'espérais avoir des mains viriles comme celles-là, un jour, encore que, bâti comme je voyais que je l'étais, il y avait peu d'apparence que cela advînt. Il n'était guère probable non plus, vu mes bras maigrelets et glabres, que j'eusse des poignets aussi remarquables que les siens, sur lesquels on pouvait contempler des poils d'une extrême distinction, des manchettes de chemise en soie, des boutons en or, et surtout, une montre-bracelet à cadran rectangulaire, dont le ruban était en cuir de crocodile. Cette montre s'est inscrite à tout jamais dans mon esprit comme un objet très rare, très précieux, réservé aux gens riches ou lancés. Elle personnifiait le XXe siècle dans ce qu'il avait de spécifique, d'original, à la rigueur de plaisant. Je n'étais pas loin de voir en elle le successeur historique des ferrets d'Anne d'Autriche et du collier de la Reine.

La montre-bracelet n'avait pas encore pénétré rue des Acacias. Mon père se servait d'un oignon à boîtier que l'on pouvait consulter dans le noir, car il sonnait les heures, les demi-heures et les quarts d'heure. Ce chef-d'œuvre de l'horlogerie de 1880 respirait dans son gilet comme un oiseau d'or dans un nid. Mon père avait un geste noble et arrondi, que j'enviais beaucoup, pour le chercher dans la région de son estomac, le prendre avec une douceur caressante dans sa main tel un canari apprivoisé, et le porter à son oreille pour entendre son tintement argentin. La première montre-bracelet qui entra chez nous fut celle que l'on m'offrit à l'occasion de ma première communion. C'était un fort beau cadeau, qui me fit l'effet habituel des présents de ce genre quand, exceptionnellement, j'en recevais : j'eus une bouffée d'orgueil. Avec cette chose coûteuse sur moi, ce bijou, j'allais montrer à l'univers que j'étais aussi moderne, « aérodynamique », « à la page », *up to date* que n'importe qui. Il me semble que la marque de la montre était *Harwood*. C'était un modèle tout nouveau qui n'avait pas de remontoir et qui, en principe, ne devait jamais s'arrêter puisqu'il était actionné automatiquement par le mouvement du bras. On parla des montres Harwood pendant quelques mois, puis on cessa d'en parler. Les mouvements des bras auxquels elles étaient attachées ne suffisaient pas à les maintenir en vie. Après quelques semaines, la mienne s'arrêta et ne repartit plus. Cette panne n'était pas faite pour me donner confiance dans le monde du progrès et de la modernité. Je commençais à savoir qu'il se manifestait généralement par de mauvaises plaisanteries. Même un cadeau de première communion n'échappait pas à cette malédiction.

Impossible évidemment de me rappeler dans quels sentiments, la période militaire finie, je quittai Sainte-Menehould. Je n'aperçois, dans le tableau mangé d'ombres de mon enfance, que l'ordonnance annamite faisant nos bagages avec la méticulosité tatillonne que ce brave garçon apportait à ses moindres actions et ses accès d'hilarité continuels. Ce n'est pas qu'il fût heureux de nous voir partir mais le rire était, chez lui, l'expression obligée de la politesse. Au fond, la personne que j'eus le plus de regret de quitter fut mon ami Desingly dont je m'étais fait un solide camarade et qui me plaisait dans la mesure où il était toujours prêt à faire des bêtises ; il avait été, pour moi, une sorte de guide ou de drogman dans l'univers provincial et donc assez secret de Sainte-Menehould. Je crois que lui aussi fut fâché de mon départ, sans que je pusse démêler si c'était amitié, admiration ou contrariété de perdre un ami qui lui faisait honneur par sa distinction que la famille Desingly n'était pas loin de considérer comme surhumaine. Nous nous jurâmes de nous revoir et nous ne nous revîmes jamais. Cependant j'entendis parler de lui, par-ci par-là, au cours de ma vie, et la dernière fois remonte à trois ou quatre ans seulement. Apparemment la vieillesse ne lui a rien enlevé de son énergie. Il est devenu une célébrité locale et, d'après ce que j'ai compris, il trouve encore dans sa tête des idées qui étonnent ses concitoyens au point qu'on en parle dans les journaux de la Champagne et des Ardennes.

5

La vie est un long rabâchage – Permis n° 215 L'usine De Dion – Des hectolitres de sirop Rami

J'ai toujours aimé les retours de vacances. À neuf ans, déjà, je les préférais aux vacances elles-mêmes. Je ressentais fortement l'expression : « retrouver ses pénates ». C'était bien mes dieux lares, en effet, vers qui j'avais le sentiment de revenir, non qu'ils fussent spécialement plaisants, mais ils me ressemblaient ; ils avaient la couleur ou plutôt la nuance de mes jours, que j'étais seul à connaître exactement. L'autre raison qui me rendait si désireux de rentrer à la maison tenait à mon caractère ou à mon esprit : je n'aimais pas ce qui durait trop longtemps, j'en étais bientôt excédé par un mélange d'impatience et de désir de nouveauté. Étant doté de la faculté de comprendre vite, parfois à demi-mot, je m'étais avisé que la vie est un long rabâchage, que la nature, comme les hommes, nous serine dix fois, vingt fois les mêmes choses. En quinze jours, j'avais épuisé tout ce qui, à Sainte-Menehould, était inédit. J'avais lu cette petite ville comme on lit un livre ; j'en étais arrivé à l'épilogue. Rien ne pouvait que se répéter et j'en bâillais d'avance. Ah ! oui, vraiment, il était temps de partir ! Même l'empressement respectueux de l'ordonnance annamite ne me distrayait plus : son zèle commençait à me rendre ridicule à mes propres yeux.

À Paris, je retrouvai avec allégresse la rue des Acacias, où tout m'était familier et où, par suite, le radotage de la vie m'incommodait à peine. Dans ces lieux, je l'entendais depuis que j'étais né, il était devenu une sorte de ronron rassurant, comme la transcription musicale de la tranquillité, des choses éternelles et douces, de la bienveillance des puissances supérieures. Dans notre quartier, j'étais plus conscient qu'ailleurs que mon papa s'interposerait toujours entre moi et l'univers hostile, que rien ne m'atteindrait derrière cette égide, ce palladium, que je pouvais sans inquiétude dormir sur le mol oreiller de l'égoïsme. Tout le périmètre formé par les rues avoisinant la rue des Acacias était mon territoire, ainsi que les boutiques. Il y en avait deux, encadrant la porte de notre immeuble : celle de droite était une crémerie (j'ai reproduit son décor dans mon roman *Au bon beurre*) et celle de gauche un marchand de vin.

J'étais avantageusement connu chez les commerçants qui me disaient « Bonjour m'sieu Jean », à quoi je répondais par un salut protecteur et aristocratique pour confirmer à ces bonnes gens que j'étais bien un jeune gentilhomme ou, à tout le moins, un fils de famille.

En 1929, il n'y avait point, dans la capitale, le nombre excessif d'automobiles qu'on y voit à présent, d'où peu de sens interdits, non plus que de stationnement prohibé ou payant. On garait les voitures où l'on voulait sans que nul « sergent de ville » y trouvât à redire. Vers cette époque apparurent les « passages cloutés », censés protéger les piétons quand ils désiraient passer d'un trottoir à l'autre. Il y avait alors si peu de danger dans ces traversées que ce qu'on appelait par abréviation « les clous » souleva une sorte de scandale : l'opinion y subodora une escroquerie municipale à la Topaze.

Le garage où l'on remisait la De Dion était situé 8 ou 10 rue Brunel, voie en pente qui rejoint le rue des Acacias à son début. J'aimais bien cet établissement et ses effluves : il sentait l'huile de moteur, le cambouis, la mécanique, l'étamage, la peinture, toutes odeurs qui n'étaient pas encore très répandues dans l'air parisien et avaient, à leur façon, l'agrément de la nouveauté. Le personnel du garage me plaisait de même ; il était composé de trois hommes assez jeunes, habillés de salopettes bleu foncé. Le patron était un maître à la mode romaine, exigeant non seulement de l'obéissance mais encore toutes les marques de la subordination. Mon père entretenait avec ce négrier les relations les plus amicales. Je ne manquais pas d'observer le changement de ton du garagiste, selon qu'il s'adressait à ses employés ou à ses clients. Autant il était fier, altier, cassant avec les premiers, autant il se montrait, avec les autres, attentionné et chaleureux, pour ne pas dire affectueux, multipliant les sourires, plaisantant au besoin. Ce double visage me déconcertait d'autant moins qu'il existait encore, dans la France de 1929, l'esprit de discipline du XIXe siècle, qu'avaient renforcé les quatre ans de guerre. C'est tout juste si les mécanos de la rue Brunel ne répondaient pas : « Oui, mon colonel ! » aux injonctions du patron. Quant à celui-ci, il n'éprouvait aucune gêne à mener son monde à la baguette, à en exiger la même abnégation que Joffre jadis de son infanterie sur la Marne. Je crois que, sous ce rapport, les choses n'ont pas beaucoup changé depuis soixante-dix ans, et qu'elles ne changeront pas tant que les chefs d'entreprise seront des gens du peuple. Il en va tout autrement, bien sûr, de ceux issus de la bourgeoisie, qui ont peur de leurs ouvriers parce qu'ils ne sont pas faits comme eux.

La plaque minéralogique de la De Dion portait le numéro 1045 F 3. Je vois encore le dos de ce véhicule, au repos contre le trottoir de la rue des Acacias, son toit aux arêtes vives, la malle que l'on arrimait avec des courroies sur le porte-bagages arrière et qui servait de coffre. Mon père, qui avait toujours eu du goût pour les automobiles et se vantait de posséder un des premiers permis de conduire qui eussent été attribués (exactement le deux cent quinzième), prenait grand soin de cette maison roulante, qu'il conduisait périodiquement pour des révisions ou des « remises en état » à l'usine De Dion, laquelle, je crois, se trouvait à Courbevoie. Il m'y emmenait souvent, ce qui était pour moi l'occasion d'admirer sa puissance : on le recevait comme un prince ou tout au moins un nabab dont on espère qu'il dépensera une fortune. Mieux encore, on prévenait de sa venue le propriétaire-constructeur des automobiles De Dion-Bouton, qui descendait aussitôt de son étage directorial et venait nous accueillir en personne sur ses domaines. Il s'appelait M. Joachim ; il était expansif, large, le cheveu noir, vêtu de costumes à carreaux. Du moins c'est cette image de lui qui est restée dans mon souvenir. Mon père était son dentiste, dont il était si content qu'il entretenait notre voiture gratis. Sitôt que nous arrivions, deux ouvriers se jetaient sur elle, ouvraient son capot qui se repliait de chaque côté comme les deux ailes d'un ange mécanique, et après une série de gestes mystérieux, ponctués de bruits de clé anglaise, de réglage de carburateur, de sifflements d'air pour la pression des pneus, ils nous la rendaient, non sans, au préalable, avoir fait le « plein » à une pompe à essence surmontée de deux bocaux mesurant la quantité de carburant, et actionnée grâce à une manivelle.

Je ne sais pourquoi je me suis attardé ainsi sur le garage de la rue Brunel, l'usine de Courbevoie et les autres détails attachés à notre vieille automobile. Peut-être parce que, à chaque retour d'une randonnée un peu longue, mon père pensait qu'il était prudent de donner à celle-ci quelque repos et quelques soins. Aller à Sainte-Menehould et en revenir pouvait quand même être classé dans la catégorie des grands voyages.

L'appartement que nous habitions rue des Acacias n'était ni beau ni commode, mais j'y étais attaché comme à ma terre natale. D'ailleurs j'étais réellement né là : ma mère avait accouché dans la chambre même où mon père et moi dormions, lui dans le grand lit, moi dans un lit-divan. Elle avait été aidée dans son travail par le Dr Congy, qui fut jusqu'à sa mort notre médecin de famille. C'était lui qui soignait mes maladies d'enfant, embarras gastriques, gros rhumes, rubéole, rougeole, coqueluche. Il me paraissait extraordinairement vieux à cause de sa barbe blanche et de sa personne fluette. De ce fait, ses diagnostics et ses prescriptions m'inspiraient une confiance superstitieuse : son savoir, sa pratique, son expérience, sa science des corps humains venaient du fond des âges, à croire qu'il avait été l'élève d'Hippocrate en personne, à la rigueur de Paracelse. Un de ses remèdes favoris était le célèbre sirop Rami, dont il m'a fait boire des hectolitres. Ce que j'aimais surtout en lui, quand il venait me voir et que j'étais couché dans mon lit avec trente-neuf de fièvre, était son odeur : c'était l'odeur même du monde, de la rue, de l'activité, du temps qu'il faisait dehors, de la vie enfin, dont j'étais temporairement retranché. Je ne saurais la décrire, encore que je la respire par l'imagination en écrivant ceci. Autre aspect charmant du Dr Congy, il ne se déplaçait jamais sans sa trousse, ce qui ajoutait encore à l'apaisement que répandait sa présence. Cette trousse en cuir noir était rassurante et mystérieuse comme la lampe d'Aladin. Elle renfermait le génie de la bonne santé, qui s'en échappait chaque fois qu'on l'ouvrait et allait opérer ses miracles où son maître lui ordonnait de le faire.

L'appartement de la rue des Acacias n'était pas beau, dis-je, mais il m'était familier comme mes habits. J'en connaissais les recoins, j'en aimais les originalités, entre autres un vaste placard à linge en pitchpin qui occupait un boyau menant à la chambre à coucher, et un réduit sans lumière qui sentait la naphtaline, baptisé penderie, qui servait de débarras. Les idées de mon père en matière de décoration étaient généralement saugrenues, mais il les exposait avec tant de chaleur que j'en étais influencé et que je les trouvais, comme lui, aussi raffinées qu'ingénieuses. L'aménagement du vestibule d'entrée, où nous nous installions jadis pour les séances de Pathé-Baby, était pour lui un sujet permanent de méditation. Ce vestibule était long et large. Il mangeait l'appartement comme une immense jachère au milieu des cultures. Que faire pour lui donner « figure humaine » ? Mon père commença par le mur du fond, où il fit poser des rayonnages qui furent garnis de livres, entre autres une collection de *La Petite Illustration*, publication passionnante que je ne me fis pas faute de dévorer, et qui me donna vers l'âge de dix ou onze ans une connaissance unique des comédies de boulevard créées dans les théâtres parisiens entre 1900 et 1930. Ces rayonnages prirent le nom majestueux de « bibliothèque du fond » pour les différencier de la « bibliothèque du bureau » qui meublait le cabinet dentaire. Toutefois l'esprit de mon père n'était pas en repos. Pour que la bibliothèque du fond fût vraiment belle et originale, il conçut le projet de lui adjoindre un aquarium, lequel ne fut pas une mince affaire à mettre en œuvre. D'abord il devait être fort grand, car mon père voulait qu'il occupât entièrement les trois rayons du bas ; ensuite il fallait faire des travaux de plomberie et d'électricité, afin que l'eau de l'aquarium fût constamment renouvelée et qu'une rampe lumineuse l'éclairât. Après ces dépenses, il ne restait plus beaucoup d'argent pour acheter des poissons exotiques multicolores et mordorés, traînant leurs ondulantes nageoires comme des voiles de veuves. On dut se contenter de cyprins que mon père soigna avec autant d'amour que s'ils n'avaient pas appartenu à la plus basse roture aquatique. Ils grossirent très vite, et même doublèrent de volume en trois mois. Pour les récompenser de cette bonne volonté, on leur offrit des cailloux, des morceaux de cristal de roche et des plantes d'eau, ce qui fit de l'aquarium une grotte, une conque jaunâtre dont mon père tirait un insigne orgueil et qu'il proposait à l'admiration de ses patients, lesquels sans doute étaient peu accessibles au charme des poissons rouges, car ils ne lui répondaient qu'avec une indifférence distraite dont j'étais attristé quand il m'arrivait d'en être le témoin.

6

Mlle Romanne – Toute la Roumanie chez le dentiste Jenny Dimitresco – « Y a le roi qu'est là » Tumulte et mouvement

À toute époque de sa vie, j'ai connu à mon père des amis roumains. Il avait un goût marqué pour eux, qu'expliquait en partie le vieil attachement de la Roumanie pour la France, dont celle-ci était traditionnellement flattée, mais cela, chez lui, s'accompagnait de sentiments plus personnels : il y avait quelque chose dans le caractère national des Roumains – gaieté, légèreté, insouciance, bonne grâce, facilité dans les relations – avec quoi il se sentait des affinités. Vers 1928, une quantité d'entre eux vivaient à Paris où ils ne se sentaient nullement en exil, comme si, au lieu de venir de Bucarest, c'était de Lyon ou de Saint-Étienne qu'ils étaient originaires. Ils parlaient le français comme il était enseigné alors en Europe centrale, c'est-à-dire remarquablement. On ne soupçonnait leur nationalité qu'à une certaine façon de rouler les r, qui n'était pas la même que celle des natifs du Roussillon ou de la Touraine. Du reste ils se considéraient comme des Français d'adoption. L'illustre comtesse de Noailles, née princesse Brancovan, par ses poèmes, sa formidable situation parisienne, son esprit, son portrait peint par Vuillard, ses beaux yeux aux paupières lourdes, les avait naturalisés en bloc.

Le premier citoyen roumain à venir rue des Acacias fut une dame, l'actrice Marguerite Romanne, dont je tombai incontinent amoureux, et qui était bien digne de susciter cette passion. C'était une jeune femme blonde, expansive et jolie, pas très grande, ce qui me la rendait presque accessible. Mon père, qui m'exhibait volontiers à ses clients les plus distingués, comme il leur eût montré un meuble de prix ou un tableau de maître dont il eût été particulièrement fier, me présenta à elle qui, à ma grande surprise, m'embrassa inopinément sur les deux joues. Cette familiarité me choqua mais aussi elle m'enflamma, et il s'ensuivit une liaison qui dura six ans, jusqu'à ma quatorzième année. On l'appelait « Mademoiselle Romanne » à l'instar de Mademoiselle Mars, ou « Romanne », sans prénom, comme on disait Popesco tout court, quoiqu'elle n'eût jamais décroché, je le crains, que des seconds rôles, et épisodiques. C'est probablement elle, contente des soins que lui donnait mon père (lequel avait, en outre, l'avantage de ne réclamer ses honoraires qu'à la dernière extrémité), qui amena chez nous la princesse Dimitresco. Celle-ci devint vite une figure de première grandeur dans ma mythologie enfantine. Mon père en était certainement épris car il ne pouvait s'empêcher de parler d'elle, de prononcer son nom, de l'évoquer à tout moment. À ses yeux, elle était le comble de la grâce, de la beauté, de la simplicité, de la gentillesse. Il la désignait toujours comme « la petite princesse Dimitresco ». Bien que je n'eusse pas plus de huit ans, aucune des nuances de tendresse et d'admiration qu'exprimait l'adjectif petit ne m'échappait. Il s'y ajoutait dans mon esprit l'idée que, puisque mon père, dans ses anecdotes et ses réflexions, la qualifiait invariablement de petite, elle devait être une sorte de naine. Je fus étonné, quand enfin j'eus l'honneur de la voir, de me trouver devant une vraie grande personne. Elle était brune, fine, élégante, toujours souriante et de bonne humeur. Il était naturel qu'elle eût ensorcelé mon père. Je l'eusse été de même si je l'avais rencontrée plus tôt, mais mon cœur était pris par les attraits capiteux de la blonde Romanne, avec qui j'étais devenu fort intime. Elle me prenait dans ses bras, me couvrait de baisers, se moquait de moi comme une folle et m'enivrait de son parfum de Guerlain.

Par la princesse Dimitresco, vint son mari, Pouïou ; c'est ainsi qu'un peu plus tard le prince Carol et Mme Lupesco entrèrent dans ma vie. J'ai des souvenirs très précis de ces deux personnes royales. Elles ont, pour cadre ou toile de fond, dans ma mémoire, le salon d'attente meublé de fauteuils de style Louis XV en bois doré et tendu d'un papier rouge imitant le brocart. En fait, c'est surtout le roi que je revois clairement. Mme Lupesco ne l'accompagnait que rarement, soit qu'elle possédât des dents inaltérables de carnassier, soit qu'elle eût un autre dentiste. Je n'ai gardé d'elle qu'une image superbe et immobile, violente comme un tableau de Van Dongen. Elle est vêtue de noir, non pas un noir de deuil, mais un noir très chic, très étudié, un noir de gala. Ses cheveux roux ont l'air d'une dentelle de cuivre entourant son chapeau cloche de Caroline Reboux. Elle porte de longs pendants d'oreilles en émeraude. Ses beaux pieds sont chaussés de crocodile. Elle m'intimidait bien plus que son royal amant qui, avec moi, était familier comme un oncle, me faisait la conversation, parfois me prenait sans façon sur ses genoux, pour feuilleter ensemble un de ces magazines assommants, exclusivement réservés, semble-t-il, au corps médical, et dont mon père était aussi bien pourvu qu'un autre. Lorsque Toto lui avait ouvert la porte et l'avait introduit au salon, elle courait me prévenir et me disait avec la fierté d'un badaud révélant un secret d'État : « Y a le roi qu'est là ! »

Le prince Carol, comme on l'appelait, avait un abord des plus familier et des plus simple, encore qu'il régnât sans conteste sur la population roumaine exilée à Paris. Je remarquai qu'il avait avec moi, qui n'étais pas de ses sujets, mais un noble étranger, un représentant de la généreuse nation qui lui donnait asile, des manières plus égalitaires qu'avec ses compatriotes. Cette différence qu'il introduisait dans nos rapports, cette considération implicite qu'il manifestait à un personnage aussi minuscule que moi me flattaient beaucoup et n'ont pas peu contribué à m'attacher à lui. J'avais le sentiment d'être une sorte d'ambassadeur de France officieux auprès de sa personne. Il venait le jeudi à Paris, passant le reste du temps dans un château qu'il avait acheté ou que le gouvernement français lui prêtait. Il m'apporta un jour une carte postale représentant cette demeure. Un homme possédant un logis reproduit sur une carte postale, comme le Mont-Saint-Michel ou la Maison carrée de Nîmes, était manifestement un des grands de ce monde. J'ai oublié la photographie, mais non la légende, qui s'est gravée à tout jamais en moi : « Château de Bellême, Orne ». Ce nom de Bellême avait quelque chose de blafard et de poétique qui évoquait des tragédies secrètes et une stoïque acceptation de destins contraires. J'en eus longtemps l'esprit occupé, ainsi que par le département de l'Orne où se déroulaient des mystères si grandioses. Cela était d'autant plus romanesque que la colonie roumaine de la rue des Acacias ne se privait pas de vilipender « la Lupesco » sans qui Carol eût été encore sur le trône de la Roumanie. Hélas ! il s'était trop « affiché » avec cette intrigante. L'opinion publique ne l'avait pas toléré : le souverain ne doit jamais donner le mauvais exemple ; il est acculé à la respectabilité, à la pureté des mœurs. Le cher Carol avait méconnu cette obligation, à cause de laquelle un roi ne saurait se conduire comme un particulier. Je pense qu'il avait été renversé pour des raisons plus sérieuses que son inconduite, mais elles ne comptaient pas aux yeux des exilés. C'est la Lupesco qui était le mauvais génie, cause de toutes les catastrophes. L'explication de son influence néfaste était son âpreté. Elle était « intéressée » (c'était le mot de l'époque). Elle faisait passer le prince par des trous de souris. Bref, « elle le tenait par les sens », expression qui me parut longtemps obscure. Comment une femme pouvait-elle tenir un roi par l'essence ? J'allais jusqu'à imaginer que Mme Lupesco était propriétaire des fameux gisements pétrolifères de Ploesti et qu'elle avait forcé le prince à fuir avec elle parce qu'elle s'ennuyait dans sa Bucarest provinciale, sous peine de paralyser la Roumanie en la privant de carburant. À Paris, au moins, on pouvait assister aux comédies de Sacha Guitry, à la revue des Folies-Bergère animée par Joséphine Baker, au défilé militaire du 14-Juillet, à l'arrivée de Lindbergh, et à mille autres choses uniques au monde, dont les Parisiens et ceux qui étaient assez heureux pour être leurs hôtes avaient l'usage exclusif. Les détracteurs de la favorite n'oubliaient jamais de remarquer que le nom de Lupesco signifie « loup », qu'on aurait tout aussi bien pu dire : Mme Wolf, et qu'elle était juive, circonstance aggravante. Bref, on me l'a tant dépeinte comme une femme fatale que son visage a fini par se mélanger dans mon souvenir avec celui de Marlène Dietrich.

Le visage de Carol, en revanche, m'est toujours très présent. Il avait le teint clair, les cheveux blonds, un sourire quasi perpétuel sur ses grosses lèvres, une courte moustache, blonde peut-être (mais je n'en suis pas sûr), à la mode des années 20-30, c'est-à-dire assez rase. Pourquoi lui attribué-je de petites oreilles joliment dessinées ? Il était de haute taille, de large carrure, le pied étroit. Ses pardessus cintrés étaient divinement coupés par quelque tailleur pour têtes couronnées de Saville Row. Moi qui étais vêtu de complets de confection achetés aux Galeries Lafayette, j'étais béant devant cette élégance aussi parfaite dans son genre que la ligne d'une Hispano carrossée par Weymann. Il ressemblait à un séducteur de Hollywood, grande vedette des comédies de ce temps : Melvyn Douglas. Tout paraissant si long quand on est petit, je ne saurais dire s'il s'écoula trois mois ou trois ans entre les moments que je passais dans le salon de la rue des Acacias avec le prince Carol et l'époque où celui-ci remonta sur le trône. Les enfants, alors, étaient tenus dans une telle ignorance de l'actualité qu'on ne se donna pas la peine de m'informer de ce changement dans la configuration politique de l'Europe centrale. C'est probablement par ma chère Romanne que j'en eus vent. Elle n'avait pas suivi les exilés dans leur envol d'oiseaux migrateurs vers le doux climat du pouvoir. Pour une personne comme elle, s'étant produite dans les illustres théâtres parisiens, se retrouver sur les planches à Bucarest eût été comme d'aller en tournée à Constantine ou à Dakar. Ainsi la conservai-je tout à moi.

Le départ de Carol et surtout celui de la délicieuse princesse Dimitresco, dont le prénom était Jenny, ne désespérèrent pas mon père à proprement parler, mais le rendirent mélancolique pendant plusieurs jours. Il s'était, je crois, d'autant plus attaché à la princesse que son mari Pouïou l'avait quittée pour l'amour de Dieu sait quelle créature, et que rien n'attache plus que de consoler une jolie femme malheureuse, notamment quand elle est la descendante d'une lignée de hospodars. Lorsque le goût et la vanité s'additionnent, il peut en résulter un sentiment assez fort. Jenny partie, mon père continua à parler d'elle, à saisir les occasions de prononcer son nom, à évoquer ses manières gracieuses et j'appris ainsi, à mon grand dépit, que le roi lui avait proposé, à lui, François Dutourd, fils d'instituteur, de quitter Paris, de le suivre, de s'installer avec « le petit Jean » (c'est-à-dire moi) à Bucarest où il aurait été nommé dentiste de Sa Majesté, avec toutes les prérogatives attachées à ce titre enviable. Quant à moi, j'eusse mené une existence seigneuriale, ayant pour camarade de jeu Son Altesse le voïvode Michel, fils du roi, qui avait mon âge. Mon père avait héroïquement refusé cette destinée magnifique, car il tenait absolument à ce que je fisse toutes mes études secondaires au lycée Janson, ce qui requérait ma présence permanente (et donc la sienne) à Paris. Je mis longtemps à me consoler de cette décision que je jugeai à la fois inhumaine et extravagante, sans être effleuré par le soupçon que mon père enjolivait les choses, si ce n'est même qu'il en avait inventé une partie. Je me fichais bien de Janson et j'eusse abandonné cet établissement, où j'étais loin de briller, sans une once de regret. Je me sentais tout à fait apte à supporter les grandeurs, voire à partager le poids de la monarchie. Ami d'enfance d'un futur roi, cela m'allait comme un gant. La suite des temps et la marche de l'histoire ont montré que ce brillant état eût été éphémère, Carol ayant reperdu son trône en 1938, et que, comme il arrive souvent, mon père, en choisissant la rue des Acacias et le lycée Janson de préférence à de vaines splendeurs, n'avait pas fait preuve d'inertie mais plutôt de sagesse, si ce n'est de philosophie. Si j'avais connu un autre Baudelaire que mon professeur de septième, j'aurais pu me réciter ces tercets aussi beaux que des vers de La Fontaine :

Cette attitude au sage enseigne
Qu'il faut par-dessus tout qu'il craigne
Le tumulte et le mouvement;

L'homme ivre d'une ombre qui passe
Porte toujours le châtiment
D'avoir voulu changer de place.

7

M. Mady – Grain de folie des professeurs
M. Delcourt, inspirateur de mon premier poème
De l'utilité des chaussures de sport

Entrer en sixième, c'est-à-dire passer de l'enseignement primaire au secondaire, avait la solennité d'une initiation. J'étais assez flatté à l'idée de « commencer le latin », encore que la perspective de violenter ma pauvre cervelle avec ce savoir inédit et sûrement très ardu me donnât de l'appréhension. Il y a, dans la paresse des enfants, qu'on leur reproche sans trêve et que l'on combat avec tant de persévérance, une réaction physiologique dont, à ma connaissance, nul ne tient jamais compte. Ils sentent que leur esprit n'est pas plus robuste que leur corps, qu'il ne peut pas soulever des poids trop lourds, que trop d'efforts serait dommageable pour leur croissance. Évidemment, ils seraient bien en peine d'expliquer cela ; en outre, les grandes personnes, avec leurs accusations, leur donnent mauvaise conscience. Heureusement la nature est plus puissante que les raisonnements, plus contraignante que les exhortations et les écoliers n'en font pas plus que leur fragile intellect ne le permet. Notons au passage qu'aucun petit paresseux, dans son for intérieur, se regardant soi-même avec sincérité, n'a honte de sa paresse, que celle-ci ne l'empêche pas de faire le singe, de chahuter, de s'amuser, de mentir effrontément, avec la même insouciance que s'il avait le cœur pur d'un bourreau de travail, d'un Mozart de l'orthographe et du calcul.

Autre nouveauté de la sixième : on allait découvrir l'étranger, attendu que le programme comportait l'étude d'une langue vivante. En 1929, on n'en enseignait que deux (et on les enseignait fort mal) : l'anglais et l'allemand. Je choisis l'anglais pour plusieurs raisons péremptoires, la première étant que cette langue avait l'air moins difficile que l'autre. Pour l'écrire, on n'était pas obligé d'apprendre l'alphabet gothique. En second lieu, j'avais un préjugé favorable pour l'Angleterre qui avait été notre alliée contre l'Allemagne en 1914. Enfin, j'étais un tantinet anglomane, comme tout le monde. Je trouvais que l'anglais était plus chic, plus moderne que l'allemand. *English spoken*, comme on lisait sur les vitrines des boutiques, cela avait une autre allure que le *Nicht hinauslehnen* qui décorait les wagons de chemin de fer. Cela vous posait autrement son homme. Je crois que j'éprouvai encore plus de curiosité au premier cours d'anglais qu'au premier cours de latin. Le professeur qui régnait sur cette matière avait un certain sens théâtral. Quand nous entrâmes dans la classe, il n'était pas là, mais on pouvait lire, inscrits sur le tableau noir, ces six vers que je n'ai jamais oubliés :

To the fields, come, come!
Where the bees hum, hum,
Where the lambs bleat, bleat,
And the birds sweet, sweet,
Sing, sing, sing,
While the woods ring, ring, ring.

Le maître apparut après les quelques minutes au cours desquelles nous avions déchiffré et tâché de prononcer ce texte hermétique. C'était un homme vif et remarquablement chauve qui s'appelait M. Mady. Son principal souci, tout au long de l'année scolaire, fut de nous enseigner les verbes irréguliers anglais qui sont au nombre de cent cinquante ou deux cents. Moyennant quoi, je connais encore aujourd'hui leur prétérit et leur participe passé. Voilà au moins quelque chose que j'aurai appris à l'école.

C'est à partir de la sixième que je pris conscience que les professeurs avaient tous un grain de folie, se manifestant par des idiosyncrasies étranges, des manies, des tics, des mots qui revenaient plus souvent que d'autres dans leurs propos. Rien de tout cela n'échappait à notre esprit d'écoliers et nous ne nous faisions pas faute de nous gausser de ces originaux derrière leur dos, de les singer, de faire d'eux des charges sans merci. Il ne nous fallut pas une semaine, à nous qui ne savions pas un mot d'anglais, pour découvrir que le nom de M. Mady avait pour racine *mad* qui veut dire fou. Nous en fûmes enchantés, naturellement, et mieux qu'enchantés : justifiés dans l'opinion que nous avions de ce pauvre homme. Il avait une façon particulièrement ridicule d'articuler lentement les mots anglais, les détachant, les caressant, dans le vain espoir qu'ainsi nous arriverions à les assimiler. Il commençait invariablement ses cours par l'injonction suivante, scandée comme un vers latin : « *Take a sheet of paper* », ce qui était le prélude à une dictée de quelques lignes qui durait un bon quart d'heure et racontait une anecdote inepte ayant trait à la reine Victoria à moins qu'elle n'illustrât un point de morale sans le moindre rapport avec la réalité telle que nous l'observions au jour le jour. De là date la perte de l'illusion que je nourrissais à l'égard de la langue anglaise avec laquelle, croyais-je, il était impossible d'exprimer autre chose que des pensées extrêmement intelligentes ou extrêmement modernes. Je surmontai assez vite ma déception, mais il m'en resta un fond de scepticisme dans le cœur. Je veux dire que, vers dix ans, je commençai à ne plus croire au progrès ou, plutôt, à ne plus espérer que rien changeât jamais dans le monde, que l'on était condamné à entendre la même ritournelle jusqu'au dernier soupir. Les enfants ont de ces vues philosophiques, mais comme ils ne savent pas les exprimer, leurs parents et leurs éducateurs ne le soupçonnent pas.

Un des aspects de la classe de sixième qui me confirmèrent que j'étais entré dans un cycle nouveau de ma vie, est que nous avions quatre professeurs, et non plus un seul, pour nous instruire, chacun ayant ses bizarreries. J'ai oublié tout de celui qui était chargé de nous enseigner l'histoire-et-géo. Je ne me rappelle que le titre du manuel d'histoire dont je ne fus guère alléché : *L'Orient et la Grèce* par MM. Mallet et Isaac. Ramsès II, Homère, Périclès, c'était bien vieux et bien lointain. Pour ce qui est de la géographie, je n'ai retenu que les auteurs du volume : MM. Gallouédec et Maurette. Ces deux noms étaient ce que l'ouvrage avait de plus attirant. Gallouédec évoquait la Bretagne, la mer, la marine à voile, le vent du large, l'aventure. Et l'on ne pouvait s'empêcher d'imaginer que Maurette était une jeune Maghrébine prisonnière des pirates ou leur complice. On était bien déçu quand on prenait connaissance du contenu du livre ; carte politique de la France, carte physique, carte géologique, les principaux fleuves, les chaînes de montagnes, etc. M. Gallouédec et M. Maurette, en dépit de la poésie qui émanait de leurs patronymes, étaient deux fieffés raseurs.

En sixième, je fis la connaissance de M. Delcourt, professeur de mathématiques, que je retrouvai d'année en année jusqu'à la philosophie. Comme il était long, maigre, nerveux, gesticulant et qu'il ne cessait d'arpenter son estrade, je me trompai complètement sur lui. Je me le figurai sévère, vindicatif, à cheval sur la discipline, « caractériel » comme on dit aujourd'hui des gens querelleurs, poursuivant de sa haine les pauvres cancres insensibles à la séduction des figures géométriques. Il me fallut deux ou trois ans pour revenir de mes préjugés. Ce ne fut qu'en quatrième ou en troisième que je convins avec moi-même que M. Delcourt était un fort brave homme, en dépit de sa maigreur et de ses lunettes, qu'il était l'indulgence personnifiée, et que, quoique je fusse régulièrement le dernier ou l'avant-dernier de sa classe, il s'était pris, à la longue, d'une véritable amitié pour moi. Peut-être voyait-il en moi d'autres aptitudes que celles d'assimiler les propositions d'Euclide ou de réciter le théorème de Pythagore. J'ai une autre raison de chérir la mémoire du bon M. Delcourt : c'est qu'il a été l'inspirateur du premier poème que j'ai composé. J'avais treize ou quatorze ans. En me le récitant, j'éprouve le même étourdissement que Proust avec son gâteau et sa tasse de thé : je déclenche la mémoire involontaire ; le passé m'enveloppe, en une seconde je descends au fond de plusieurs dizaines d'années, je suis assis à mon pupitre, j'entends les bruits de la cour du lycée, le bourdonnement des préaux, je sens la chaleur de l'été, je retrouve la douceur de la rêverie paresseuse caractéristique de mon adolescence, enfin je vois M. Delcourt sautillant comme un échassier devant le tableau noir. Ce qui montre que j'étais un petit homme de lettres ou un artiste, c'est que, ayant griffonné mes douze vers, j'eus aussitôt le sentiment que j'avais fait, sans le savoir, un bond dans mon avenir, que c'était plutôt l'homme que je serais qui avait écrit cela que l'enfant que j'étais, et qu'il se passerait des années avant que je retrouvasse ce souffle étrange. La voici cette minuscule poésie, qui n'est jamais sortie de mon souvenir. C'est véritablement ma première œuvre. Opus 1, numéro 1 !

Le professeur comme un pantin
Court sur l'estrade
Tandis que l'écolier malin
Dort dans sa rade

Un soleil éblouissant entre
Cirant la table
Tandis qu'un mécanique chantre
Chante une fable

On entend par intermittence
Un air lointain
Tandis que le professeur danse
Comme un pantin

M. Benoist, chargé de nous enseigner le français et les lettres, me paraissait si vieux, si enfermé dans ses manies et ses habitudes, qu'on n'était pas sûr qu'il appartînt tout à fait à l'espèce humaine. Il n'appartenait pas, en tout cas, à notre temps. Je suppose qu'il était vêtu comme tout le monde, d'un complet-veston, mais la coupe de ses habits, leur couleur noirâtre, leur tissu semblaient venir de 1900, de 1880, du commencement des temps. Il n'était pas gros à proprement parler, plutôt massif, toutefois on avait l'impression qu'il traînait en marchant un poids immense. Dernière touche à ce portrait : M. Benoist avait une courte barbe blanche taillée en pointe, autrement dit un bouc, ce qui ne contribuait pas à le rajeunir, ni à lui donner un aspect futuriste. Aucun de ces détails n'eût suffi à nous le rendre antipathique; ce qui m'éloigna de lui pendant l'année où j'étudiai sous sa férule fut une espèce d'indifférence qui se manifestait comme malgré lui à l'égard de ses élèves. Il venait au lycée, faisait ses cours, et s'en allait sans avoir montré pendant une heure la moindre trace de passion ou seulement d'intérêt. Il ne fallait pas compter sur lui pour nous faire humer par l'imagination le parfum de *rosa* la rose. Cette fleur n'était rien de plus que la première déclinaison latine. Du moins la fit-il entrer à jamais dans nos cerveaux d'enfants qui, selon Rimbaud, sont atteints de surdité. En y repensant, je trouve étrange de ne rien voir de personnel ou de familier dans ma mémoire à propos de M. Benoist. Quand j'avais dix-onze ans, je séparais mal l'intellect et le cœur ; je veux dire que ce qui aurait dû rester pour moi confiné dans le domaine indolore et aseptisé de l'esprit, mordait sur mes sentiments. Comment l'expliquer mieux ? Les idées, le savoir, la façon dont cela m'était présenté avaient pour moi une figure qui tenait inévitablement à la personnalité de celui qui en était le dispensateur. Tout au long de ma vie scolaire, j'ai eu des maîtres qui m'aimaient, d'autres qui me prenaient en grippe. Il s'ensuivait de bonnes ou de mauvaises années (la pire de toutes fut celle de ma première quatrième, pendant laquelle je ne cessai d'être en guerre avec le professeur de français-latin-grec, M. Saulgeot) ; le seul qui ne m'a inspiré ni amitié ni aversion fut M. Benoist. Notons au passage que sa classe était très disciplinée. Nous n'éprouvions pas d'attachement pour lui, mais cette froideur même était génératrice de politesse, de tranquillité, bref de respect. Quant à moi, pour nourrir ma passion, c'est-à-dire ma fureur, j'avais bien assez de l'abbé Bottinelli. En effet, j'allais sur mes onze ans, et à la fin de l'année je devais faire ma première communion. Depuis que Bottinelli m'avait réintégré au caté, il affectait à mon égard une bienveillance dédaigneuse qui n'était pas faite pour me redonner confiance en lui. Je n'y voyais que tartufferie. Il aurait aimé, j'en suis sûr, être mon directeur de conscience, afin de me torturer dans l'ombre du confessionnal. Du reste il me le proposa mainte fois, de manière plus ou moins détournée, mais je fis si bien la sourde oreille, qu'il se lassa. Il n'y avait que l'indulgence infinie du bon père Gaudemary, qui ne jugeait personne, et moi moins que quiconque, qui me paraissait suffisamment rassurante pour que j'osasse dévoiler sans restriction les nombreuses noirceurs de mon âme.

Il me semble que c'est en sixième que je découvris une catégorie particulière de pédagogues : les professeurs de gymnastique. Je ne me rappelle pas qu'il y en eût précédemment. L'Université pensait sans doute que la culture physique était un accompagnement obligatoire des études secondaires, peut-être pour servir d'exutoire ou de soupape à la contention d'esprit que réclamaient nos travaux, tandis que nous pouvions nous passer de mouvement du temps que nous n'avions affaire qu'aux dictées et aux robinets. Il en fut des professeurs de gymnastique (ou profs de gym) comme de M. Delcourt : je n'en connus que trois en neuf ans. L'un d'eux était un individu replet coiffé d'un béret basque qui se nommait M. Sicot et que nous appelions le Mec Sicot; son collègue, M. Degrémont, n'était pas plus grand que lui, mais du moins il était maigre et avait un visage cabossé de boxeur. Le troisième, enfin, était un Alsacien du nom de Schoebel. C'est lui que je retrouvai le plus souvent, de classe en classe. Il était grand, gros, amical, jovial : sa gentillesse était comme rehaussée ou mise en valeur par son accent alsacien, si fort qu'il en était presque caricatural. On aurait été charmé sans réserve par cet aimable garçon s'il n'avait eu un défaut rédhibitoire, qui était précisément d'être prof de gym et, à ce titre, de nous imposer toutes sortes de corvées que nous tâchions d'esquiver à grand renfort de certificats médicaux, de lettres d'excuse des parents, de feintes entorses, de migraines subites nécessitant toute affaire cessante un séjour à l'infirmerie, etc. Je ne sais si M. Schoebel était dupe de ces plaisanteries. Je crois qu'il ne l'était pas, car sous ses airs de gros Alsacien souriant se dissimulait un personnage moqueur et perspicace. La paresse du corps chez les enfants est de même nature que la paresse de l'esprit. Ils ménagent leurs forces physiques comme leurs forces intellectuelles parce qu'ils en sentent confusément les limites. Il m'était aussi pénible, pour ne pas dire aussi douloureux de grimper quatre mètres à la corde lisse, de faire vingt tractions avec les avant-bras, de courir pendant dix minutes, que d'essayer de comprendre les mœurs des fractions ou les lubies de l'ablatif absolu. Schoebel, sous ses dehors bonhommes, n'était pas chiche de punitions et distribuait des heures de colle aussi bien qu'un agrégé de l'Université. Il nous imposait en outre un travail expiatoire : écrire quatre pages sur l'utilité des chaussures de sport. C'était là son unique sujet, que j'ai bien dû traiter une douzaine de fois entre la sixième et la première. Il fallait lui rendre les quatre pages à la séance de gym suivante. Comme, évidemment, il ne les lisait pas ni même y jetait le moindre coup d'œil, nous écrivions n'importe quoi, allant de la simple injure, du genre « Schoebel est le roi des c... », « Schoebel, tu peux te les mettre où je pense, tes chaussures de sport », « Schoebel, va te faire voir par les Turcs », jusqu'aux obscénités les plus osées.

8

LES *NIQUÈRES* – BARBIZET SUR LA PHOTO DE CLASSE
PREMIÈRE COMMUNION – JE SUIS UNE SALAMANDRE
L'EXAMEN DE CONSCIENCE SE FAIT TOUT SEUL
PUER EGREGIA INDOLE – BEAUTÉS DE LA MÉMOIRE

Sur la photo de classe de la sixième, présidée par M. Benoist qui a l'air d'un vieil oiseau engraissé dans la tranquillité des volières, je constate que j'ai notablement changé depuis la huitième. En premier lieu je suis plus élégant. Je porte un costume qui n'est peut-être pas à la dernière mode, mais au moins à l'avant-dernière. Grande émancipation (ou grande conquête sur l'enfance) : on ne voit plus mes genoux; ils sont dissimulés sous un pantalon bouffant comme en portaient les joueurs de golf à cette époque et qu'on appelait des *knickerbockers* ou, en transcription française : des *niquères*. Par extraordinaire le costume entier me va bien, il n'est ni trop large ni trop étroit, ce dont je déduis que je le possède depuis huit ou dix mois et que je le mettrai encore autant. En effet, mon père, en homme prévoyant, lorsqu'on allait « aux Galeries » pour m'habiller, veillait à ce que les vêtements que l'on achetait fussent trop grands d'une ou deux tailles, en sorte que pendant un certain temps je flottais dedans et les manches de la veste me descendaient jusqu'au bout des doigts; puis je grandissais, et pendant quelques semaines le costume m'allait à peu près. Cela ne durait pas longtemps. À mesure que le tissu s'élimait, le vêtement rapetissait. Les manches s'arrêtaient sans pitié au-dessus du poignet, ce qui me désolait particulièrement. Ces poignets nus (car la chemise aussi rapetissait) me remplissaient de honte, comme un exhibitionniste pris sur le fait. Pour en revenir à la photo de la sixième, je ne suis pas trop mal, ma foi : le cheveu abondant et bien peigné, un sourire philosophique sur les lèvres, des chaussettes écossaises prolongeant les *niquères* et, autant que j'en puisse juger, un assez joli tricot orné d'une double bande sombre à l'échancrure. La seule chose qui m'ennuyait était de ne pas avoir de cravate autour du cou. Mais mon père était irréductiblement opposé à cet accessoire vestimentaire, jugeant qu'il n'était pas « de mon âge ». Selon lui j'étais beaucoup mieux avec un « col Danton », c'est-à-dire une chemise ouverte. C'était sans doute l'avis des autres parents, car sur les trente-neuf élèves de la photo, sept seulement sont cravatés. C'est ceux qui proviennent des milieux les plus modestes. L'un d'entre eux, nommé Cloutier, était le fils d'un cordonnier et avait un accent parigot qui nous paraissait, à nous autres petits snobs du XVIe arrondissement, le comble du ridicule, encore que nous ne nous fussions jamais moqués de lui, plutôt par éducation ou prudence que par délicatesse d'âme. Mon ami Barbizet a son col Danton, lui aussi, et la même expression énergique que les années précédentes. Une des raisons pour lesquelles nous avons été si liés toute notre vie, c'est que son caractère n'a jamais changé. J'ai toujours su qu'avec lui, je ne serais pas devant un inconnu. Tel il était à dix ans, tel à cinquante : homme sans détour, homme sans peur, et la fidélité même.

La contemplation de la photo de classe, les genoux nus du premier rang, les têtes rieuses et les expressions guindées, les corps grassouillets ou maigrichons, les tignasses bien peignées, me fait ressouvenir d'un sentiment que j'éprouvais puissamment alors : la certitude quasiment métaphysique d'être différent de tous mes camarades, d'appartenir à une autre tribu, si ce n'est à une autre espèce animale. Je n'étais pas bâti comme eux, mon nez était plus court ou plus long, mes oreilles moins décollées, leurs mains étaient plus calleuses que les miennes, leurs os bizarrement gros ou maladivement fins. Tous ces détails me causaient une espèce de répugnance. Et je ne parle pas des gens qui se rongeaient les ongles, ce dont j'éprouvais un dégoût tel que j'évitais de leur serrer la main, comme s'ils eussent été contagieux. Bref j'étais la proie d'un particularisme primitif qui fait que l'on considère comme anormal et *a priori* détestable ce qui ne vous ressemble pas. Cela est, je crois, propre à l'enfance, d'où l'on peut déduire que les adultes qui en sont affectés ont conservé dans quelque recoin de leur âme cette intolérance puérile. À dix ans, tout en ayant de fort bons amis parmi mes camarades, je ne pouvais m'empêcher de constater qu'ils étaient d'une autre race que celle dont j'étais le rejeton et de penser que c'était là, pour eux, une terrible infériorité. Comme dans les *Lettres persanes,* je me disais : « Comment peut-on avoir de gros mollets, comment peut-on se coller les cheveux à la gomina, comment peut-on empester l'eau de Cologne (ou la sueur), comment peut-on être arménien, comment peut-on avoir des boutons sur les joues ? »

Il y eut un grand événement au cours de ma sixième. Ce fut l'année où je fis ma première communion. Le mysticisme n'étant pas mon fort, j'abordai ce sacrement sans grande ferveur, si ce n'est que j'avais une confuse prescience que j'allais entrer enfin sérieusement en rapport avec le bon Dieu. J'en étais intimidé comme si j'avais dû être présenté au président de la République, c'est-à-dire qu'il ne fallait pas faire d'erreur d'étiquette. Il y avait une sorte de protocole surnaturel à observer, dont la principale obligation était d'être à jeun depuis trois heures bien comptées. Avoir avalé par mégarde un poil de brosse à dents risquait de vous valoir la damnation éternelle, ce qui n'était pas une mince affaire. Autre point essentiel : le costume. La plupart de mes condisciples étaient vêtus comme les pensionnaires de l'école anglaise d'Eton ; les fillettes, dans leurs robes blanches à falbalas et à dentelles, semblaient toutes être de petites mariées de l'Ancien Régime, du temps que les rois épousaient des princesses de onze ans. Pour la circonstance, on m'avait offert un costume marin de fantaisie, à blouson blanc, que je jugeai d'une élégance suprême et, selon moi, éclipsant les uniformes d'Eton dans leur totalité. Nous avions presque tous des pantalons longs. Néanmoins une demi-douzaine d'entre nous portaient des culottes courtes. Bottinelli leur avait prescrit de mettre de longs bas de laine noirs, attendu qu'il était indécent de montrer ses genoux à l'église au cours d'une journée aussi solennelle que celle que nous allions vivre. Je me rappelle cette exigence qui, quoique peu de chose nous étonnât de la part des grandes personnes, nous sembla exceptionnellement saugrenue. S'il était un endroit du corps humain qui n'éveillait pas d'idée polissonne, c'était bien les genoux, et qui plus est les genoux des mâles. Mais Bottinelli fut intraitable, et je crois qu'il expulsa du saint lieu un des jeunes sacrilèges qui n'avait pas obéi. Les ecclésiastiques étaient ainsi, en 1930, ce qui est inconcevable aujourd'hui, où les dames touristes, en été, montrent leurs cuisses, leurs épaules, et quasiment toute leur anatomie dans la maison du Seigneur, sans qu'aucun sacristain ou aucun archevêque y trouve à redire.

J'espérais que la première communion changerait quelque chose en moi, sans trop savoir quoi, mais elle ne changea rien. D'ailleurs rien ne changeait jamais rien en moi, ce qui me désolait. Je ne cessais d'être pareil à moi-même. J'aurais pu traverser les tragédies les plus sanglantes, goûter les bonheurs les plus délicieux, être plongé dans le désespoir, je me serais retrouvé sortant de cela tel que j'étais auparavant, sans la plus infime modification. J'enviais les héros de roman dont l'auteur dit que, tout à coup, ils deviennent « un autre homme ». Ah ! que cela doit être amusant, me disais-je, de n'être plus le même ! On mue comme un serpent, notre vieille peau nous quitte, nous sommes tout neufs. Moi, je ne connaîtrais jamais ce plaisir. Jusqu'à mon dernier souffle, je traînerais ma vieille peau, mon vieux caractère qui demeurait identique au milieu des bouleversements les plus radicaux. Quelques années plus tôt, mon père m'avait emmené visiter les châteaux de la Loire. J'avais appris à cette occasion que le roi François Ier avait choisi pour animal emblématique la salamandre. Cette bestiole qui court à travers les flammes sans s'y brûler m'eût convenu bien autant qu'à lui, sinon davantage. Ce n'était pas seulement le feu qui était sans effet sur moi, mais la vie entière, y compris ses plus colossales péripéties. Je me rends compte aujourd'hui de la puérilité de tout cela. Cela revenait à s'imaginer que les événements, la réalité se dévoilant inopinément, les aventures, l'expérience agissaient sur nous comme des coups de baguette magique, qu'il suffisait, par exemple, de faire une chute de bicyclette pour que notre conception du monde se modifiât radicalement, qu'en une nuit nos cheveux devinssent tout blancs. J'ai dû attendre jusqu'à la soixantaine, et même au-delà, pour avoir la révélation qu'entre mon enfance et cet âge j'avais subi plusieurs métamorphoses, qu'à neuf ou dix reprises j'avais été, moi aussi, comme dans mes lectures d'autrefois, encore que d'une manière différente, « un autre homme », mais que le propre des métamorphoses est qu'elles sont lentes, comme l'évolution des espèces selon Darwin, et que l'on commence à les soupçonner bien longtemps après qu'elles ont eu lieu.

Pendant les quinze jours qui suivirent ma première communion, je fis quelques efforts pour être aimable, serviable, patient, appliqué en classe, aussi peu écervelé que possible. J'offrais au Seigneur, qui venait de m'accueillir auprès de lui, ces menues contraintes. Elles me semblaient la moindre des choses, le moindre des remerciements. Pour ce qui est de la piété, je n'y étais pas plus enclin après la manducation de l'hostie qu'avant ; comme la plupart des gens sans inquiétude métaphysique, je confondais la foi et la morale. J'étais convaincu que j'étais agréable au ciel en me forçant comme je faisais. La pratique de la confession, du reste, me confirmait dans cette idée, enseignant implicitement que quand on s'était débarrassé de ses péchés, qu'on en avait fait un petit tas, auquel l'absolution mettait le feu, on était de nouveau tout pur, prêt à entrer au paradis. Il s'ensuivait que moins on péchait, plus on était proche de Dieu. Question d'arithmétique, en somme.

Bottinelli nous avait longuement bassinés avec ce qu'il appelait « l'examen de conscience » auquel, selon lui, il était nécessaire de se livrer tous les soirs. Je crois bien que, pendant deux ans de caté, je ne suis pas parvenu à pénétrer complètement le sens de cette expression. Et en admettant que je l'eusse comprise, j'étais bien incapable, ainsi que tous les autres catéchumènes, de m'y conformer. Le soir j'avais autre chose à faire que la comptabilité assommante de mes bêtises de la journée, à supposer que l'improbable désir de m'y livrer m'eût passé par la tête. Richelieu m'attendait, sir Percy Blakeney trépignait, Mowgli requérait ma présence entre lui et la panthère noire Bagheera, sans parler du capitaine Corcoran qui avait un urgent besoin de mes encouragements pour reprendre l'Inde aux Anglais. Examen de conscience, cela sonnait comme examen de passage. Je veux dire par là que cela n'éveillait pas en nous (et spécialement en moi) des idées heureuses. Du moins, dans l'examen de passage, y avait-il des matières au programme. Si l'on avait la volonté de réussir, on avait de même le courage de les apprendre : il suffisait pour cela d'ouvrir les manuels et d'étudier sérieusement. Tandis qu'il n'y avait pas de manuel pour l'examen de conscience. C'était vague, c'était flou, cela se fondait sur notre mémoire incertaine des fugitives passions du jour, notre évaluation tâtonnante de nos responsabilités dans telle ou telle circonstance, notre sentiment casuistique du bien et du mal. Si l'examen de conscience avait porté sur un an ou deux, on aurait eu du recul, au moins, les vilains péchés auraient surnagé, et on aurait oublié les broutilles. Mais scruter chaque soir ses reins et son cœur, c'était vraiment demander l'impossible. Et de fait, il en a été pour moi de l'examen de conscience comme des métamorphoses : l'examen s'est fait tout seul, à mon insu pour ainsi dire. Vers quarante ans, cinquante ans, j'ai constaté que je me connaissais de fond en comble, que rien de ce qui était bon ou mauvais en moi ne m'avait échappé, et même que cela était pesé à son juste poids. Lorsque j'étais enfant, adolescent, jeune homme, jusqu'à ma trentaine, j'avais dans l'âme et dans l'esprit des zones d'ombre, des recoins obscurs, des portes fermées que je n'ouvrais pas souvent, autant par paresse que par pusillanimité. Un jour enfin, il n'y eut plus d'ombre nulle part, et toutes les portes étaient ouvertes.

J'ai assez bien travaillé jusqu'à la fin de la sixième. Les rudiments de latin ne m'ennuyaient pas, non plus que les verbes irréguliers de M. Mady. Quant à ces derniers, nous les récitions comme des comptines ; il y avait une espèce d'émulation entre nous, à qui les débiterait le plus vite et sans faute. En quoi l'on peut conclure que le lutin chauve qu'était notre professeur d'anglais n'avait pas manqué son coup. Je n'ai pas vu beaucoup de réussites pédagogiques pareilles au cours de ma vie scolaire. M. Benoist, dans son genre, avait été aussi efficace, nous obligeant à apprendre par cœur les exemples de la grammaire latine et à psalmodier les déclinaisons comme jadis la table de multiplication. Je ne saurais jamais évidemment rapporter aucune parole de M. Benoist, mais je puis certifier qu'il prononçait vingt ou trente fois par heure, tantôt dans la conversation sans y mettre d'intention particulière, tantôt avec une nuance d'admiration et de respect, les noms de MM. Riemann et Gœlzer, qui étaient les deux auteurs de la grammaire latine. Je ne sais si c'est à eux ou à leurs prédécesseurs que l'on doit les phrases si poétiques qui illustrent les règles de la syntaxe cicéronienne, mais grâce à M. Benoist et à ses incessantes répétitions elles sont gravées en moi pour toujours. Une, en particulier, me semblait fort appropriée à mon caractère : *Puer egregiae indolis* (ou *egregia indole*) : « Un enfant d'un heureux naturel ». Ainsi, songeais-je, il y a deux mille ans, on trouvait à Rome ou à Pompéi des garçons qui me ressemblaient, qui n'arrivaient pas à être graves, ennuyeux, inquiets, zélés, moroses, mais qui riaient de tout, comme moi, qui étaient des apprentis philosophes sous le beau soleil de l'Antiquité. C'était le cas de dire que le monde est petit ! Petit dans le temps autant que dans l'espace.

Les professeurs de la IIIe République fondaient beaucoup leur enseignement sur la mémoire des écoliers. Outre la grammaire latine et les verbes irréguliers anglais, il fallait savoir par cœur toutes sortes de choses et les réciter sur commande. Réciter, sans plus. Nos maîtres ne nous demandaient pas de comprendre ce que nous disions, ni d'y « mettre le ton », ils se contentaient d'un ronron mécanique. En quoi c'était des hommes sages qui connaissaient cette loi de l'esprit humain, complètement négligée de nos jours, que le fond vient après qu'on a longtemps observé la forme (ou les formes). Cela rejoint la pensée de Pascal selon laquelle, à force de se mettre à genoux, on finit par prier. Ce qu'on appelle à présent « les enseignants », qui ont succédé aux professeurs, me semblent avoir, en matière d'éducation, les mêmes conceptions que moi lorsque j'avais dix ans. Je pensais en effet, alors, que la mémoire n'était rien, qu'il fallait s'adresser directement à l'esprit, lequel était apte à tout comprendre. Mon expérience est que je n'ai rien retenu ou fort peu de ce qu'on voulait me faire absorber à l'aide du raisonnement et de la logique, mais au contraire je n'ai rien oublié de ce que l'on m'a fait rabâcher vingt fois, comme un chien aboie ou une poule glousse, sans se soucier si j'y voyais un sens quelconque. Grâce à cet exercice, je sais des dizaines de poésies. Encore à présent, il me suffit d'entendre une idée, un mot, un renseignement pour que cela s'imprime de façon indélébile dans mon cerveau. Peut-être le seul profit que j'ai tiré de mes études est-il cet entraînement de la mémoire, qui s'est fortifiée de telle manière que les gens d'aujourd'hui, qui n'ont pas eu cette chance, en sont tout ébahis.

LIVRE QUATRIÈME

1

Apprentissage de la paresse
Le bonheur de capituler
Le professeur borgne – Leçon donnée par Arpels
Enterrement de M. Cop – Le mauvais œil

C'est en cinquième que j'ai commencé à être vraiment paresseux. Tout me rebutait. Tout, c'est-à-dire le professeur de français-latin, M. Cop, et le professeur d'histoire-et-géo, M. Julien. Dès la rentrée des classes, l'un et l'autre me déplurent absolument, et je sentis que, de mon côté, je ne leur inspirais aucune sympathie. Une fois de plus je constatais que l'attirance ou l'aversion sont avant tout des affaires de peau et que les griefs ou les justifications viennent plus tard. Je ne me montrais aussi piteux élève qu'à cause de l'éloignement que M. Cop éprouvait à mon égard. Rien ne me poussait à plaire à cet homme dont je sentais qu'il m'avait déjà jugé et condamné. Pour moi, M. Cop, dès le premier jour, fut une cause perdue, et je me préparai à un long hivernage, jusqu'au mois de juillet de l'année prochaine où ce gros monsieur, assez souriant en général, mais invariablement renfrogné pour moi, ne me boucherait plus l'horizon.

Le bréviaire de la cinquième était un ouvrage intitulé *De viris illustribus urbis Romae* ou, par abréviation, le *De viris*, qui consistait, comme l'indiquait le titre, en une suite de biographies de vieux Romains, rédigées dans un latin pour écoliers. On y découvrait comment Mucius Scaevola s'était laissé brûler la main et comment Regulus avait subi de la part des Carthaginois des supplices atroces pour ne pas faillir à sa parole d'honneur. M. Cop nous faisait apprendre par cœur des passages du *De viris.* Je me rappelle encore le début de l'histoire touchante d'une dame romaine qui, pour encourager son époux à se suicider, se tua elle-même sous ses yeux : « *Aegrotabat Cecina Paetus, maritus Ariae* ».

Le *De viris* n'avait rien de rébarbatif en soi, et sa lecture même aurait été assez distrayante s'il n'avait été le texte d'un cauchemar récurrent : la préparation latine. Cet exercice pour lequel j'éprouvais un dégoût sans bornes consistait à faire l'analyse logique des phrases latines et à les mettre dans un ordre conforme à la langue française. Venait ensuite la traduction. Moi qui étais assez appliqué d'ordinaire, je bâclais les préparations (ou « prépas ») de façon éhontée, sans souci du cas des mots, écrivant n'importe quelle absurdité, incapable d'ouvrir le dictionnaire. C'est avec les prépas que j'ai fait l'apprentissage de la paresse ; je l'ai vue distinctement accroupie sur moi comme un vampire, une goule, instillant dans mon esprit un venin délicieux, horrible et paralysant. Je n'avais aucune force pour lutter contre cet ensorcelant démon. Les rares fois où j'en éprouvais la velléité, c'est-à-dire où je prenais la résolution de me mettre sérieusement à l'ouvrage et de le mener à bien, j'étais vite envahi par l'ennui, lequel ne tardait pas à devenir douloureux. Allais-je capituler une fois de plus ? Je retardais la capitulation de cinq minutes, de dix minutes, puis j'y succombais, non sans honte, mais non sans soulagement. Capituler, c'était comme une injection de morphine. Après avoir longuement souffert le martyre, on n'avait soudain plus mal nulle part. J'ai le sentiment que ma classe de cinquième, et l'année suivante, celle de quatrième, n'ont été qu'une interminable capitulation, c'est-à-dire une fuite permanente devant la futilité sérieuse de la vie.

À M. Cop, j'inspirais de l'éloignement, voire de l'antipathie ; M. Julien, le professeur d'histoire, dès le premier regard, me voua de la haine. Comme à mon habitude, je n'en convins pas. J'avais beau constater qu'il m'ignorait ostensiblement, ou que, s'il m'adressait la parole, c'était avec une dérision méprisante et dans l'intention de me faire dire quelque sottise dont s'esclafferait la classe, ravie de cette occasion de faire la cour au tyran, je ne voulais pas admettre qu'un homme de quarante ou cinquante ans, un universitaire, rassis, sérieux, destiné en principe à nous donner l'exemple de l'équité et de la justice, s'acharnât contre moi, qui ne lui étais rien, qui n'étais coupable que d'avoir une tête qui ne lui revenait pas. Ce n'était pas ma première expérience dans ce domaine, comme on sait, mais les préjugés mettent longtemps à mourir ; il faut des déboires répétés pour qu'enfin on s'avise que le monde n'est pas conforme au tableau harmonieux que l'on donne à contempler aux enfants.

Mon voisin de pupitre, en histoire-et-géo, s'appelait Arpels. C'était un garçon taciturne et brusque, caractère qui me plaisait assez, étant en parfait contraste avec le mien. Il était fort bien mis ; on voyait qu'il était le rejeton d'une famille opulente. Ce nom d'Arpels, d'ailleurs, ne m'était pas inconnu ; j'étais à peu près sûr de l'avoir entendu prononcer en dehors de l'école. Effectivement, mon camarade était le fils de la maison Van Cleef et Arpels, célèbre bijouterie de la place Vendôme. Je ne sais comment j'appris ce détail, mais ce ne fut certainement pas par lui, qui n'était rien moins que « crâneur » et avait trop d'orgueil, je pense, pour se targuer de sa position sociale comme d'une qualité personnelle. M. Julien, peut-être parce que Arpels était assis à côté de moi, l'englobait dans son aversion, comme si je l'avais contaminé, ou comme si notre double pupitre formait au milieu de la classe une sorte d'îlot, une minuscule léproserie dont nous étions les seuls malades. Arpels était encore plus révolté que moi de l'attitude de notre professeur et il est probable qu'il ait, par ses chuchotements furieux ou sarcastiques, contribué à m'ouvrir les yeux sur la véritable nature de notre bourreau. Quand j'essaie de faire surgir dans ma mémoire la personne physique de ce dernier, je vois surtout du noir : chevelure noire, sourcils noirs, œil noir, peau bistre. Il me semble qu'il était vêtu, comme par contraste, de costumes assez clairs. Je ne sais pourquoi ses traits se mélangent en moi à ceux d'un illustre politicien de ce temps : M. Pierre Laval, en qui, également, le noir dominait. M. Julien s'asseyait volontiers sur la marche de son estrade, ou se promenait nonchalamment dans les travées. Il s'adressait aux élèves avec familiarité, faisant alterner les ricanements et les sourires enjôleurs, bref, il se livrait à une quantité de simagrées démagogiques que nous éventâmes assez vite, Arpels et moi, et dont nous nourrissions notre rancœur. Nous le couvrions de malédictions secrètes qui adoucissaient les dégoûts dont il nous abreuvait. Nos malédictions furent peut-être entendues par une puissance invisible car, un jour, M. Julien manqua son cours, et nous apprîmes que le malheureux avait un décollement de la rétine. Il était à craindre qu'il ne perdît l'œil gauche. Il le perdit, et fut absent deux mois, pendant lesquels Arpels et moi nous coulâmes des jours tranquilles. Autant nous avions souffert sous M. Julien, autant nous respirâmes sous l'autorité bienveillante et négligente de M. Calvet qui le remplaça temporairement. Arpels et moi, grâce à cet excellent homme, qui nous apporta ce qu'un écolier est en droit d'attendre du maître, à savoir de la patience, de l'amitié et une relative considération, nous connûmes le soulagement de deux misérables se croyant atteints de la peste et qui, soudain, apprennent qu'ils sont en bonne santé. Pour cela, je conserve à M. Calvet, que je retrouvai plus tard, en troisième et en seconde, comme professeur officiel, une vraie tendresse.

On avait lieu d'espérer que M. Julien pousserait sa convalescence jusqu'au bout de l'année scolaire, mais l'animal était consciencieux. À notre profonde consternation, nous vîmes, Arpels et moi, à la place du bon Calvet et de son sourire rêveur, le noirâtre Julien, revenu des Enfers. Il était borgne, blafard et amaigri, mais toujours aussi pugnace. Il nous raconta ses souffrances avec une familiarité qui me choqua et un réalisme qui me dégoûta. En revanche, la classe tout entière, au récit de ces malheurs exceptionnels, manifestait son apitoiement par des soupirs, des cris d'incrédulité, des yeux au ciel, des mouvements de mains censés représenter l'intensité de la douleur, et diverses autres singeries. M. Julien, comme disait Saint-Simon de Louis XIV à propos des gens qui le poussaient à révoquer l'édit de Nantes, « buvait ce poison à longs traits ». L'émotion dont il était la cause l'enchantait. Poussant la démagogie au paroxysme, il s'écria :

– Alors, mes enfants, vous êtes contents que votre professeur soit de nouveau parmi vous ?

– Oh, voui, m'sieu ! répondit la classe en chœur.

Entraîné par l'opinion publique et au mépris de ce que je ressentais au fond de mon cœur, je criai comme les autres, non sans me demander pour quelle diable de raison qui m'échappait M. Julien était aussi populaire. Arpels, à côté de moi, serrait les dents, roulait des yeux furibonds et me regardait avec un mépris qui me donna le soupçon que je venais de commettre une lâcheté.

– T'es fou, non ! murmura-t-il avec colère. Tu ne vas pas féliciter ce salaud d'être guéri ! Si seulement il avait pu crever !

Je dois quand même porter à mon actif que ces paroles courageuses me scandalisèrent à peine. Au contraire, passé le mouvement d'horreur que la franchise d'Arpels m'avait causé, je fis un retour sur moi, j'estimai que mon camarade m'avait donné une bonne leçon. Je me repentis d'avoir renié mes vrais sentiments et d'avoir cédé hypocritement au conformisme. Peu de gens en fin de compte m'ont rendu un service aussi essentiel qu'Arpels, que je n'ai jamais revu par la suite, peut-être parce que ses parents le firent entrer dans quelque établissement plus digne de lui qu'un lycée de l'État : le cours Hattemer ou l'École alsacienne. Qui sait même si ce n'est pas lui qui m'a fait prendre conscience d'un de mes traits les plus profonds : l'esprit de contradiction, ou tout au moins la méfiance devant les idées proclamées par le plus grand nombre.

Tout au long de ma vie, aussi bien dans ma vieillesse que dans ma jeunesse et mon enfance, j'ai senti autour ou au-dessus de moi une espèce de protection, qui se manifeste en général de façon négative, c'est-à-dire que j'évite sans le savoir telle embûche ou tel piège, que les intentions nuisibles que certaines gens peuvent nourrir à mon égard n'arrivent pas souvent à terme, et surtout (c'est là le plus important) que les mauvaises actions, les imprudences, les lâchetés que mes passions ou mon caractère me pousseraient à commettre ne sortent pas de moi, ou, si je les accomplis, n'ont pas de suite tragique, voire seulement fâcheuse, dont j'aurais à me repentir. J'ai ainsi beaucoup péché par pensée, mais fort peu en acte, ce que j'ai fini par considérer comme une grande faveur du ciel, et peut-être la plus précieuse dont il m'ait gratifié. Sentais-je cette protection quand j'avais onze ans ? Point aussi clairement qu'aujourd'hui, sans doute, mais je vivais dans une tranquillité, une confiance au fond desquelles je discerne aujourd'hui le sentiment d'être à part et la sécurité orgueilleuse qu'éprouvent les gens persuadés qu'ils sont les bénéficiaires d'une sollicitude surnaturelle.

Je fus secrètement flatté lorsque M. Julien perdit un de ses yeux. Je ne pensai pas, naturellement, que cela fût l'effet des malédictions dont je l'avais couvert, mais je ne pouvais empêcher que m'effleurât l'idée qu'il avait été puni pour m'avoir haï et persécuté comme il l'avait fait si continûment. Et quel symbole que cet œil crevé ! Cela évoquait l'antique loi du talion, ainsi que le passage saisissant de l'Écriture où il est dit que si ton œil est un objet de scandale, il faut l'arracher et le jeter au loin.

J'eus une autre satisfaction (encore que cela me rendît quelque peu craintif quant à l'efficacité de mes pouvoirs occultes) : M. Cop tomba malade à son tour et ne vint plus. Se pouvait-il que j'eusse le mauvais œil et suffisait-il que l'on ne me trouvât pas sympathique pour qu'on en fût châtié de façon épouvantable ? Je me promis de tenir compte de cela dans l'avenir et de ne plus lancer d'anathèmes à tort et à travers. Rendre les gens malades à volonté n'était pas une responsabilité pour un garçon de mon âge.

Autant j'avais eu à me plaindre des mauvais traitements de M. Cop, autant je fus charmé par son remplaçant, M. Barthélemy, qui était son contraire absolu, tant au physique qu'au moral. Dès ses premiers mots, je me sentis en confiance, et j'en inférai que, réciproquement, je ne manquerais pas de lui plaire. J'avais remarqué que les sentiments ne marchent pas à sens unique, mais provoquent la réciprocité et que si l'on aime ou si l'on déteste quelqu'un, celui-ci vous aime ou vous déteste en retour. Je découvrais ainsi, de temps à autre, les lois du monde mais je ne m'en ouvrais à quiconque, de crainte que l'on ne haussât les épaules et qu'on ne me prît en pitié, tant ce que j'observais était déconcertant, irrationnel, visible de moi seul, incompréhensible aux personnes sérieuses.

Au premier regard, je sentis que j'allais avoir un ami en M. Barthélemy, qu'il avait deviné que, quoique je ne fusse pas un sujet brillant, je possédais un esprit assez original pour qu'on y regardât d'un peu près, et que l'on ne saurait trop me rendre la vie plaisante en cinquième. J'étais d'autant plus sensible à ces dispositions qu'il avait avec les élèves une manière distante et froide, très propice à la discipline, sans doute, mais peu favorable à ce qu'on appellerait aujourd'hui « la communication ». Il ne me montrait pas de complaisance particulière, ni ne m'accordait de passe-droit, cependant je sentais, quand il m'interrogeait, une bienveillance appuyée, je dirai presque une considération, qui me changeait fort de ce que j'avais connu jusque-là. Bienheureuse maladie de M. Cop, grâce à laquelle, moi qui avais si douloureusement commencé la cinquième, j'allais la finir dans l'allégresse ! M. Barthélemy était un monsieur chauve et sarcastique, porteur d'un pince-nez qui contribuait à le rendre impressionnant. Autant que j'en pouvais juger, il était plutôt élégant, les costumes bien coupés, la pochette de soie sortant comme une orchidée de sa poche pectorale, et enfin, touche suprême, un nœud papillon vert à pois rouges (ou le contraire). J'admirais également ses chaussures, qui étaient cirées comme si elles venaient d'un bottier de luxe. Bref, M. Barthélemy donnait l'impression d'appartenir à une catégorie sociale supérieure à celle de ses collègues : cela se voyait autant dans son apparence que dans sa façon d'être. D'ailleurs, il en était conscient, car un jour, afin de faire cesser des chuchotements qui menaçaient de tourner au brouhaha, il se mit en colère (ou feignit d'être irrité) et nous déclara sèchement :

– Si vous me prenez pour un de ces cuistres auxquels vous êtes accoutumés, vous vous trompez beaucoup, messieurs !

La classe dans son entier, comme on peut imaginer, ignorait le sens du mot cuistre. Pour moi, c'était la première fois que je l'entendais et il me parut surtout exotique. Néanmoins nul d'entre nous ne douta qu'il qualifiât tous les professeurs des lycées et collèges de France, à l'exclusion du nôtre, et que ce n'était pas un compliment que celui-ci leur faisait.

Périodiquement, M. Barthélemy nous donnait des nouvelles de M. Cop, lesquelles n'étaient pas fameuses. On ne nous révélait pas de quel mal il était atteint, mais nous comprîmes assez vite que c'était grave et probablement inguérissable. D'où, de notre part, à chaque bulletin de santé, des têtes de circonstance et des gémissements hypocrites, dont M. Barthélemy n'était pas dupe, à en juger par le regard sceptique, pour ne pas dire moqueur, dont il nous considérait. Enfin, M. Cop mourut et je pris un air affligé comme les autres, quoique cette mort me convînt tout à fait et que je dusse faire un effort pour ne pas m'en réjouir intérieurement. Il n'est pas convenable de pavoiser au décès de quelqu'un, l'eût-on voué à l'exécration toute sa vie durant. Cela ne se fait pas, ce n'est ni charitable ni moral. Toutefois, la perspective de conserver jusqu'aux grandes vacances le charmant M. Barthélemy, qui ne me voulait que du bien, me remplit d'aise. Ce n'était pas ma faute, après tout, si M. Cop avait cassé sa pipe, je ne l'avais pas tué, je n'avais même pas souhaité qu'il passât de vie à trépas. Je désirais seulement qu'il disparût de mon horizon. Quand je serai homme, me disais-je, c'est-à-dire quand je ne vivrai plus dans l'esclavage qui est le lot de la condition enfantine, je fréquenterai qui me plaira, je cesserai de voir les gens à la minute même où j'aurai assez d'eux. Si, au lieu d'avoir onze ans, j'en avais trente ou quarante, ce malheureux M. Cop n'aurait traversé ma vie que quelques secondes, le temps de m'apercevoir que ma personnalité était incompatible avec la sienne. Ah ! qu'il doit être doux d'être homme, de ne pas être contraint de passer toute une année en butte au mauvais vouloir d'un personnage sous l'autorité duquel on vous a arbitrairement placé !

Le censeur du lycée, M. Miquelard, que nous appelions « le censcul » tout en révérant l'autorité dont il était revêtu, se dérangea en personne, ce qu'il ne faisait que dans les occasions solennelles, lorsqu'il fallait imprimer le respect ou jeter la terreur dans les âmes prétendument malléables des élèves, pour nous annoncer que nous avions perdu M. Cop, que c'était un jour sombre pour notre lycée et que nous devions tous être terriblement malheureux, ce qui était bien compréhensible, étant donné l'attachement que nous portions à notre admirable professeur de français-latin. M. Barthélemy, légèrement en retrait du censcul, avait pris l'air absent d'un homme fourvoyé dans une scène où il n'a rien à faire. Nous espérions tous que Miquelard terminerait son laïus par l'annonce qu'en signe de deuil il n'y aurait pas classe et que nous aurions congé pour la journée, mais cette péroraison ne vint pas. Nous travaillerions comme à l'accoutumée. En revanche, ceux qui le désiraient pourraient aller à l'enterrement, lequel aurait lieu dans je ne sais quel cimetière de village, à cinquante ou cent kilomètres de Paris. Le lycée organiserait le voyage en chemin de fer aller et retour, ainsi qu'un déjeuner sur place.

Les deux tiers environ de mes camarades tinrent à accompagner M. Cop à sa dernière demeure et, à en croire les récits qu'ils firent de cette expédition, n'eurent pas lieu de s'en repentir. Ce fut une formidable partie de plaisir, au cours de laquelle on n'avait pas une minute cessé de rire, de s'amuser, de faire des farces, de chahuter. Le repas avait fait l'objet d'un pique-nique. On avait bâfré la nourriture du réfectoire qui, pour avoir voyagé dans des bouteillons et être distribuée par le concierge du lycée, avait pris une saveur inattendue. Miquelard s'était déplacé en personne, flanqué du proviseur et d'une poignée de profs amis du défunt. Agréable surprise : c'était de tout autres gens hors du lycée qu'à l'intérieur de son enceinte. Pour la circonstance, les professeurs avaient laissé leur autorité à Paris, ils n'étaient plus des supérieurs, investis du droit exorbitant de punir ou de récompenser, mais presque des égaux. Ils montraient une bonne grâce, une familiarité (légèrement condescendante quand même) dont on ne les aurait jamais crus capables. On eût dit des généraux ayant quitté leur uniforme et bavardant sans façon avec les conscrits. J'ai encore dans les oreilles les descriptions extasiées des heureux voyageurs qui n'avaient jamais de toute leur vie été à pareille fête. « L'enterrement de M. Cop » devint pour nous, dès le lendemain, une date à laquelle on se référait, comme le Premier-Mai, la Saint-Jean, le 15-Août, l'Armistice du 11 novembre. C'est peu dire que je regrettai d'être passé à côté d'un événement devenu si vite légendaire : j'en fus inconsolable pendant une semaine. Je n'avais vu là qu'une lugubre équipée et quelques heures d'ennui, sans compter que je ne me souciais pas d'honorer de ma présence les funérailles de mon ennemi. Et voilà que, contrairement à mes prévisions, j'étais passé à côté de la plus belle occasion de m'esbaudir que le destin m'apporterait jamais. Il y avait peu d'apparence, en effet, qu'un professeur me fît une seconde fois la politesse de mourir en cours d'année. Je me serais battu d'avoir eu aussi peu d'instinct ou d'intuition, de n'avoir pas fait confiance aux braves galopins de la cinquième pour transformer une corvée sinistre en charivari. Quelquefois, par la suite, je me suis laissé prendre de la même façon, c'est-à-dire que j'ai manqué de flair et refusé ou négligé des occasions qui m'eussent été bénéfiques ou, à l'inverse, déployé des efforts surhumains pour obtenir de prétendus avantages qui ne pouvaient que m'être nuisibles. À chacune de ces déconvenues, je ressens en moi une curieuse bouffée d'enfance, comme si ce défaut de discernement me rajeunissait tout à coup de plusieurs dizaines d'années.

2

Double vie, double langage
La queue du diable est glissante – La ravaudeuse
La fille de l'alcade – La terre est basse
Les mollets de Mlle Régine – Vénérable lupanar
L'empereur Constantin

Avec l'école et la maison, je n'avais pas seulement deux vies, j'avais deux âges. J'étais sensiblement plus vieux rue de la Pompe que rue des Acacias. Quoique ces endroits ne fussent distants que d'un quart d'heure de marche, je perdais deux ou trois ans en allant de l'un à l'autre et vice versa. Comment faire sentir cela ? Le lycée vieillissait du même pas que moi, ou moi du même pas que lui ; chaque jour, chaque heure constituait pour moi le présent. J'avais des craintes, j'éprouvais les passions de mon âge, l'existence me frappait de plein fouet, j'apprenais sans cesse quelque chose de nouveau sur l'humanité. Mieux encore, je voyais l'humanité défiler devant moi sous la forme d'une foule d'inconnus qui étaient les élèves des autres classes ainsi que leurs professeurs. En revanche, quand je revenais chez moi, j'y trouvais le décor figé de mon enfance, l'odeur de l'appartement était celle que j'avais toujours respirée, c'est-à-dire une émanation d'eugénol et de créosote, caractéristique des cabinets dentaires ; les jours entre mon père, Toto, et les clients, étaient identiques à ce qu'ils étaient au temps du chemin de fer électrique et du Pathé-Baby. Ce décalage chronologique me gênait peu, au demeurant, ne fût-ce que parce que les enfants s'accommodent de tout (ou que tout leur paraît naturel), ensuite parce que notre appartement et le lycée étaient des lieux très familiers. Je passais de l'un à l'autre quatre fois dans la journée, je ne voyais pas de contraste entre eux, l'ajustement se faisait automatiquement, sans que la conscience y eût part. Dans mon existence au lycée je m'évertuais d'instinct à paraître plus expérimenté, plus dégourdi, plus entendu, plus vieux, en somme, que je n'étais en réalité, non seulement pour être admiré de mes camarades, mais aussi pour moi-même, pour n'avoir pas le triste sentiment d'être en retard sur le train du monde, tandis qu'à la maison, sans plus forcer mon talent, je me faisais plus ingénu que je n'étais, moins averti des mystères de la nature. Je tâchais de donner de moi l'image d'un petit garçon qui n'avait pas beaucoup changé depuis ses six ou huit ans. Il n'était pas jusqu'à mon langage qui était double. Je ne parlais pas le même dialecte rue de la Pompe et rue des Acacias, comme si c'eût été deux pays étrangers ayant chacun sa langue. Il y avait un idiome propre au lycée, direct, brutal, amusant, plein de verdeur, et le langage parlé à la maison dont la grossièreté, les tournures argotiques, les fautes de français étaient bannies, sous peine de châtiments dignes du XIXe siècle.

Autre différence : au lycée, en dépit de longues heures d'ennui en classe ou en étude, durant lesquelles on entendait s'égrener les coups de l'horloge qui sonnait tous les quarts d'heure et donnait de la sorte, impitoyablement, le compte des moments qu'on nous obligeait à gâcher, la vie marchait assez vite. On n'avait jamais le sentiment d'être à la traîne. Tandis que chez moi, le temps suspendait son vol sans qu'on eût besoin de le lui demander en vers lamartiniens ; les heures d'ennui semblaient compter double, comme, à la guerre, les mois de campagne, surtout quand j'étais à court de lecture, ce qui arrivait fréquemment à cause de ma boulimie. J'avalais les livres, comme un glouton des viandes et des gâteaux, à toute vitesse, pour ainsi dire sans mâcher. Ainsi avais-je écumé la bibliothèque de mon père qui était surtout garnie d'auteurs fin de siècle, du genre de Louis Dumur, Paul de Molène, Sylvain Bonmariage, etc., dont les ouvrages m'étaient plus ou moins défendus, en particulier l'*Aphrodite* de Pierre Louÿs. Je les avais, comme on peut penser, lus plusieurs fois, encore que la plupart, malgré mon jeune âge, me rebutassent par leur niaiserie complaisante, y compris les plus osés. Je me disais, en les dévorant quand même, qu'il n'était pas possible que ce qui avait trait à la chair, à la bagatelle, à la luxure, fût obligatoirement stupide, qu'il devait bien y avoir quelquefois de l'esprit dans le libertinage. Je me rappelle, entre autres, un roman de Félicien Champsaur, auteur dont je dois être le seul, aujourd'hui, à connaître le nom, intitulé *L'Orgie romaine*, où étaient décrits divers débordements antiques. À la fin d'un chapitre, des matrones dans un grand échauffement s'écriaient en latin : « *Adventant asini !* », interjection qui n'était point traduite, mais s'expliquait par le fait qu'on amenait au salon quelques ânes avec des couronnes de roses autour de leurs longues oreilles, et faisant entendre de joyeux braiements.

J'ai gardé de mon enfance et de ma jeunesse l'impression d'une existence un peu juste, comme on dit qu'un vêtement est trop juste quand il est étroit, ou, selon une formule qu'on me servait souvent, qu'il n'y avait pas de « petites économies ». Je ne saurais dire si cela était propre à l'époque ou à la condition de mon père. À l'une et à l'autre, je pense. Certes, mon père était assez négligent, assez insouciant, il ne savait jamais très bien comment demander à ses patients de lui payer les honoraires qu'ils lui devaient ; tantôt il se ruinait en commandes de vin de champagne, tantôt il liardait sur une demi-douzaine de mouchoirs. « Tirer le diable par la queue » était une de ses expressions favorites ; elle revenait plusieurs fois par jour dans sa conversation. Elle me paraissait si imagée que, jusqu'à sept ou huit ans, quand je l'entendais, j'imaginais les mains puissantes de mon papa refermées sur l'appendice caudal de Lucifer, qui devait sûrement être très glissant, vu que l'opération était toujours à recommencer. Je ne sais pourquoi, il me semble que toute la France, toute l'Europe, à part quelques opulents financiers ou quelques auteurs et acteurs célèbres, étaient logés à la même enseigne que nous, que chacun se serrait plus ou moins la ceinture, que le poulet rôti était un luxe extraordinaire sur une table de petit-bourgeois. Voici un détail qui est presque incompréhensible de nos jours : une fois par semaine, le jeudi, une ravaudeuse venait travailler trois heures à la maison. Elle faisait de magnifiques reprises à mes chaussettes que je trouais sans répit, aux sous-vêtements de mon père, qui étaient usés et qu'il était moins cher de recoudre que de remplacer, à mes chemises dont les poignets étaient tout effrangés, à mon chandail que j'avais déchiré, à mon manteau décousu. Cette ravaudeuse portait le joli nom d'Anne-Marie Zérosio. Comme je trouvais ce patronyme inusité et bizarre, elle me révéla qu'elle était d'ascendance italienne, ce qui était un peu comme d'être né dans une famille noble, attendu que l'Italie était supérieure à toutes les nations du monde, opinion qui m'étonna beaucoup et me parut assez outrecuidante : la première nation du monde, et de loin, était la France, on me l'avait enseigné depuis ma naissance, et je n'allais pas réviser cet acte de foi sur la parole d'une couturière à la cervelle fêlée.

À part cette divergence de vue politique et historique, je m'entendais à merveille avec Mme Zérosio qui, tout en maniant l'aiguille, me faisait la conversation, et me donnait par ses moindres paroles, ses questions les plus anodines, l'impression qu'elle s'intéressait passionnément à ma personnalité, que je n'étais pas pour elle un gamin anonyme, comme tant de gens me le faisaient sentir, mais un individu digne de considération, de sympathie, d'intérêt, dont la compagnie était des plus curieuse et instructive. De son côté, elle me laissait entrevoir son passé, par brèves échappées, dont il ressortait qu'elle avait eu un destin plus fortuné qu'à présent, encore qu'elle restât dans un flou poétique. On devinait des amours, des aventures, des malheurs. Et tout cela dans la lumière de Naples et de Florence.

Mme Zérosio s'installait dans la salle à manger, devant la fenêtre et, tout en ravaudant, regardait l'animation de la rue des Acacias, que je contemplais à côté d'elle et que nous commentions. Une demoiselle brune de huit ou dix ans, fort vive et fort rieuse, arpentait assez fréquemment le trottoir d'en face, et ne manquait pas de lever la tête vers nos fenêtres situées au premier étage, autant dire tout près d'elle. Son sourire exprimait un mélange de tendresse et de moquerie qui ne manquait pas de m'enflammer. Je devinais bien qu'elle ne laissait échapper aucun prétexte pour sortir de chez elle et courir chez tel ou tel commerçant, dans le seul but de me lancer des regards provocants au passage. Mais ce manège que j'avais facilement éventé ne suffit pas à me donner le courage de déclarer ma flamme. L'aborder dans la rue alors que je ne la connaissais pas était au-dessus de mes forces. Elle me faisait peur, aussi, avec ses sourires, d'où l'ironie n'était pas loin. J'appris que cette divine créature s'appelait Mlle Piala et qu'elle était fille d'un sergent de ville. Ce sergent de ville n'était pas mon moindre sujet d'inquiétude. Je lui prêtais des sentiments d'honneur dignes de Calderon. Quelle vengeance exercerait-il à mon encontre s'il apprenait que je me livrais à des travaux de séduction sur son héritière, que j'avais, avec mes désirs impurs, maculé cette hermine d'une tache de boue ? Hermine hâlée, soit dit en passant, car Mlle Piala avait le teint chaud et les jambes brunes des Méridionales, ce qui, pour moi, lui ajoutait encore du ragoût. Mme Zérosio avait ceci de charmant, qui participait de son esprit romanesque, que toute intrigue amoureuse, fût-ce entre un garçonnet de neuf ou dix ans et une fillette du même âge, la captivait, touchait en elle des fibres secrètes, faisait vibrer ses plus chers souvenirs. Si je le lui avais demandé, elle aurait assurément arrangé des rencontres clandestines, des rendez-vous à la nuit close, elle se serait chargée de remettre des billets doux, comme une ancienne belle devenue dariolette. Elle ne cessait de me chanter les louanges de ma dulcinée, qui était si jolie, si primesautière, si finaude, si lumineuse pour tout dire. J'avais beau être très jeune, je ne laissais pas de sentir la complaisance pour elle-même qu'elle mettait dans ses propos. Causer des choses de l'amour, fût-ce avec un mioche, était pour elle une sorte de confession indirecte.

Pour en finir avec Mlle Piala, je crois bien que je n'osai jamais lui adresser la parole. Elle sortit de ma vie comme elle y était entrée : un jour, je ne la vis plus trottant rue des Acacias, pouffant avec ses copines, me lançant des œillades par-dessus son épaule. J'en conclus que son père, l'alcade, avait été muté dans un autre quartier ou une autre ville, et qu'une fois de plus j'avais perdu à jamais une personne avec laquelle j'aurais peut-être pu faire ma vie. L'enfance est empoisonnée par ces séparations déchirantes et définitives, qui, sur le moment, prennent des allures de tragédie, car elles ne sont pas de notre fait, mais de celui du monde ou de la destinée, plus forts que nous et qui nous terrassent.

De temps en temps, peut-être un jeudi sur deux, une grosse femme, nommée Julie Corbie, venait nous tenir compagnie. Était-elle une amie de Toto ou de la ravaudeuse ? Des deux sans doute, attendu que, de l'Étoile à l'avenue des Ternes, il n'était personne qu'elle ne connût dans l'univers des cuisinières, des concierges, des épiciers, des bougnats, des marchands de couleurs. Elle était un vrai bottin de cette société, d'où la faveur dont elle jouissait partout et dont elle tirait quelque orgueil, à ce qu'il me semble. Cette fierté se marquait par son habillement, qui reproduisait celui des bourgeoises du siècle précédent. Elle paraissait avoir sur elle trois fois plus de tissu qu'une personne ordinaire. Ainsi savait-on, au premier coup d'œil, qu'avec elle on n'avait pas affaire à n'importe qui. Quand elle s'asseyait, on apercevait ses chevilles qui étaient énormes et recouvertes de bas noirs. Le seul souvenir que j'ai conservé de cet imposant personnage est deux expressions que, selon la méthode enfantine, je commençai par prendre à la lettre, et dont le sens métaphorique m'apparut ensuite : Julie reprochait incessamment à la terre d'être « basse » lorsqu'elle se penchait pour ramasser quelque chose et se plaignait plusieurs fois par jour d'avoir « égaré ses yeux » quand elle avait oublié où elle avait posé ses lunettes.

À quel moment exact de ma vie ai-je connu Mme Zérosio et Julie Corbie ? Pour cette dernière, il me semble que Toto l'introduisit chez nous vers 1927 ou 1928. Elle parlait d'elle avec considération, comme d'une des plus flatteuses relations qu'elle se fût faite, encore que, parfois, elle l'appelât familièrement « la grosse Julie ». C'est à peu près à cette époque que Mme Zérosio apparut avec son dé à coudre, son nécessaire de ravaudage et la bizarre poésie qui la nimbait. Mais les souvenirs sont capricieux, tantôt traînards, tantôt en avance. Il me semble que les après-midi que j'ai passés dans la salle à manger de la rue des Acacias se situent vers mes huit ou neuf ans, c'est-à-dire un peu avant le point où j'en suis arrivé de mon histoire. Julie et Mme Zérosio ne s'accommodent pas avec M. Barthélemy, non plus qu'avec le caractère que j'avais en cinquième et qui n'était plus le même qu'en septième. Le naïf écolier de M. Beaudelaire était loin : sans le savoir, j'avais commencé mon interminable guerre contre la société, qui dure encore aujourd'hui, et, de ce fait, je n'avais déjà plus beaucoup de goût pour les charmes surannés des bonnes femmes. De même Mlle Piala n'est pas une vision de ce temps-là. À onze ou douze ans, je n'en étais plus à me bâtir des contes de fées à propos des petites filles. J'avais, dans la cour du lycée, des entretiens luxurieux et diaboliques avec mes camarades les plus avertis. C'était un autre genre de rêverie. Nous avions pour objet de concupiscence une demoiselle quasiment mythique, Mlle Miquelard, dite, comme dans un roman, « la Fille du Censeur », qui était sans doute une jeune fille des plus convenable, mais qui avait le tort de passer, toute droite et altière, parmi nous, un sourire moqueur aux lèvres, moyennant quoi nous lui prêtions les complaisances et les dépravations d'une Messaline de l'enseignement secondaire. Nous avions également, pour nourrir notre imagination, les vendeuses d'une librairie sise au coin de la rue de la Pompe et de la rue de Longchamp, où nous achetions nos livres de classe et notre papeterie, ce qui nous fournissait un prétexte honnête pour aller à tout bout de champ cajoler ces demoiselles. Elles étaient au nombre de quatre et, chacune à sa façon, la vénusté même, en particulier leur aînée, Mlle Régine, qui avait une manière à la fois maternelle et effrontée dont j'étais personnellement charmé. Je n'étais pas sans avoir remarqué qu'elle avait un faible pour moi, qui se manifestait par des rabais sur mes achats, un visage joyeux pour m'accueillir, une ostentation à me servir avant les autres pratiques, comme si, chaque fois que j'apparaissais, tout passait au second plan. La chère femme mit une fois le comble à ses bontés en montant sur un escabeau pour aller dénicher je ne sais quoi en haut de ses rayonnages, en sorte que, pendant deux ou trois minutes, j'eus quasiment le nez sur ses mollets sublimes. Elle avait une jupe plissée qui voletait autour d'elle au moindre mouvement, dévoilant le genou et la naissance de la cuisse. La coquine savait évidemment très bien ce qu'elle faisait, et pour quel public, mais je n'en avais pas le moindre soupçon. J'étais sûr que toute la perversité était de mon côté ; je feignais sournoisement de baisser les yeux ou de regarder ailleurs, quoique je ne perdisse pas une miette du spectacle. Lorsque Mlle Régine descendit de son perchoir, elle me considéra avec un certain attendrissement ironique qui me fit presque rougir, et en même temps me rassura, car cela signifiait entre elle et moi une entente souterraine.

Un autre sujet de choix dans nos entretiens en étude ou dans la cour était un établissement de la rue d'Athènes dans lequel, disait-on, le lycée Janson avait ses habitudes. En 1930 ou 1931, ces commerces ne manquaient pas à Paris et je ne laissais pas d'être étonné que des mirliflores de Passy allassent chercher au fin fond de la Chaussée-d'Antin des satisfactions qu'ils auraient pu trouver beaucoup plus près de chez leurs bons parents. On m'expliqua que la vie était moins chère rue d'Athènes que partout ailleurs ; je crois même que l'on me révéla que les élèves de Janson, sur la déclaration de leur qualité, bénéficiaient d'une remise de dix pour cent. À en croire la rumeur publique, le Grand Lycée dans sa totalité se rendait pieusement les jeudis ou les dimanches dans ce lieu de perdition, qui était rempli de miroirs, de lustres de cristal et de tentures en peluche rouge, décor éminemment érotique, au milieu duquel évoluaient des nymphes dévêtues, avec lesquelles on n'était même pas obligé de « monter ». Ces évocations me captivaient de façon quasi littéraire, ma foi. Je les trouvais curieuses et dépaysantes, comme des récits de voyageurs dont la lecture, sur le moment, nous donne envie de partir, nous aussi, de courir visiter, toute affaire cessante, les contrées qu'ils décrivent, mais dont on pense, le livre refermé, qu'une pareille expédition causerait bien du tintouin. Je me promettais d'aller rue d'Athènes un jour, et cela n'arriva jamais, à cause de mon inertie, de ma paresse, surtout de mon imagination qui me représente les événements et les aventures avec tant de force et de vérité qu'elle m'ôte le désir de les vivre réellement. Elle m'en donne l'essence, le goût exact et bientôt la satiété. Elle les vide de l'émotion qu'elles contiennent. L'expression « rue d'Athènes » était trop chargée de magie pour que je commisse le sacrilège de le vérifier sur place. J'aurais été déçu si je n'avais pas rencontré Socrate, Périclès, Alcibiade et Praxitèle devisant au salon. Ce ne serait point Laïs et Phryné qui m'accueilleraient, en chlamyde, sous le péristyle (à colonnes doriques) du vénérable lupanar.

Deux autres maisons alimentaient nos propos, encore qu'elles fussent inaccessibles à des malheureux comme nous n'ayant pour tout capital que leur argent de poche (et un peu jeunes aussi, il fallait bien en convenir, pour hanter de pareils endroits). L'une appelée Le Sphinx se trouvait à Montparnasse, quartier des artistes-peintres et où, par conséquent, on pouvait s'attendre à toutes les bizarreries sociales possibles. Son enseigne lui ajoutait du mystère : la tête d'un Sphinx est pleine de secrets, et que devait-il en être de ce Sphinx-là ! Quant à l'autre établissement, il n'était point dans une zone moins sulfureuse : la rue de Provence, à deux pas de la Madeleine, haut lieu de la prostitution parisienne, comme chacun sait. On ne le désignait que par le numéro qu'il avait dans la rue : le 122, ou encore, d'une façon qui me donna à croire pendant un certain temps que son propriétaire aimait les petits chiens, à l'instar du roi Charles II d'Angleterre : Le Ouane-Toutou.

Je ne saurais dire si, grâce à M. Barthélemy et à la confiance qu'il m'inspirait, j'eus plus de goût au travail qu'auparavant. Les habitudes de paresse s'installent vite et c'est une besogne surhumaine que de les secouer. Mon père, à ce propos, avait un joli apologue qu'il me servit plus d'une fois : il s'agissait d'un homme portant un veau dans ses bras, et ne le lâchant jamais. Il y est si accoutumé que le veau ne le gêne dans aucun des gestes quotidiens. Un jour, il a la funeste idée de le poser par terre pendant un moment. Quand il veut le reprendre, catastrophe ! C'est un bœuf qu'il retrouve, un énorme bestiau qui pèse cinq cents kilos. Avec ma paresse, j'étais tout pareil à l'homme au veau, à cette différence près que ce n'était pas depuis un moment que j'avais posé mon fardeau à terre, mais depuis plusieurs mois, et que le bœuf qu'il me fallait soulever pesait plusieurs tonnes. Le latin du *De viris* n'était pas devenu aimable tout d'un coup, par la grâce de M. Barthélemy, et il m'était toujours aussi doux de capituler devant l'analyse logique. J'y ressentais le même soulagement que le pauvre Boèce lorsque le bourreau cessait de lui serrer le crâne avec des cordes et que sa cervelle était près d'éclater. Du moins M. Barthélemy n'avait pas la cruauté de m'interroger, moi plutôt qu'un autre, comme faisait son prédécesseur quand celui-ci prévoyait (ce qui n'était, hélas ! pas bien difficile) que j'allais « sécher » piteusement. Tout au contraire, les rares fois où il me donnait la parole tombaient les jours où j'avais fait à peu près convenablement ma prépa, à croire qu'il y a dans la sympathie les mêmes connivences que dans l'inimitié. Cela n'aboutissait jamais à des triomphes, certes, mais je n'avais pas le désagrément d'être livré aux ricanements des lèche-cul de la classe, dont j'avais fort bien démêlé les mobiles infâmes, au nombre de deux : se délecter au spectacle toujours délicieux d'un souffre-douleur et faire la cour au maître qui se repaissait de ces hommages serviles qu'il avait expressément sollicités. Un des enseignements de mon enfance est qu'il y a toujours de la démagogie, et de la pire, dans le fait de désigner une victime à une foule, grande ou petite. Il n'est rien de tel, pour les puissants désireux de consolider encore leur pouvoir, que de susciter un bouc émissaire. Celui-ci est le ciment des collectivités en même temps que le garant de leur tranquillité sociale. Malgré mon peu de désir de plaire au corps enseignant, j'étais imprégné d'histoire romaine, je me disais en rageant intérieurement que je souffrais sous Dioclétien, que j'étais un chrétien dans le cirque, et qu'il n'était pas possible qu'un jour les lions ne se couchassent pas à mes pieds. M. Barthélemy fut mon empereur Constantin.

À la réflexion, je crois que je dus faire un effort par amitié pour lui, qui n'était pas homme à me donner des bonnes notes si je ne les avais pas méritées. Or je fus admis sans examen de passage dans la classe supérieure, qui était la quatrième. Enfin j'allais tâter du grec, à la grande joie de mon père qui voyait dans cette étude une étape primordiale sur le chemin qui devait me conduire à la dignité éminente de chirurgien des hôpitaux. J'aurais dû en être accablé, mais j'ai toujours été fort insouciant, c'est-à-dire, au fond, présomptueux. J'ai l'intime certitude que tout s'arrangera toujours, ce qui a ses avantages, mais aussi son inconvénient : c'est que, dans cette confiance presque superstitieuse en moi, en mes ressources, en mon destin, en Dieu, je néglige d'être le moins du monde prévoyant, en sorte que les événements, sans me prendre tout à fait au dépourvu, ont une complication que quelques précautions, ou seulement une miette de raisonnement m'auraient fait éviter. Tel suis-je encore à présent, tout aveuglé par l'instant lorsqu'il s'agit de la conduite de ma vie, non pas à proprement parler incapable de regarder plus loin que le bout de mon nez, mais n'en ayant pas le désir ou la volonté, comme si rien de ce qui me concerne n'avait la moindre importance et que, dans ce domaine, il suffisait de s'en remettre à ma bonne étoile. Il y a là, je pense, un fond d'humilité, car je sais aussi bien qu'un autre appliquer le principe de causalité et déduire de telles causes que j'observe l'effet qui, forcément, en découlera. J'ai même remarqué que j'applique cette méthode avec plus de rigueur et de succès que toute autre personne, privée ou publique.

3

LE NOUVEL-HÔTEL – LES ANCIENS COMBATTANTS
LA FAMILLE DELEUZE – LA DEMOISELLE DU KURSAAL
LA STATUE DE M. DELANDRE
ENVIRONS DE PARIS ET D'AILLEURS

Je ne sais plus comment mon père, pour passer les fins de semaine et surtout pour m'offrir une ration hebdomadaire d'air pur, détail qui le préoccupait beaucoup car il craignait que j'eusse les poumons délicats comme ma mère, dénicha le Nouvel-Hôtel de Gournay-en-Bray. Cette auberge, située à une centaine de kilomètres de Paris, est un élément essentiel des paysages qui m'entourèrent de ma dixième à ma douzième année. Nous y allâmes très assidûment pendant deux ans, mais dans mon souvenir je ne me représente le Nouvel-Hôtel que par mauvais temps, comme si nous ne nous rendions là que pendant la morte-saison : à la fin de l'automne, en hiver, au début du printemps. Cela n'est pas impossible car les prix à ces moments de l'année devaient être sensiblement réduits. Le Nouvel-Hôtel, dans ses mois de splendeur, eût été peut-être au-dessus de nos moyens.

C'était une bâtisse construite dans le style « chalet normand » qui fit fureur après la guerre, au point qu'on édifia des villas de ce genre jusque sur la Côte basque. Elle s'élevait au bout d'une cour pavée qui, avec le recul du temps, me paraît un espace immense. L'hôtel comptait une vingtaine de chambres ; ce dont j'ai gardé l'image la plus nette est la salle à manger, vaste pièce qui n'était pas ouverte pendant nos séjours, et dans laquelle je faisais de la bicyclette, la nuit tombée.

La première fois que nous allâmes à Gournay dans la De Dion, mon père fut charmé par l'accueil qu'on nous fit. En ce temps, les Français ayant entre trente-cinq et cinquante ans étaient tous des anciens combattants, d'où, lorsqu'ils nouaient des relations, un préjugé favorable de part et d'autre, et bientôt une sympathie de frères d'armes, chacun sachant qu'il avait affaire à quelqu'un qu'il pouvait estimer. La victoire de 1918 avait accompli un miracle que nous avons quelque difficulté à comprendre aujourd'hui : elle avait temporairement réconcilié les Français avec eux-mêmes ; elle avait transformé la nation en une franc-maçonnerie de braves pour qui la vie civile et les vicissitudes politiques étaient de maigre importance au regard des épreuves par lesquelles ils étaient passés, et qui les avaient rendus différents du commun des mortels. Vers 1930, la France était remplie de ci-devant poilus qui avaient gagné la plus terrible des guerres que l'humanité eût jamais connue. Comparé à ces hommes qui étaient passés par le feu et n'avaient peur de rien, je me sentais minuscule, vulnérable, pusillanime, indigne.

M. Deleuze, propriétaire du Nouvel-Hôtel, était évidemment un ancien combattant ; mon père et lui s'en avisèrent dès le premier coup d'œil, et se plurent mutuellement. Ils avaient ces manières directes et expéditives des gens ayant eu l'habitude du danger, de l'imprévu, et en eux les ressources pour y faire face. Bref, M. Deleuze appartenait à la catégorie de personnes que mon père honorait de l'appellation de « camarades ». De ces camarades-là, il en avait dans la France entière, du Nord au Midi. Il n'y a plus eu de camarades chez nous après 1945. Rien que des anciens prisonniers, ce qui n'est pas la même chose.

J'ai dans ma mémoire un portrait assez précis de M. Deleuze, ainsi que de sa femme et de son fils Roger. Morphologiquement, il me rappelait Raoul Deprez-Crassier ; il était massif, de complexion puissante, avec des muscles durs et des mains carrées. Pour le visage, il offrait quasiment le stéréotype de l'ancien combattant, du « baroudeur » : visage plat, nez busqué, menton volontaire, expression hardie. Son fils était tout le contraire ; c'était un enfant grêle et palot qui avait deux ou trois ans de moins que moi. Je ne me le représente que vêtu d'un costume marin bleu sombre. Pourquoi ? Il devait bien avoir d'autres nippes, moins endimanchées. Ses parents se préoccupaient beaucoup de sa santé. Mme Deleuze le dorlotait d'une façon que je jugeais excessive ; elle lui demandait sans cesse d'une voix inquiète s'il se sentait bien, s'il n'avait mal nulle part, s'il avait besoin de quelque chose, s'il n'était pas fatigué, s'il n'avait pas faim, etc. M. Deleuze, quoiqu'il eût une attitude plus virile et se montrât peu attentionné dans le détail, était tout aussi anxieux ; lorsqu'il était près de son fils, sa vivacité tombait comme un vêtement, soudain il se transformait en père alarmé, patient, tendre, aimant, précautionneux. Étrange image de la force vaincue par la faiblesse. Le petit Roger, ainsi entouré de sollicitude, avait pris les habitudes, non pas d'un enfant gâté, ce n'était pas son caractère, mais d'un malade superstitieux, encore plus tatillon dans l'observation de son traitement que les infirmiers chargés de le lui administrer. Une des choses qui me surprenaient le plus dans cet enfant est qu'il raffolait de l'huile de foie de morue.

On lui faisait avaler une ou deux cuillérées par jour de cet écœurant breuvage qu'il savourait en plissant les yeux comme si c'eût été un diabolo-grenadine.

Mme Deleuze m'admit assez vite dans son intimité qui était aussi celle de son fils, lequel ne la quittait guère. Je contemplais cet amour maternel et l'être humain qui en était l'objet avec une curiosité d'entomologiste. Mon père m'aimait beaucoup, certes, mais le sentiment qu'il me portait était simple, naturel, sans fioritures pour ainsi dire. Du reste je n'avais jamais été le bénéficiaire de dévouements exceptionnels. Ma mère était elle-même si malade qu'elle n'aurait pas eu la force de me protéger contre le destin. En outre, je ne me souciais pas qu'on me protégeât. Dès l'âge de sept ans, j'avais pris ma vie en main, j'avais la certitude d'être le seul responsable de ce qui m'arriverait. En observant Mme Deleuze, je fis la réflexion (qui n'était plus tout à fait celle d'un entomologiste) qu'elle pensait qu'en ayant sans cesse son enfant sous les yeux, l'amour qu'elle lui portait finirait par entrer en lui et agirait sur sa fragile constitution comme un fortifiant, une injection quotidienne de vitamines ou l'air iodé de l'océan. Et de fait, c'est ce qui se produisit : je revis Roger Deleuze quelques années plus tard dans je ne sais quelle circonstance, et j'admirai comme il était bien sorti de sa gangue d'enfant rachitique : il était devenu un beau gaillard, et qui avait même la charpente de son père.

La morte-saison du Nouvel-Hôtel n'était pas entièrement morte. Nous n'étions pas seuls, mon père et moi, pendant les fins de semaine, à y séjourner. Des bourgeois des environs avec leurs épouses ainsi que des bourgeois parisiens venaient y passer une ou deux nuits. Pour la plupart, c'était des chasseurs, qui étaient vêtus de grosses vestes rugueuses à boutons de bronze représentant des têtes de sanglier, coiffés de chapeaux genre tyrolien, bardés de carniers et de cartouchières. L'un d'eux était très fier de ses fusils, de marque Purdey, qu'il avait achetés personnellement à Londres et dont il faisait admirer les ciselures. Comme chaque dimanche nous retrouvions les mêmes têtes, des liens d'amitié se formèrent entre mon père et les chasseurs, qui l'invitèrent à participer à leurs exploits, ce qui lui permit d'enfiler de nouveau ses grandes bottes de la guerre, qu'il avait, durant toutes ces années de paix, dévotement entretenues et qui étaient toujours superbes. J'ai gardé de ce temps l'idée (qui ne doit pas être entièrement fausse) qu'un des plus vifs plaisirs de la chasse, pour les citadins du XXe siècle, est d'avoir l'occasion de chausser des bottes comme des gentilshommes de Louis XIII ou des généraux de l'Empire.

Plusieurs dames ornaient cette compagnie cynégétique, mais je n'ai rien retenu d'elles, si ce n'est qu'elles se ressemblaient toutes. À leur assurance, leur aisance, leur prestesse, leurs bavardages péremptoires, on devinait qu'elles étaient femmes de notables. La plupart suivaient leurs maris dans les battues et les halliers. Les autres « faisaient des promenades », expression qui me glaçait d'ennui. Je me demandais quel plaisir elles trouvaient à déambuler dans la campagne. Pour moi, rien au monde ne me paraissait plus insipide. Suivre une chasse était moins ennuyeux : on avait l'amusement d'entendre des coups de feu, de voir tomber les oiseaux du ciel et bouler les lièvres dans les champs de betteraves. Le souvenir le plus précis que j'ai conservé des chasseresses par alliance de Gournay est une paire de pendants d'oreilles longs de quatre centimètres, faits d'une substance verte qui n'était ni de l'émeraude ni de la malachite. Je jugeai ce bijou un peu excentrique, un peu tape-à-l'œil, provincial en somme. La dame qui l'exhibait avait du reste un air important, satisfait de soi et du monde qui était aussi peu parisien que possible.

Le plus poseur, le plus pontifiant des chasseurs, doté d'un long visage canin, parlant d'une voix affectée et nasale, était dentiste comme mon père, ce dont je fus surpris, attendu qu'à mes yeux les dentistes ne pouvaient être que de bons garçons sans vanité et sans pose, à l'image de celui que je côtoyais du matin au soir. Je fus encore plus surpris lorsque je vis le bonhomme et mon père s'avancer l'un vers l'autre en criant et en riant. Ce vieux monsieur qui paraissait dix ans de plus que mon père avait été son condisciple à la faculté de médecine. À ne pas croire !

– Dutourd, ah ! Dutourd ! s'écriait-il. Alors là !

– Ratho, répondait mon père, tu te rends compte, nous ne nous étions pas vus depuis trente ans !

Ces retrouvailles firent anecdote dans les annales du Nouvel-Hôtel. Je finis par comprendre que Ratho était le diminutif de Rathoré, nom qui me parut bizarre, point très joli, éveillant de déplaisantes idées de diarrhée, jusqu'au jour où je le retrouvai presque identique dans Balzac, agrémenté d'un titre ducal.

Dans mon souvenir du Nouvel Hôtel, je vois encore une jeune femme brune, d'une trentaine d'années, expansive, évaporée, imbue d'elle-même d'une façon si naïve qu'on en était autant attendri qu'amusé. Que fait-elle là ? Ce n'est certainement pas une cliente. Peut-être les Deleuze l'avaient-ils embauchée comme demoiselle-promeneuse pour leur fils Roger. En effet, elle avait dans ses manières le zèle et l'empressement des salariés. Un après-midi, elle nous emmena au cinéma le « Kursaal » de Gournay où l'on projetait un film extrêmement touchant sur sainte Thérèse de Lisieux, pendant la durée duquel elle pleura sans arrêt, ainsi que Roger. Même moi, que rien ne parvenait à émouvoir, je ne pouvais m'empêcher d'avoir une boule dans la gorge, et de sentir, non sans dépit, une larme perler au coin de mon œil. Pour conjurer tout ce tragique, après que nous fûmes sortis du cinéma, je fis un déplorable à-peu-près sur le Kursaal que j'affectai d'appeler « le cul sale ». Cette plaisanterie eut un succès inespéré. Roger Deleuze s'étouffa de rire, tandis que la demoiselle s'extasiait sur ma trouvaille. « Mon Dieu que c'est drôle, s'écriait-elle. Comment moi qui suis si intelligente, si spirituelle, n'y avais-je pas pensé ! »

Un troisième luron, à peu près de mon âge, nous rejoignit bientôt au Nouvel Hôtel. Je commençai par me réjouir de son arrivée, car la société souffreteuse de Roger me pesait quelquefois. Il s'appelait Bernard Delandre. Son prénom me causa une impression désagréable. J'avais remarqué depuis longtemps que mon caractère était généralement incompatible avec les individus qui le portaient. Les Bernard, selon moi, avaient un méchant fond, qui se manifestait par de la brusquerie, de la brutalité, un esprit agressif, ce qui n'empêchait pas la fourberie. On ne saurait trop se méfier de ces animaux-là, toujours prêts à abuser de leur force ou à vous faire des crocs-en-jambe. Comme Bernard Delandre et moi étions voués à notre compagnie réciproque, nous dûmes bien nous accommoder l'un de l'autre et feindre, sinon l'amitié, du moins la camaraderie. Roger, lui et moi faisions du vélo le soir dans la salle à manger. Cet exercice avait un côté compétitif et acrobatique, étant donné qu'il fallait se faufiler entre les tables et arriver le premier après un certain parcours. Je ne sais quelle querelle nous eûmes un de ces soirs-là, Bernard et moi, mais je nous vois très nettement dressés l'un contre l'autre comme deux boxeurs, et je me vois, moi, lui donnant un coup de poing, dont je fus plus étonné que lui, vu que la colère et la violence n'étaient pas mon fort. Pour que j'en vinsse là, fallait-il qu'il m'eût provoqué ! Mon coup de poing était si bien assené que Bernard en perdit l'équilibre et tomba par terre. C'était une belle victoire, mais je la gâchai en me penchant sur le vaincu et en lui demandant si je ne lui avais pas fait mal.

Il était le fils d'un sculpteur, M. Delandre, personnage fluet et grisâtre sur qui les vêtements pendaient comme sur un cintre. La raison de ses villégiatures au Nouvel-Hôtel était l'édification d'une statue à la gloire des poilus de 14, commandée par le gouvernement ou quelque municipalité locale et qui devait être érigée au milieu d'une clairière dans une forêt. Était-ce la forêt de Lyons ? Impossible de me le rappeler, encore que cela serait facile à vérifier, mais il s'agissait d'une forêt, j'en suis d'autant plus certain que je fis la réflexion que l'endroit était curieusement choisi pour y placer un monument. Qui se donnerait la peine d'aller le contempler au milieu des arbres, au bout d'une allée plus ou moins longue ?

Tout l'hôtel, maîtres, clients, serviteurs, était présent le jour où l'on inaugura le chef-d'œuvre, que je pus enfin admirer et que je jugeai à part moi à la fois banal et ridicule. Cela représentait une main de pierre grosse de quatre mètres cubes, avec ses cinq doigts bien comptés, serrant la poignée d'un glaive, lequel était censé s'enfoncer dans la terre. Je cherchai avec persévérance ce que symbolisait cette épée et ce poing, attendu que quelque chose d'aussi saugrenu ne pouvait être qu'un symbole, mais ce fut en vain.

L'attitude de M. Delandre, héros de la journée, était une perfection de modestie et d'indifférence. Il se faisait encore plus maigre et falot qu'il ne l'était naturellement, l'air d'avoir l'esprit ailleurs, de n'être là que par obligation, attendant d'un visage résigné la fin de la cérémonie. Avec mon regard perçant, je distinguai cependant, sous cette impassibilité, un mouvement intérieur fait d'orgueil, de joie, de sentiment de triomphe, qui était d'autant plus violent que M. Delandre ne le partageait avec personne. Bernard, au contraire, ne cachait pas la fierté que lui communiquait l'apothéose de son père. Il allait d'assistant en assistant, de groupe en groupe, sollicitant les témoignages d'admiration, les provoquant au besoin, comme s'il en tenait la comptabilité, et chantant partout le génie du grand artiste dont il avait l'honneur d'être le descendant. Cet enthousiasme était assez touchant, ma foi ; je fus étonné et presque attendri de rencontrer une piété filiale si agissante, un dévouement si ardent chez un individu prénommé Bernard. La nature humaine, décidément, était pleine d'imprévu. Cela ne suffit pas néanmoins à faire de moi son ami. Peut-être à cette occasion le fussé-je devenu, qui sait ? s'il s'était appelé Louis, Pierre ou Jacques.

La De Dion, qui avait huit ou neuf ans d'âge, commençait à prendre l'aspect d'un carrosse antique. La France se remplissait de jolies voitures modernes : « C-4 » à « moteur flottant », Delahaye, Peugeot, Panhard-Levassor, Hotchkiss (six cylindres en V), Renault « Celtaquatre ». Que serait-ce lorsque les cabriolets Citroën à traction avant apparaîtraient ! Je harcelai mon père pour qu'il vendît la De Dion et la remplaçât par quelque véhicule plus coquet, mais il eût fallu davantage, pour le convaincre, que mes vaines supplications. Il était attaché à la De Dion, au point de ne faire qu'un avec elle, comme un centaure, et surtout il n'avait pas assez d'argent pour nous offrir une voiture neuve. Sans compter qu'au moindre « pépin », comme il disait, nous avions l'excellent M. Joachim et l'usine de Courbevoie pour nous dépanner gratis, avantage fort appréciable, que nous ne retrouverions jamais avec aucune autre marque. J'avais beau plaider, je savais, au fond de moi, que mon père n'abandonnerait la De Dion que lorsqu'elle tomberait en miettes. Effectivement, nous la conservâmes jusqu'en 1935, et ce n'est pas sans déchirement que mon père, alors, la « bazarda » ni sans avoir longuement hésité, vu qu'elle « roulait », prétendait-il, parfaitement et qu'elle était « comme neuve », ayant été toute sa vie entretenue de manière unique.

Au temps de Gournay-en-Bray, la De Dion n'était plus de la première jeunesse, mais elle tenait encore dignement sa place sur les belles routes de France, qui avaient peu changé depuis Louis XV. Un des plaisirs de Gournay auquel mon père était particulièrement attaché était la faculté, si l'on en avait le caprice, de « prendre la De Dion » afin d'aller « visiter les environs ». En ce qui me concerne, je n'avais jamais de telles idées, professant une aversion marquée pour l'expression « les environs » qui était pour moi synonyme d'ennui. Mon père, lui, éprouvait constamment le désir d'explorer les localités entourant les endroits où il se trouvait. Comme, la plupart du temps, nous étions rue des Acacias, dans le XVIIe arrondissement de la capitale, c'était surtout « les environs de Paris » qu'il me conviait à parcourir. Ainsi sommes-nous allés tant et plus à Ville-d'Avray, à Pontchartrain, à L'Isle-Adam, à Compiègne, aux étangs de Saint-Cucufa, à Saint-Cloud où l'on ne manquait jamais de me faire admirer, dans une rue en pente, un obus de la guerre de 70 formant une espèce de verrue épique sur la façade, assez niaise au demeurant, d'une maison bourgeoise. Plusieurs fois nous nous rendîmes à Versailles, qui n'était ni restauré ni entretenu comme à présent, mais un peu négligé, un peu à l'abandon. Le château paraissait démeublé, les bosquets n'étaient pas très bien taillés et il arrivait que les bassins fussent taris. L'ensemble dégageait une impression funèbre de paysage frappé de catalepsie, oublié des vivants, de civilisation morte, qui me plongeait dans la tristesse et dont je n'ai jamais pu me délivrer. J'ai vu plus tard Versailles renaître, redevenir riche et magnifique, mais cela n'a pas effacé mes premiers sentiments. Versailles est toujours pour moi l'image de la mélancolie, de l'histoire de France frappée d'une maladie incurable.

Les « environs » n'étaient pas chaque fois fastidieux. Dans nos randonnées, j'aimais beaucoup, à sept ans, à huit ans, faire un crochet pour inspecter quelque donjon branlant ou quelque vestige de barbacane. Mon père était tout aussi curieux que moi et il avait, en outre, le plaisir de jouer au pédagogue. Nous nous sommes ainsi promenés dans des douzaines de châteaux forts lorsque je raffolais du Moyen Âge. Puis ce furent les châteaux de la Loire qui, un peu plus tard, me captivèrent et substituèrent leurs fanfreluches Renaissance à la sévère architecture médiévale. De nos expéditions autour de Gournay, je ne garde le souvenir que d'une escale à Gisors dont, naturellement, nous explorâmes la forteresse, jusqu'à aller dans le fond d'une geôle sur le mur de laquelle un prisonnier du XIVe siècle avait tracé un message à l'aide d'un clou. J'ai oublié, si je l'ai jamais su, ce que disait l'inscription mais non pas le boniment du guide attirant l'attention des touristes sur les lettres tâtonnantes gravées dans les ténèbres par un malheureux pourrissant dans son cul-de-basse-fosse. Je crois que nous nous rendîmes aussi, et plus d'une fois, dans une autre ville à une vingtaine de kilomètres de Gournay, Forges-les-Eaux, dont la seule impression qui me reste est une couleur rougeâtre, comme si la plupart des maisons avaient été construites en brique.

Au fond, si j'analyse sérieusement le découragement dont j'étais envahi lorsque mon père projetait de m'emmener voir « les environs » de Paris ou d'ailleurs, c'est que trop souvent, à mon gré, il ne s'agissait que de paysages, de points de vue, d'horizons, d'arbres, de rivières, de pittoresque, de bon air à respirer, toutes choses qui m'assommaient. Mon esprit avait constamment besoin d'aliment, d'une excitation intellectuelle ou artistique que je ne trouvais pas en me promenant dans la campagne, fût-elle aussi jolie que dans les tableaux de Corot ou de Constable. D'ailleurs je n'étais pas sensible à la beauté de la nature. Je reprochais au soleil de manquer de conversation. Dix fois mon père m'a conduit sur la terrasse du château de Saint-Germain, pour me faire admirer la Seine qui coule en contrebas et dont les sinuosités au fond de la vallée forment une vue si célèbre : cela ne provoquait chez moi que des bâillements. Je préférais visiter le château, où d'Artagnan avait si habilement conduit Louis XIV pendant les émeutes de la Fronde. Dans quelles chambres couchaient le petit roi, la reine, Mazarin, pendant ces nuits dramatiques ? Impossible de le savoir : les vandales de la République avaient converti ce palais si rempli de poésie en un lugubre musée archéologique ; ils avaient substitué la cuistrerie du XXe siècle aux passions du XVIIe. On ne voyait que des morceaux de silex, des bijoux grossiers, des sculptures primitives. Encore un mauvais tour que me jouait-là le monde moderne !

Pour en terminer avec Gournay-en-Bray, le Nouvel-Hôtel, la famille Deleuze, les chasseurs, les Delandre père et fils, la demoiselle brune du Kursaal, le temps, selon son habitude, a agi en romancier impitoyable : après l'inauguration de la statue dans la forêt, ma mémoire ne me fournit aucune image. Tout est noir. Si rien n'a laissé de vestige, c'est que rien n'en valait la peine, que cela n'était que l'étoupe de la vie, c'est-à-dire les insignifiances que les bons conteurs ne mentionnent pas, qui vont de soi, qui sont consubstantielles à l'homme comme sa respiration ou son sommeil.

4

Le vert paradis de l'égoïsme
L'Exposition coloniale
Charles et Lucie – Cuirassiers de la Grande Armée
Orphée revenant des Enfers – Mort de Charles

Je ne saurais dire à quelle époque l'arrangement de mon existence à Paris a changé. Il me semble que pendant des années, jusqu'à la fin de mon adolescence, rien n'est sorti de l'immobilité, ou plus exactement de l'immutabilité. Je ne voyais d'ailleurs pas comment quoi que ce soit me concernant eût pu subir une modification; l'organisation sociale me ligotait dans tant de domaines que je pensais que ma sujétion ne finirait jamais. Je souffrais d'être enfant, je n'étais pas fait pour cet état. Malgré les commodités inhérentes à l'enfance, dont je ne me faisais pas scrupule de profiter, j'aspirais à vieillir, à arriver le plus tôt possible à l'état d'homme, et je me lamentais en calculant les années d'esclavage qui me séparaient de cette liberté. Ma seule compensation, mais elle était de taille, j'en conviens, était l'égoïsme, encore que je n'en goûtasse pas la félicité en toute quiétude car les grandes personnes ne cessaient de me répéter que c'était là un péché, un vice, un choix délibéré de la perverse nature enfantine, et qu'on ne ferait jamais assez d'efforts pour s'en débarrasser. Dieu merci, les paroles sont de peu de poids contre la vérité du monde. L'égoïsme est intrinsèque aux enfants comme la paresse, il est quasiment une nécessité de leur croissance au même titre que le calcium ou les protéines. Que de fois n'ai-je été taxé d'« égoïsme forcené » ! Jugement implacable, prononcé d'une voix menaçante ou plaintive, mais qui me causait peu d'émoi. Je le mettais sur le compte des exagérations, inconséquences, rabâchages et niaiseries dont les propos des adultes sont traditionnellement émaillés. Que je leur apparusse comme un monstre indifférent à tout ce qui n'était pas lui-même ou ne concourait pas à son bien-être, prouvait une fois de plus qu'ils ne comprenaient rien à la marche du monde en général et à mon âme en particulier. J'étais tout le contraire d'un « forcené » ; quant à l'égoïsme, je m'obligeais vingt fois par jour, par pure politesse, complaisance ou délicatesse de cœur, à accomplir des actes qui me coûtaient. Malgré tous les tracas ou les contrariétés à quoi j'étais en butte, je sentais en moi une tranquillité profonde, due au fait que je n'avais pas de responsabilités, hormis celles de me maintenir en vie. Notre jeune âge est la seule époque où le monde n'a pour fonction que de tourner autour de nous.

Il en est, hélas ! de l'égoïsme comme de tout ce qui est naturel : on n'en est pas conscient, on n'identifie ce bonheur attaché à l'enfance, unique dans le cours de la vie, que lorsqu'on est devenu vieux, et que la société nous a forcés, avec sa poigne de fer, à avoir d'autres soucis et préoccupations que nous-mêmes. Je suis sûr que la poésie qui, pour tant de gens, s'attache si fortement à l'enfance vient de là. S'il est un vert paradis, ce n'est pas dans les amours enfantines qu'on le trouve, mais dans l'égoïsme d'animal ou de plante dont on est habité, et dont on porte le regret tout le restant de ses jours comme d'un désespérant Éden, d'un temps d'innocence qui ne reviendra pas.

L'un des effets de l'égoïsme enfantin, et qui l'apparente encore à la pureté des animaux, est le peu de réalité du monde extérieur, voire son absence. L'univers des enfants est petit comme leur chambre. À dix ou douze ans, tout ce qui meublait mon entourage immédiat m'intéressait beaucoup, mais mon regard n'allait pas plus loin que cet horizon restreint. J'ignorais tout du destin de mon pays, tout de la marche de la planète et au surplus je ne m'en souciais pas. Nos parents et nos maîtres, d'ailleurs, nous tenaient dans une rigoureuse ignorance, non seulement de la politique, qui avait quelque chose de sale, de pervers, voire d'indécent, incompatible avec notre âge, mais encore de la simple actualité. Nous n'aurions que trop d'occasions, « plus tard », de nous occuper de cela.

L'année 1931 fut illuminée pour moi par une fête magnifique que le gouvernement offrit au peuple : l'Exposition coloniale, dite « Expoco », grâce à laquelle, pour la première fois de ma vie, il me sembla que j'étais violemment extrait de mon terrier parisien. J'en fus d'autant plus étonné, et je dirai même charmé, que tout ce qui avait trait à nos colonies, notre empire colonial, notre mission colonisatrice, m'avait, jusque-là, inspiré un ennui colossal. Moi qui raffolais de la couleur locale historique, j'étais aussi peu curieux que possible de la couleur locale géographique, et de celle-là en particulier, faite de gens à la peau noire ou jaune, de coutumes insolites, de paysages excessifs. Le clou de l'Exposition était la reproduction en plâtre ou en carton-pâte du temple d'Angkor, grandeur nature ou presque. C'était si bien fait, d'une telle vérité que l'on s'attendait, à chaque instant, à voir des grappes de singes dégringolant le long de la façade rose et jouant à cache-cache avec les statues. J'ai tant contemplé cette reproduction que j'ai toujours eu vaguement l'illusion, par la suite, d'avoir vu l'original au Cambodge. Une fois j'eus la coupable curiosité de m'aventurer à l'intérieur du temple. À quoi m'attendais-je ? Ce n'était que l'envers d'un décor, évidemment ; échafaudage en bois, grosse toile de jute, etc. Je me hâtai de ressortir et d'oublier qu'il ne faut pas regarder de quoi sont faits les contes de fées.

Pour un petit Français, c'est-à-dire moi, l'Exposition coloniale avait un double attrait qui était de mettre un trésor sous ses yeux et de lui apprendre que ce trésor lui appartenait. À chaque pas, on avait l'impression de passer d'une contrée à l'autre, tant les conditions d'existence étaient justement reproduites, et les divers indigènes si caractéristiques, si bien choisis. On eût dit que quelque magicien avait transporté deux ou trois continents et les avait déposés, intacts, à la Porte de Vincennes, pour le seul agrément des Parisiens, lesquels, à cette époque, étaient fort casaniers et quittaient rarement leurs pénates, au contraire de ceux d'aujourd'hui qui ont la bougeotte comme n'importe quels péquenots à appareil-photo, et sautent dans un avion dès qu'ils ont quatre sous.

Le succès de l'Expo fut immense, et j'y contribuai de mon mieux. Je ne sais combien de fois j'y allai, accompagné ou non. Comme les autres visiteurs, j'avais le plaisir du dépaysement, mais aussi celui, bien plus fort, de sentir que les divers mondes dont je faisais connaissance n'avaient que de bons sentiments à mon égard, que l'on y parlait français comme moi, que l'on me chérissait à Madagascar, en Cochinchine, en Afrique du Nord, en Afrique-Équatoriale, jusqu'en Polynésie. Tous les peuples qui étaient là me considéraient avec sympathie, avec bonté, ce qui n'excluait pas, me semble-t-il, une certaine déférence, tout à fait légitime, pensais-je, de la part de ces braves gens que j'avais soumis avec mes fusiliers marins.

Un des charmes de l'Exposition est qu'on y vendait des casques coloniaux en carton, fort bien imités, grâce auxquels on ressemblait à Savorgnan de Brazza et au commandant Marchand. Je n'eus de cesse, naturellement, qu'on ne m'en achetât un, que je portai aussi longtemps qu'il résista, c'est-à-dire deux ou trois semaines. J'ai conservé encore de la grande fête de l'empire français un portrait de moi ou plutôt une silhouette découpée par « Paul » (« Souvenir de l'Exposition coloniale 1931 »), et qui rend de manière assez juste, je crois, le gamin que j'étais alors, doté de beaucoup de cheveux, ce qui me fait un crâne très dolichocéphale, d'un nez droit, quoique un peu grand pour mon âge, et d'un gentil menton ma foi, tout ensemble volontaire et modeste. L'excellent Paul a même su rendre par un habile coup de ciseau le col ouvert de ma chemise. Peu d'effigies exécutées par de plus grands artistes que Paul me ressemblent autant que celle-là.

Un des spectacles les plus impressionnants de la Porte de Vincennes était les négresses à plateau. Il y en avait quelques-unes au « Village nègre » (c'est ainsi que l'on disait en 1931, comme on disait l'« Art nègre » et le « Bal nègre »). Ces femmes étaient aussi terrifiantes que fascinantes. Elles distendaient leurs lèvres avec des rondelles de bois de plus en plus grandes, de telle façon que les plus vieilles semblaient avoir un énorme bec plat et circulaire. Je me souviens que je fis la réflexion qu'elles devaient être malheureuses, en dépit de leur orgueil d'être parvenues à tant s'enlaidir, parce qu'on ne pouvait plus les embrasser sur la bouche. Une autre catégorie de négresses me captivait : celles qui s'emprisonnaient le cou dans des anneaux de métal et l'allongeaient ainsi de dix ou quinze centimètres, en sorte qu'elles portaient la tête haute comme des oies ou des autruches. Je fus fort impressionné en apprenant que si on leur enlevait brusquement leurs anneaux, leurs têtes, n'étant plus soutenues par cette espèce de minerve barbare, tomberaient entre leurs seins.

Ce fut vers cette époque que ma tante Lucie, femme de mon oncle Charles, commença à ne plus sortir de son lit. Elle était atteinte de la maladie de Parkinson et agitée d'un tremblement incessant. Comme ils habitaient tout près de chez nous, rue du Colonel-Moll, voie perpendiculaire à la rue des Acacias, je n'avais pas d'excuse à ne pas leur faire de fréquentes visites. Une fois par semaine, j'allais chez eux, mû par un mélange de devoir, d'affection et de bienséance. Je prenais ces visites comme des exercices de piété ou de mortification, car elles étaient pénibles. Je n'avais jamais eu beaucoup de goût pour ma tante Lucie, personne aigre, distante, hautaine, et qui, contrairement aux femmes en général, ne montrait jamais la moindre prédilection pour moi, le moindre faible, de quoi l'on pouvait déduire sa sécheresse de cœur. En outre j'étais plus ou moins monté par ma grand-mère qui, avec sa fougue habituelle, l'accusait d'une quantité de perfidies, la pire étant d'être sa belle-sœur, et de la traiter avec dédain, uniquement dans le but de faire sa cour à « la Naniche ». En revanche, j'aimais mon oncle Charles. C'était pour lui, principalement, que je me transportais rue du Colonel-Moll et que j'allais passer là une demi-heure de cauchemar. Toutes les deux minutes, ma tante Lucie chevrotait d'une voix lamentable : « Charles, passe-moi mon mouchoir... Charles, va me chercher de l'eau de Cologne, Charles, fais ceci, Charles, fais cela... » Mon oncle était d'une patience de saint ou d'esclave. Il courait sans arrêt d'un bout de l'appartement à l'autre, toujours serviable, toujours de bonne humeur, me disant une drôlerie au passage. J'éprouvais une tendresse étrange à comparer intérieurement ce martyr du dévouement conjugal au joyeux Carlo Meyer, auteur, jadis, d'un inepte vaudeville. Quelle métamorphose ! Et quelle magicienne que la vie, qui, rien qu'en s'écoulant, fait tant changer les êtres !

J'étais assis au chevet de ma tante, respirant des odeurs de pharmacie, écoutant les plaintes de la malheureuse qui étaient continuelles, hochant la tête, car je ne savais quoi répondre. Bien que l'appartement ne fût pas particulièrement surchauffé, ma tante Lucie n'était recouverte que d'un drap, que le tremblement de son corps faisait incessamment bouger. Il me semblait qu'elle-même était nue sous le drap, ce dont je souhaitais n'avoir aucune confirmation, encore que j'admirasse la blancheur nacrée et la douceur de sa peau. Ce qui m'étonnait le plus est que, pour la première fois de sa vie, elle avait, en me voyant arriver, un bref éclair de contentement sur le visage et une esquisse de sourire. Un jour, alors que je lui tenais la main et que je comprimais ses tremblements en la serrant, elle me dit d'une façon embarrassée, d'une voix étranglée, qu'elle était heureuse que je vinsse souvent la voir, qu'elle s'était peut-être trompée sur mon compte autrefois, mais qu'elle était bien revenue de cette erreur. Pour tout dire, j'étais presque le seul à lui tenir compagnie. Ses relations dont elle était si fière l'avaient toutes, sans exception, abandonnée, comme si elle était déjà morte. Et moi, le petit Jean, j'étais là tous les mercredis ou tous les samedis, fidèle, gentil, etc. Ce panégyrique me causa plusieurs sentiments. D'abord j'en fus gêné, comme de quelque chose dont il est indécent de parler ; ensuite je fus attendri par moi-même, par ma bonté, mon abnégation, ma grandeur d'âme, si rares à en croire la pauvre Lucie ; enfin je fis la réflexion plus sérieuse (ou plus philosophique) que je connaîtrai sans doute, dans la suite de ma vie, la même mésaventure avec les hommes qu'avec ma tante, c'est-à-dire que l'on ne commencerait à m'apprécier que dans l'adversité, lorsque je serais resté le seul fidèle, après la désertion de tous. Corollaire : à n'être jamais que la consolation des puissants tombés et ayant perdu tout crédit, nul ne serait jamais en mesure de me témoigner de la gratitude.

Les quarts d'heure que je passais auprès de ma tante Lucie duraient des siècles. De temps à autre, j'allais me dégourdir les jambes et surtout changer de paysage dans la salle à manger, où étaient exposées une demi-douzaine d'aquarelles signées Berne-Bellecour, représentant des hussards, des voltigeurs, des grenadiers et des cuirassiers de la Grande Armée. Sur l'une d'elles, on admirait une estafette remettant un pli à un officier. Telle était la peinture qu'aimait mon oncle Charles et que, d'ailleurs, je trouvais admirable. Il avait visiblement une prédilection pour le style Empire, car tout, chez lui, était meublé dans ce genre-là, ce qui accentuait la tristesse des lieux.

Un des mots que j'ai le plus entendus tout au long de mes jours est l'adverbe : « Déjà ! » Des centaines, des milliers de fois, il a résonné à mes oreilles lorsque je me levais pour prendre congé après une visite d'amitié ou de convenance ayant duré plus d'une demi-heure. Qu'est-ce qui me pousse à écourter ainsi les entretiens ? Mon impatience naturelle, en premier lieu, à cause de laquelle, quand je suis resté un certain temps quelque part, j'ai l'impérieuse envie d'être ailleurs, je me sens comme un prisonnier obsédé par le désir de s'évader, ou, plus justement, comme un renard dans un piège, qui n'hésite pas à y laisser sa patte pour retrouver la liberté. Il faut aussi considérer que je m'ennuie vite et que la plupart des gens n'ont, pour toute conversation, que des banalités, des lieux communs bien fatigués, qu'ils vous resservent indéfiniment.

Souvent, j'ai pensé, au cours de ces séances, que j'eusse été plus heureux si j'avais été seul avec un livre, et que, décidément, les gens avec lesquels je ne m'ennuyais jamais s'appelaient Balzac, Dickens, Diderot, Stendhal, Proust. Et encore, eussé-je eu le privilège de connaître personnellement ces grands hommes, de causer en tête à tête avec eux, qu'il n'est pas certain, en dépit de la griserie d'avoir de tels interlocuteurs, qu'après un certain laps de temps je n'aurais pas eu envie de retrouver la solitude, ne fût-ce que pour mettre en ordre mes sentiments et mes idées, goûter à loisir ce que la réalité venait de m'apporter dans le désordre et la hâte. J'ai fait cette expérience-là, du reste, avec quelques écrivains illustres que j'ai connus : Fargue, Giono, Montherlant, Aragon. Après avoir passé un moment à les entendre et à leur donner la réplique, je commençais à sentir le besoin de les quitter (et peut-être en avaient-ils autant à mon service !).

Mon oncle Charles et ma tante Lucie m'ont souvent dit en soupirant : « Déjà ! » lorsque, après avoir jeté un coup d'œil furtif à ma montre Harwood qui ne marchait pas, je me levais pour prendre congé. Ils ne me demandaient pas expressément de leur faire l'aumône de quelques minutes de plus, mais je lisais cette supplication dans leurs yeux, sur leur bouche, dans leur attitude ; généralement, je n'y résistais pas. Je me laissais attendrir et me rasseyais pour un moment, en quoi, si jeune que je fusse, j'étais déjà un homme, un individu du sexe masculin, facile à amollir, ennemi des ruptures franches, entravé par la pitié, toujours prêt à capituler devant la faiblesse. Il est vrai pourtant que passer plus d'une demi-heure dans ce lieu maudit qu'était l'appartement de la rue du Colonel-Moll était pour moi une rude épreuve. La plupart du temps, quand je jugeais que je pouvais décemment partir, je m'enfuyais. Que le macadam était doux à mes pieds ! J'émergeais du malheur, de la mort, de l'enfer. Je suis sûr qu'Orphée revenant de chez Pluton dut éprouver un soulagement semblable.

Étant donné l'état de la tante Lucie, il y avait lieu de penser qu'elle n'avait plus beaucoup de temps à vivre. C'est ce que j'entendais dire, du moins, autour de moi, avec les habituelles réflexions que provoque ce genre de pronostics, à savoir que la mort serait « une délivrance » pour elle comme pour Charles, et que si inhumain que cela paraisse au premier abord, il fallait souhaiter que la malheureuse ne se cramponnât pas trop longtemps à la vie. Je ne pouvais m'empêcher, par esprit de contradiction peut-être, ou par une bizarre intuition, de me dire que ce serait l'oncle Charles qui partirait le premier, tandis que Lucie serait indéfiniment clouée sur un lit avec son tremblement parkinsonien. Je savais, pour l'avoir mainte fois observé, que le ciel est coutumier de ce genre de sombres plaisanteries et se plaît à déjouer malignement les prédictions de la raison ou de la logique. En l'occurrence, mon sens intime ne m'avait pas trompé : mon oncle mourut vers 1937, je ne saurais dire de quoi, probablement de ce qu'on appelle une congestion cérébrale ou un « transport au cerveau ». Un matin, on me dit de courir rue du Colonel-Moll. J'y trouvai plus de gens que d'ordinaire : ma cousine Marguerite était là, ainsi que ma grand-mère et un médecin dont je me rappelle surtout qu'il était fort évasif dans ses propos et se refusait à nous faire part de son diagnostic. La tante Lucie, agitée de mouvements convulsifs sous son drap, jetant des regards apeurés, demandant à chaque instant des nouvelles, me fit encore plus pitié que les autres jours. Elle était la personnification de l'épouvante devant le destin. C'est son avenir que reflétaient ses yeux hagards. Elle prévoyait, ou plutôt elle sentait, à la façon d'un animal que son instinct ne trompe pas, qu'elle allait bientôt être seule au monde, qu'au mieux elle se retrouverait dans un hôpital où elle ne pourrait rien faire d'autre que de mourir à son tour.

L'oncle Charles était couché sur son lit de fer de garde-malade dans une chambre contiguë. Il était étendu sur le dos, dans le coma, les yeux fermés, immobile, respirant avec bruit comme un homme qui ronfle. L'oreiller formait derrière sa tête deux grandes oreilles de cochon. Cette comparaison s'imposa à moi et c'est le tableau qui est resté dans ma mémoire. Je ne saurais dire combien de jours dura l'agonie, si ce n'est qu'elle fut assez brève. Ma cousine Marguerite, comme à son accoutumée, adoucit beaucoup les circonstances par sa placidité, son esprit pratique, ce don si remarquable qu'elle avait de dépouiller les événements de leur tragique. C'est elle qui, à mon avis, prononça la meilleure oraison funèbre de Charles. Quand il mourut, elle me prit par le bras et me chuchota : « Je l'aimais bien, cette vieille bique ! » Chère Margot, ou plutôt chère Gretel ! Elle avait, en une seule petite phrase, exprimé exactement, avec les mots adéquats, ce que je sentais.

5

Le marquis de Modène
La marquise peinte par Henner – « Monsieur Jean »
Ne pas changer de destin

Le prince Carol de Roumanie ayant finalement récupéré son trône, et s'étant envolé pour Bucarest suivi de sa cour parisienne, ma relation la plus flatteuse devint la marquise de Modène. Je la connaissais depuis trois ou quatre ans, mais il semble qu'il y ait un temps pour l'amitié comme il y en a un pour l'amour. L'amitié entre cette vieille dame et moi naquit lorsque j'eus environ douze ans. Elle était née princesse Bojano et avait épousé le marquis de Modène, beaucoup plus âgé qu'elle puisqu'il avait appartenu à la compagnie des cent-gardes de Napoléon III. Je rencontrai une fois, quand j'avais six ans, alors que je trottinais dans la rue en tenant la main de mon père, ce magnifique vestige du second Empire. En ce temps-là, il y avait encore peu de voitures et, en déambulant sur le trottoir, on croisait les personnes les plus riches ou les plus célèbres. Le marquis de Modène dut m'apparaître en automne car je ne vois dans mon souvenir que des arbres tournant au rouge et des feuilles mortes par terre. Il était vêtu d'un costume à carreaux marron-jaune et d'un gilet en piqué. Il avait une canne et des guêtres qui laissaient voir un bout de chaussure étincelant. Il me parut immense, comme le géant Gulliver, dépassant mon père d'une tête au moins, ce dont je fus extrêmement vexé. Le plus impressionnant était une paire de favoris blancs, dits « à la nageoire », qui encadraient son visage comme deux lampes de chaque côté d'une pendule, et qui s'allongeaient jusqu'à son col. À ma grande surprise, son chapeau melon n'était pas noir, mais gris perle. Pour saluer tel passant de sa connaissance, il le soulevait légèrement avec deux doigts, par le bord du devant, manière que je jugeais indigne d'un personnage aussi distingué : c'était à peu de chose près le geste d'un ouvrier portant la main à sa casquette. J'eus le sentiment bizarre qu'il ne me regardait pas seulement du haut de sa taille, mais aussi de ses quatre-vingts ans, comme si un monument chargé d'années et de souvenirs historiques abaissait les yeux sur ma chétive personne. L'allure, les vêtements du marquis de Modène, qui n'étaient pas de notre temps, qui portaient la marque de l'élégance parisienne de Morny ou de Gramont-Caderousse, ajoutaient à l'illusion. J'eus vraiment le sentiment, à six ans (ou peut-être est-ce venu quelques années après, en revoyant en esprit cette image du ci-devant cent-gardes), d'avoir eu une brève rencontre avec le passé, avec ce qui est écrit dans les livres, d'avoir été présent à un de ces carrefours secrets où le destin réunit pendant un instant le représentant d'un monde disparu avec le représentant d'un monde qui naît.

La marquise de Modène était paralysée comme ma tante Lucie, mais moins cruellement, et surtout il y avait une grande différence entre ces deux malheureuses : c'est que la marquise n'était pas pauvre, et qu'il est évidemment moins inconfortable de souffrir dans le luxe que dans la lésine. J'étais on ne peut plus flatté de l'intérêt que cette dame me manifestait. Lorsque nos relations prirent un tour intime, le marquis était mort depuis trois ou quatre ans. Je ne dirai pas, certes, que la marquise l'avait oublié, mais je concevais mal, vu leur différence d'âge (vingt-cinq ou trente ans pour le moins), qu'il y ait eu entre les époux un amour passionné et que la survivante fût une veuve inconsolable. La marquise se déplaçait dans un fauteuil à roulettes poussé par un maître d'hôtel qui l'entourait de soins comme un vieux soupirant. Son appartement de l'avenue Pierre-Ier-de-Serbie avait les dimensions d'un palais, et ce n'est pas sans un battement de cœur de timidité que j'y pénétrais. Il était peuplé de beaux meubles dorés et marquetés comme en ont tant fait les habiles ébénistes du second Empire. Sur le piano à queue, long comme un piano de concert et luisant comme une Rolls, on admirait le portrait de la marquise à vingt-cinq ans, peint par Henner, lequel, dans cet ouvrage, avait mis une impudique sensualité. Les épaules du modèle, rondes et blanches, émergeaient d'une fourrure sous laquelle on devinait qu'elle était nue. Ce sacripant de Henner avait un penchant pour les rousses, dont il rendait amoureusement la couleur des cheveux et la carnation de la peau. Avec la marquise, il avait été à son affaire ! Impossible d'être plus roux, plus divinement roux qu'elle ne l'était ! Je ne manquais jamais, dans mes visites, de m'arrêter devant le portrait, qui me paraissait le comble de la lascivité, au point que je regardais la marquise dans son fauteuil roulant presque avec les mêmes yeux et lui trouvais une séduction dont elle n'était pas tout à fait inconsciente.

Elle était très attachée à son Henner, qui était en quelque sorte le témoignage officiel de la célèbre beauté qu'elle avait été. Je me souviens que je pensais qu'elle l'exhibait dans son salon comme un médecin accroche son diplôme, sous verre, dans son cabinet, ou un membre de la Légion d'honneur arbore à sa boutonnière une rosette vaste comme un bouton de culotte, afin qu'on n'ignore rien de sa vie glorieuse. Il ne lui échappait pas que j'étais fasciné par cette effigie qui, autant que je pouvais le deviner, car elle ne le disait pas, lui paraissait la plus belle peinture qui fût jamais sortie du pinceau enchanté d'un artiste, au point que j'osai supposer qu'elle avait peut-être accordé quelques faveurs fugitives au sublime Henner, afin de le récompenser d'avoir immortalisé pour la postérité ses beaux yeux bleu sombre, son sourire vénéneux, ses épaules parfaites, sa chevelure immense. Un jour, se considérant elle-même avec une discrète satisfaction, elle me dit de sa voix vive et musicale que les peintres d'autrefois avaient une inspiration et un métier qu'on ne retrouvait guère, hélas ! dans les « saletés » à la mode en 1932. Je garantis ce mot de « saleté » qui me surprit par sa brutalité dans une bouche aussi distinguée. À l'appui de ses dires, la marquise cita avec dégoût le nom de Van Dongen, qui, selon elle, était le pire des barbouilleurs contemporains. Je la crus sur parole jusqu'à ce que j'eusse l'occasion un ou deux ans plus tard de voir une toile de cet artiste, qui m'émerveilla par son métier, justement, auprès duquel celui du grand Henner semblait bien plat, bien ennuyeux, et par son inspiration dont j'appréciai l'ironie, l'esprit, la finesse, l'audace.

La marquise de Modène, en dépit de sa paralysie et de son âge, était fort plaisante. Les cheveux roux, qui avaient foncé depuis le tableau de Henner, mais formaient encore une masse à laquelle des mèches blanches ajoutaient leur poésie, étaient coquettement retenus par un ruban de velours. Elle avait une grande douceur, une grande affabilité, un sourire séraphique qui n'avait plus rien de commun avec le sourire de sa jeunesse. Elle me recevait avec splendeur ; le maître d'hôtel m'apportait du gâteau au chocolat, des biscuits et de la citronnade sur un plateau d'argent, il m'appelait « Monsieur Jean », ce dont j'étais enchanté comme s'il m'eût appelé Monseigneur. Par ce « Monsieur Jean », il me faisait savoir que, durant le temps de ma visite, j'étais naturalisé habitant de l'avenue Pierre-Ier-de-Serbie, et donc d'une essence supérieure au commun des mortels. La marquise, quand je prenais congé, me donnait à baiser sa main potelée et plissée qui sortait d'un flot de dentelles. Pour un petit garçon qui se promenait dans l'histoire de France comme chez lui, il y avait de quoi être étourdi. En me penchant sur la main de cette vieille beauté, en respirant le parfum acide et désuet, à base de benjoin, qui émanait de son linge et de sa personne, peu s'en fallait que je ne me crusse à la cour de Compiègne. Lorsqu'elle mourut, quelques années plus tard, un gros homme commun, engoncé comme un militaire dans des habits civils, et en qui j'eus quelque difficulté à reconnaître le maître d'hôtel, vint m'apporter, en essuyant ses larmes, deux objets qu'elle m'avait expressément légués. Je les possède encore : ce sont les œuvres complètes de Buffon et un coupe-papier en ivoire orné de sa couronne et de son chiffre.

Mon père, qui n'était jamais à court de chimères, en avait façonné une, extrêmement romanesque, à la suite d'une remarque sans signification particulière que la marquise avait faite un jour, et dans laquelle il entrait surtout, je pense, de la politesse. Parlant de moi, elle aurait loué mes bonnes qualités, mon amabilité, ma complaisance et ajouté que, si elle avait eu un fils, elle eût souhaité qu'il me ressemblât. Mon père vit dans cette déclaration anodine le désir, aussi clairement exprimé que le permettaient les convenances, de m'adopter, de faire de moi, par la vertu de l'état civil, un petit marquis de Modène. Quoique je trouvasse assez tentant d'être aristocrate, d'avoir une particule et de porter le nom d'une illustre ville italienne, j'étais partagé. Je n'avais pas envie de changer de patronyme, habité que j'étais par un double orgueil, de républicain et d'artiste. J'affectais de mépriser la vanité des titres nobiliaires et j'avais la ferme intention, sans savoir de quelle façon j'y parviendrais, de rendre fameux le nom obscur de Dutourd, que je portais depuis ma naissance et qui faisait partie de ma personnalité, au même titre que mon goût pour les arts ou mes yeux bleus. J'exposai à mon père ces motifs de repousser du pied un marquisat qui ne demandait qu'à m'être attribué. Ce qui m'incline à penser que mon père ne croyait guère lui-même à cette fable, c'est qu'il n'insista pas pour me faire revenir sur mes préjugés. Généralement, quand il avait en tête quelque projet pour moi qui ne me convenait point, il me fallait dépenser des trésors de dialectique (ou d'inertie, selon le cas) pour l'en faire démordre. Il se borna à me faire savoir que la marquise de Modène n'était pas la seule à désirer m'adopter. Le marquis en personne l'avait entretenu jadis de cette idée remarquable. Avais-je seulement pensé à l'héritage que je recueillerais à la mort de mes parents adoptifs ? Oui, j'y avais pensé, et quoiqu'il eût englobé le piano à queue de l'avenue Pierre-Ier-de-Serbie, objet de convoitise s'il en fut, j'y renonçai d'un cœur léger. À douze ans déjà, j'avais le sentiment profondément enfoui en moi qu'il ne fallait pas changer de destin, que le ciel nous avait envoyé sur terre avec une mission particulière pour chacun, et que l'on devait l'accomplir sans prendre des raccourcis ou des chemins de traverse.

6

Canicule place de Jaude – Donner et recevoir Marinette – Voluptés asiatiques

Longtemps je me suis demandé pourquoi les souvenirs de mes vacances enfantines étaient si peu nombreux, si peu pittoresques, alors que ce sujet-là, traditionnellement, titille la nostalgie. Pendant les vacances, on a des occasions de s'approcher de l'amour qu'on n'a pas dans les autres périodes de l'année, on dispose d'une relative indépendance, qui tient à ce qu'on n'a pas de devoirs à remettre ni de leçons à apprendre, enfin on n'est pas obligé de rendre compte aux parents des actions les plus insignifiantes. Il est rare que, dans une journée de vacances, on ne trouve pas quelques cachettes dans lesquelles nous pouvons cultiver tranquillement nos secrets. De là une demi-douzaine d'images qui restent à jamais imprimées dans la mémoire. La vie, qui nous enserre comme une camisole de force et qui nous empêche de faire les mouvements les plus naturels, se transforme soudain en un joli costume, qui nous « habille large ». Mes camarades revenaient de leurs vacances en octobre comme on émerge d'un roman. Ils ne se lassaient pas de les raconter. Moi, je n'avais rien à raconter, si ce n'est une minuscule chronique paysanne qui n'intéressait personne et dont je n'étais pas même le héros. Pour des raisons d'économie autant que d'attachement familial, en effet, mon père et moi nous allions au mois d'août à La Chevade dans la maison d'école de ma tante Émilie où, certaines années, nous restions jusqu'en septembre. Rien là de passionnant ou d'imprévu, si ce n'est que, comme tous les enfants, j'étais heureux d'être au sein de ma famille, c'est-à-dire de gens qui étaient obligés, statutairement, de m'aimer et de pratiquer à mon endroit un népotisme sentimental inconditionnel.

Un des plaisirs de ces villégiatures, et non des moindres, était le voyage d'aller et le voyage de retour. Quelquefois, après « avoir bien roulé », comme disait mon père, et sentant, lui et moi, le besoin d'un bon dîner, nous nous arrêtions à Clermont-Ferrand, qui n'était guère à plus de trois heures de Murat. Cet arrêt était en quelque sorte notre dernier luxe avant deux ou trois semaines de vie saine, certes, mais simple. Nous descendions au grand hôtel de la place de Jaude, dont j'ai oublié l'enseigne mais non pas la vignette à laquelle il avait droit dans le guide Michelin, consistant en trois clochetons, ce que je jugeais un peu miteux pour notre grandeur. J'ai le souvenir délicieux d'une chambre au dernier étage de cet hôtel, un soir de canicule. La place de Jaude à mes pieds bouillonne comme une cuvette. Même la statue équestre de Vercingétorix qui l'orne en son milieu en paraît incommodée. Il monte une rumeur chaude et paresseuse jusqu'à mon balcon. Pourquoi cet instant-là est-il inoubliable ? Pourquoi, après tant d'années, ai-je conservé, identique, le bonheur que j'en ai ressenti pendant quelques minutes ? Peut-être que la véritable histoire d'une vie est dans la collection de ces insignifiances et non dans les actions difficiles ou glorieuses que nous avons accomplies.

Mon père tenait à me faire savoir que nous n'étions nullement des parasites : tout au contraire, quand nous séjournions à La Chevade, il se faisait un devoir de payer sa quote-part des dépenses de la maison, et au-delà : il apportait des cadeaux ; il promenait la maisonnée dans la De Dion (ce qui représentait plusieurs bidons d'essence à ses frais), et si, dans nos périples, il y avait un arrêt à un bon restaurant ou un café, c'était lui qui régalait. Ce désir de n'avoir jamais l'air d'abuser, d'être toujours un peu en avance de générosité, de délicatesse, voire de munificence sur des gens dont on aurait pu penser à première vue qu'il était l'obligé, était une constante de sa nature. Il avait autant qu'il se peut ce trait petit-bourgeois qu'est la passion de « ne rien devoir à personne ». Je ne compte pas les occasions où il m'a pris à témoin que, si on lui avait fait quelque bien, lui-même, de son côté, n'avait pas été en reste. À commencer par sa sœur Marguerite : certes elle avait payé ses études de dentiste, mais il l'avait largement remboursée par la suite. J'étais froissé par cette comptabilité, dont je soupçonnais qu'elle ne reflétait pas un véritable esprit de charité. Moi, quand on me faisait des présents ou qu'on m'offrait une partie d'amusement, j'acceptais tout de bonne grâce, je remerciais avec effusion, sans me torturer la cervelle en cherchant la façon dont je pourrais, comme il disait, « réciproquer ». Je sentais vaguement, dans ces circonstances, que c'était moi qui étais dans le vrai, et non lui. Encore une des supériorités de l'enfance sur l'âge d'homme : un sens intime nous dit que donner et recevoir sont, au fond, une même chose, et que c'est cela, précisément, qui fait que le monde n'est pas tout à fait antipathique.

À défaut de dépaysement, je me sentais chez moi à La Chevade, et proche de mes racines auvergnates jusqu'à les toucher. Les noms de pays, aux alentours, m'étaient familiers. Mes oreilles y étaient habituées depuis ma naissance. Massiac, Neussargues, Grenier-Montgon sonnaient aussi mélodieusement à mes oreilles qu'Orléans, Beaugency, Notre-Dame de Cléry, Vendôme. Lorsque j'avais trois ou quatre ans, mon père avait encore son cabinet dentaire à Brioude, Haute-Loire. L'appartement de Paris n'était qu'un pied-à-terre où nous ne passions, lui, ma mère et moi, qu'assez peu de temps dans l'année. Nous emmenions avec nous une gentille servante qui portait le nom rutilant de Victorine Chacornac et qui m'aimait tant que mes parents lui passaient n'importe quoi. À douze ans, je remettais mes pas dans mes pas d'autrefois, ce qui avait sur mon cœur, pendant quelques jours, un effet magique, après quoi, comme de tout, je m'en lassais et ne voyais plus que la routine du désœuvrement estival, laquelle se résumait à la question décourageante posée chaque matin : aujourd'hui, que va-t-on faire ? Dieu merci, les heures d'ennui s'oublient aussi vite et aussi complètement que les douleurs physiques. Je n'ai pas gardé trace en moi de ces temps morts de l'oisiveté.

Dans mon souvenir, je me vois sans cesse en train de faire quelque chose, de me promener, de parcourir la campagne, de respirer l'odeur humide de la verdure auvergnate ou de griller au soleil auvergnat. Je sens le parfum de la maison de Marcenat et les joues de ma tante Marguerite qui avaient une odeur de pomme, je serre dans mes mains ses pauvres doigts déformés, j'entends le rire trop fort de Dédée et de Louisette.

Vers treize ans, comme je l'ai mentionné plus haut, je me mis en tête de tomber amoureux de Marinette, pour deux raisons péremptoires : c'est que je n'avais rien d'autre à faire que d'être amoureux, et qu'elle était la seule créature de mon entourage à avoir une peau fraîche et des formes de jeune fille. Ma cousine était une personne très pure, aussi vierge qu'on peut l'être. Elle faisait des études pour devenir institutrice comme sa mère et était titulaire du brevet supérieur, examen ou concours qui, à en croire l'opinion régnant à La Chevade, était plus sérieux (et plus difficile à décrocher) que la licence ou le doctorat. Marinette, du reste, était toute prête à avoir un poste, ayant passé avec succès le C.A.P. (certificat d'aptitude pédagogique). Ce n'est pas le brevet supérieur et le C.A.P. qui m'impressionnaient, mais la demoiselle qu'ils protégeaient comme une armure ou comme une cornette de bonne sœur. Étant donné l'innocence de Marinette et l'insurmontable timidité que j'éprouvais devant le sexe faible, notre idylle n'avait pas beaucoup d'avenir. Pour me faire comprendre que je ne lui étais pas indifférent, Marinette jouait du violon pour moi tout seul, ce dont je l'aurais bien dispensée, attendu que ces séances m'ennuyaient. Elle les agrémentait généralement d'une chanson de Georgius ou de Milton, qu'elle interprétait d'une voix de soprano vibrante, comme s'il se fût agi du grand air de la *Norma* ou des plaintes de *Madame Butterfly.* Nos amours culminèrent un après-midi où ma cousine m'accompagna jusqu'au rocher de Chastel en me tenant par la taille, moi lui entourant les épaules de mon bras droit. Je me rappelle en avoir éprouvé un considérable émoi. À treize ans, la puberté est révolue, on est un homme, ayant les appétits du mâle, et d'autant plus violents qu'ils sont tout nouveaux, à peu près inconnus et généralement refrénés.

Le meilleur des vacances était les récits que moi et mes camarades nous nous faisions à la rentrée. Nous rivalisions dans l'épopée graveleuse. Nous nous inventions des prouesses à la Casanova et des exploits acrobatiques. Chacun tâchait de mentir davantage, comme s'il y avait eu là un concours à réussir. Tout en sachant bien que nous nous faisions mutuellement des contes de fées, nous ne pouvions pas nous empêcher de croire qu'il y avait du vrai dans ce que racontaient les autres. Notre imagination, toutefois, n'allait pas loin. Les anecdotes les plus chaudes avaient pour cadre le rivage de l'océan Atlantique. Le bain de minuit, au cours duquel on se livrait à ce que Balzac appelle des voluptés asiatiques, avait une vogue particulière. Le plus romanesque dans ces galéjades est que les heureux narrateurs avaient généralement affaire à des jeunes filles fort hardies, qui prenaient l'initiative des opérations. Étaient-elles vicieuses, étaient-elles amoureuses ? Ce point-là était laissé dans l'ombre. L'important était que nous eussions l'esprit peuplé de déesses bronzées aux longues jambes, plus ou moins nues, et se prêtant avec complaisance aux fantaisies qui peuvent passer par la tête d'un écolier du XVIe arrondissement.

7

Saulgeot – Haine au premier regard « 4e zouaves, à la baïonnette ! » Supplice du pilori – Le principe de causalité Je suis passible des tribunaux – On me fait redoubler

Il me semble que je me suis laissé entraîner un peu en avant par les vacances et leurs prolongements. J'avais douze ans seulement lorsque j'entrai en quatrième sans savoir que j'entamais la pire année de ma carrière scolaire. Dès le premier jour, je sentis que mon principal professeur, M. Saulgeot, qui enseignait le français, le latin et le grec, avait une personnalité complètement antagoniste de la mienne. Je me forçai à n'en pas tenir compte, étant nourri du dicton selon lequel il ne faut pas se fier aux apparences. Or c'est mon instinct qui avait raison. J'avais tout de suite senti des ondes hostiles sortir de M. Saulgeot.

C'était un homme maigre, étroit, avec une barbe blanche carrée, de gros sourcils blancs et un air très méchant, ou pour mieux dire « teigneux ». C'est à lui que je dois l'antipathie que m'inspire le genre ancien combattant, au point que je ne parle jamais de la guerre que j'ai faite, par crainte d'être pris pour un représentant de cette espèce sociale. Mon père était un ancien combattant heureux, n'ayant conservé de ses campagnes que des souvenirs amusants. M. Saulgeot était un ancien combattant furieux et sanguinaire. Le jour même de la rentrée, il nous informa qu'en 1914 il avait été mobilisé dans une arme d'élite, le 4e zouaves, et qu'il avait participé à une quantité d'offensives, lesquelles se terminaient en corps à corps à la baïonnette. Avec le recul, je trouve suspecte l'insistance qu'il mettait à nous persuader qu'il s'était tant battu, et si héroïquement. Les vrais braves sont plus avares de confidences ou, si l'on préfère, moins exhibitionnistes. C'est les gens de l'arrière qui sont impudiques, bavards, vantards, moralisants, comme il l'était. Quelle cocasserie, si ce vieux zouave n'avait été, en réalité, qu'un vieux planqué ! À douze ans, à treize ans, j'étais loin de ces supputations sceptiques ; je prenais ce que disait M. Saulgeot pour argent comptant, encore qu'on eût quelque difficulté à imaginer ce patriarche tenant un lebel et enfonçant sa baïonnette dans la panse d'un *Feldgrau*. Peut-être avait-il beaucoup vieilli, après tout, depuis l'Armistice.

Un autre trait de M. Saulgeot m'a durablement influencé : sa prédilection pour Edmond Rostand, auteur qui me plaisait fort auparavant, mais dont il vint à bout de me dégoûter en le portant aux nues, en prononçant son nom vénéré plusieurs fois par jour, en nous donnant à apprendre par cœur des tirades entières de *Cyrano*, qu'il nous faisait jouer sur l'estrade, avec le ton et les gestes requis. Comme toujours, il y avait deux ou trois lèche-cul qui flattaient cette manie et que Saulgeot, pour l'amour de son idole, favorisait honteusement. Soupçonna-t-il chez moi quelque réticence, quelque réprobation ? Une chose, je m'en rends compte aujourd'hui, qui l'irritait, c'est que je connaissais mieux que lui son poète chéri. J'eus l'imprudence de mentionner quelques ouvrages mineurs de celui-ci que j'avais lus un ou deux ans plus tôt, ayant pour principe de dévorer l'œuvre entière, ou ce que je pouvais en trouver, d'un auteur dont un des livres m'avait séduit. Ainsi en avais-je usé avec le cher Rostand après avoir découvert *Cyrano* : *La Princesse lointaine, Les Romanesques* me charmèrent. J'avais aussi trouvé des sujets d'admiration dans *Chantecler*. Je connaissais jusqu'à un recueil de poésies patriotiques intitulé « Le vol de la Marseillaise », dans lequel un vers m'avait considérablement impressionné : il avait trait à un officier allemand s'amusant à jouer des airs profanes sur l'orgue d'une église de Champagne au toit troué par les obus : « Et la Veuve est joyeuse où fut le *Dies Irae* ! »

J'étais persuadé qu'en faisant étalage de ma connaissance de Rostand à son grand prêtre, celui-ci me regarderait désormais d'un œil plus clément. Ce calcul se révéla aussi faux que possible. Au lieu de voir la face de Saulgeot s'éclairer d'un aimable sourire et sa barbe adopter les molles ondulations de celle de Booz endormi « dans le rêve et l'extase », tout se raidit dans son aspect : la barbe devint de pierre, ainsi que le nez et les sourcils ; le vieux cou de poulet entouré d'un col cassé qui soutenait cet édifice se tacheta de rougeurs coléreuses. Impossible, hélas ! de rattraper mes paroles. *La Princesse lointaine* et *Les Romanesques* étaient des soufflets que j'avais appliqués sur les joues de mon professeur et dont il était aussi ulcéré que Don Diègue. Il me jeta à la figure que ce n'était pas là une lecture de mon âge avec une telle hargne douloureuse que je crus entendre « Ô rage, ô désespoir ». Il ajouta qu'il était fâcheux que je l'eusse faite. Que n'avais-je attendu quelques années : j'en aurais goûté pleinement les beautés, alors que j'avais perdu mon temps ! Mieux valait pas de lecture du tout que des lectures prématurées.

J'avais trop l'habitude des mercuriales pour en être intimidé, c'est-à-dire les subir dans l'épouvante, le remords, sans esprit critique. Il est assez rare que je perde ma faculté de raisonnement lorsque les circonstances me placent dans une situation où il est impossible d'avoir d'autre attitude que passive. J'étais déjà tel à douze ans, et même à huit ans, si ce n'est à cinq. En entendant les imprécations de Saulgeot, j'avais le soupçon, plus fort que toute autre impression, qu'il me malmenait pour de mauvais motifs, non pas « pour mon bien » mais par pure mauvaise humeur, par pure prévention. Son argumentation était molle, inadéquate, nigaude. Comment un professeur de lettres pouvait-il prohiber des ouvrages aussi anodins, aussi bien-pensants que cette pauvre *Princesse lointaine* à laquelle on ne peut reprocher que d'être trop lointaine justement ? Et *Les Romanesques* ! Même moi je m'étais permis de juger, en les lisant, que c'était assez puéril, voire un peu camelote dans le genre faux Louis XV si prisé en 1900. Saulgeot ne connaissait-il de Rostand que *Cyrano* et *L'Aiglon* ? J'étais un bambin si docile, si conformiste, que mon esprit se révoltait à l'idée qu'un agrégé de l'université fût un ignorant et un imposteur.

Contrairement à ce que j'avais appréhendé, l'étude du grec ne me déplut pas. Cela tint avant tout à la facilité avec laquelle j'appris l'alphabet. Je le sus en une demi-journée. Tracer les lettres grecques m'amusait comme de dessiner. Évidemment la grammaire était moins plaisante, mais j'éprouvais tant d'allégresse (et de vanité) à déchiffrer les caractères avec lesquels Homère avait écrit *L'Odyssée* que je m'intéressai même à la syntaxe exposée dans le manuel de M. Georgin. Pour mon oreille habituée au latin, les sonorités helléniques avaient une nouveauté qui me rendait agréables jusqu'aux exemples de grammaire. J'ai gardé dans la tête les premiers que l'on fait apprendre aux écoliers, de la même façon que l'on conserve un refrain dans la mémoire : « Τὰ ζῶα τρέχει », « Ὁ χρόνος φευγει » et « ἀποτρέποι ὁ Ζεύς τὸ σύμβολον ». Malheureusement, il en fut très vite du grec comme du latin ; Saulgeot nous donna des préparations à faire et je constatai que Xénophon était encore plus difficile à décortiquer que le *De viris*. Si l'on compte que la rentrée eut lieu le 3 octobre, que l'aversion que j'inspirai à Saulgeot mit environ quinze jours à s'installer, ou plutôt à s'indurer, car elle naquit au premier regard, et que nous défrichâmes la grammaire de M. Georgin jusqu'en décembre, nous dûmes commencer les préparations grecques en janvier. À cette occasion, j'éprouvai la sensation désolante que toute ma paresse de la cinquième, dont je croyais être guéri comme d'une maladie, me retombait sur les épaules. Je n'écris pas le mot d'épaules par hasard ou pour faire image, mais parce que c'est réellement cet endroit du corps que le monstre, l'hippogriffe, choisit pour s'accroupir et, de là, irradie son poison dans le restant de l'être. Les préparations grecques, plus que les préparations latines, me frappaient de paralysie ; peut-être mon esprit, que j'avais tant rompu à la syntaxe française et à l'ordre de notre langue, était-il devenu incapable de se plier aux tournures des langues anciennes, à en assimiler les déclinaisons, les inversions, les idiotismes. Mais ce n'était pas seulement mon esprit qui rejetait les préparations, c'était aussi mon corps ; elles étaient une torture ; pour y échapper, j'aurais avoué n'importe quoi. Et en effet, j'avouais n'importe quoi pour que s'interrompît le supplice, c'est-à-dire que je bâclais mon devoir en dix minutes, traduisant à l'aveuglette, n'ayant pas même la force d'ouvrir le gros dictionnaire Bailly si amusant à feuilleter en d'autres circonstances, écrivant sans vergogne un charabia inepte sur mon cahier.

La malveillance de Saulgeot, ou je ne sais quel instinct haineux qui lui faisait infailliblement mettre le doigt sur les nombreux défauts de ma branlante cuirasse, ne tarda pas à l'alerter sur mes tentatives d'apprivoiser *L'Anabase*. Chaque fois qu'il y avait une préparation à rendre, je pouvais être assuré que c'est moi qui, pour le régal de la classe, aurais l'honneur d'être invité à lire à haute voix mon travail. Saulgeot me regardait avec les yeux d'un loup qui s'apprête à manger un lapin. Il hoche la tête avec une bonhomie fallacieuse, il m'encourage à continuer, il acquiesce gravement à mes absurdités. La séance se termine par une sentence glaciale du genre : « M. Dutourd ne sera pas étonné si nous lui donnons un zéro. » Là-dessus, déchaînement de rires, dont les plus bruyants sont évidemment ceux des courtisans officiels. La vérité m'oblige à dire que parfois j'avais un deux, non que j'eusse fait une meilleure préparation que de coutume, mais parce que Saulgeot s'était mis au préalable de bonne humeur en nous racontant une ruée exceptionnellement meurtrière du 4e zouaves, pour reprendre une colline ou une tranchée, laquelle ruée s'était terminée, comme il convient, à l'arme blanche. Ces récits quelquefois lyriques, quelquefois brefs, et toujours complaisants, avaient pour conclusion un cri d'amour : « 4e zouaves, à la baïonnette ! » s'écriait Saulgeot, emporté par l'enthousiasme guerrier et trépignant de ses petits pieds sur l'estrade.

Les séances de préparations grecques me donnaient une idée de ce que devait être, au Moyen Âge, le supplice du pilori. C'était moi qui jouais le rôle du misérable dont la tête est prise dans un carcan et sur qui la foule lance des tomates. Une telle situation est très propice à l'endurcissement de l'âme. Ayant déjà, par nature, une peau très épaisse de philosophe, je n'éprouvais pas le moindre remords ou le moindre chagrin. Les sarcasmes de Saulgeot me laissaient de marbre, je les écoutais à peine, en quoi j'avais tort, car ils étaient annonciateurs d'un piège dans lequel cette méchante bête méditait de me faire tomber. Un homme habitué aux charges à la baïonnette ne se contente pas de terrasser l'ennemi ; pour que son bonheur soit complet, il lui faut le voir mort, cloué à la terre, baignant dans son sang, l'œil révulsé, les bras en croix. La machination fut si bien ourdie que j'en fus tout à fait la dupe. Mon excuse de cet aveuglement est qu'il m'eût paru inconcevable qu'un professeur, de grec par surcroît, ancien combattant, orné d'une barbe blanche, pût se complaire à me tenter ou à me provoquer, moi qui, comparé à lui, étais un insecte.

Mon carnet de notes était d'une lecture accablante. Saulgeot, chaque semaine, y inscrivait mes zéros et mes deux, de sa main, et parfois ajoutait quelque appréciation du genre : « Élève très insuffisant, manque d'application, mauvaise volonté ». Comme il fallait rapporter le carnet au lycée, orné de la « signature des parents », j'avais le sentiment de présenter ma tête sur un plateau afin que mon père la coupât. Je m'étais, dans le passé, risqué à imiter son paraphe, mais généralement il était d'une impitoyable vigilance : il ne se passait pas de semaine qu'il ne réclamât le carnet si je tardais à le lui remettre. Chaque fois, c'était des fureurs et des lamentations dont je me serais volontiers passé. Il m'était pénible de ne pas vivre en bonne intelligence avec mon père, à qui il fallait bien deux ou trois heures pour se guérir des coups de poignard dont je le transperçais avec mes notes hebdomadaires. Il avait une façon navrée de me considérer, comme si j'avais perdu au jeu, contracté la syphilis, tué un de mes camarades en manipulant un fusil, qui m'affligeait et m'exaspérait en même temps. J'avais la douleur d'être devenu pour lui, d'un instant à l'autre, un étranger, quelqu'un qui n'était pas de son sang, dont il n'aurait jamais lieu d'être fier. Enfin je ne connaissais que trop les litanies que suscitait le carnet. Depuis la cinquième, j'en avais les oreilles rebattues. Il est fastidieux, à la longue, de se faire savonner la tête toujours pour les mêmes raisons, toujours dans les mêmes termes. Le pire était que j'étais le principal responsable de ces répétitions. C'est parce que mes notes étaient ce qu'elles étaient que mon père rabâchait tous les samedis. J'avais là une illustration parfaite du principe de causalité. De ma paresse devant les préparations grecques jusqu'aux colères paternelles, je voyais l'enchaînement implacable des phénomènes naturels qui découlent logiquement les uns des autres et que seul un miracle pourrait modifier. Je le savais bien, mon Dieu, que j'étais un « fainéant » comme disait mon père, ou un « rossard » selon le mot de Saulgeot. Ce n'est pas parce qu'on me le ressasserait cent fois qu'on y changerait quelque chose. Dès la première algarade, j'avais compris. Et j'avais compris aussi, mais si je l'avais révélé cela aurait déclenché un drame aux conséquences incalculables, que ce n'était pas par les persécutions ou par les cris que l'on me réformerait.

J'aurais juré que mon professeur éprouvait du plaisir, si ce n'est de la délectation, à reporter sur mon carnet les zéros et les deux dont il me gratifiait. Ces symboles de mon déshonneur scolaire occupaient entièrement les cases qui leur étaient destinées. Saulgeot les traçait d'une écriture épaisse, n'omettant jamais de les souligner de deux traits afin d'en accentuer l'ignominie. Un samedi, j'eus la surprise charmante de voir les deux et les zéros tout ratatinés, tout rabougris, comme présents à regret, non soulignés, bref, très faciles à transformer en notes décentes. Saulgeot, contrairement à son habitude, ne les avait pas accompagnés d'appréciations dédaigneuses ou insultantes. À croire qu'il l'avait fait exprès pour me tenter. Cette idée m'effleura un instant, mais je me hâtai de la chasser ; d'abord parce qu'un tel machiavélisme me paraissait fort improbable de la part d'un monsieur ayant fait la guerre dans les zouaves ; ensuite parce qu'un plan fatal avait déjà éclos dans ma pauvre cervelle, à la séduction duquel il eût été surhumain de résister : transformer les zéros en huit (un dix tout rond eût paru suspect) et les deux en neuf. Un minimum de tour de main y suffisait. Il n'est pas d'action défendue ou répréhensible qui ne comporte un côté honorable, qui ne l'excuse pas, mais en atténue peut-être la laideur. Je dois mentionner, pour être tout à fait équitable, que j'éprouvai un contentement sincère à la perspective que j'allais apporter à mon père une satisfaction, lui à qui mes études en donnaient si rarement. Après qu'il se serait bien repu de cette page glorieuse du carnet et que, pour une fois, il y eût apposé joyeusement sa griffe, rien ne serait plus aisé, par un usage délicat de la gomme à encre et du grattoir, que d'effacer les traces du forfait.

Je m'appliquai fort à ce travail, qui avait un côté artistique, mais il est à présumer que je n'y atteignis pas la perfection. Saulgeot, au premier coup d'œil, décela le délit. Il le décela même si vite que je me demandai si, à la vérité, ainsi que la pensée m'en avait effleuré, il n'avait pas tout manigancé. Ayant appris dans les drames de Rostand l'art de créer des situations et de préparer des coups de théâtre, il commença par compter les carnets, qui étaient au nombre de quarante-deux, puis retira le mien de cette pile et le posa à part. Dix minutes environ s'écoulèrent en vaines paroles, ou du moins qui me parurent telles, car j'étais habité d'une crainte grandissante. J'avais bien vu, de la place où j'étais, que c'était mon carnet que Saulgeot avait mis à part, après l'avoir ouvert et y avoir jeté un bref regard. Ses commentaires sur les progrès ou les défaillances de mes camarades étaient faits d'une voix amicale, indulgente, pleine d'affection et de bonhomie qui n'était pas dans sa manière habituelle et ne me disait rien qui vaille ; cela n'annonçait que trop clairement les foudres qui allaient sous peu m'accabler.

– J'en viens à M. Dutourd, dit-il enfin. M. Dutourd a fait quelque chose de très grave : il a gratté sur son carnet. Cela s'appelle un faux en écriture et c'est passible des tribunaux. Il va sans dire qu'une pareille action, dont je m'abstiendrai de faire ressortir le côté honteux, doit être sanctionnée de façon exemplaire. Je demanderai à M. le Proviseur de faire passer M. Dutourd en conseil de discipline et de l'exclure du lycée.

J'entends encore, à tant d'années de distance, les accents d'allégresse de Saulgeot prononçant son verdict. Il n'arrivait pas à prendre l'air peiné comme il l'aurait tant désiré. Il ne pouvait s'empêcher de chanter une espèce d'hymne victorieux, comme s'il avait pris d'assaut une tranchée allemande, à la tête du 4e zouaves.

Comme d'habitude, la scène s'arrête abruptement. Je ne me rappelle même pas si je comparus devant le conseil de discipline, ou si la sanction fut simplement notifiée par une lettre. Je suis incapable également de retrouver dans ma mémoire les transports de mon père apprenant que j'avais été mis à la porte pour deux jours du lycée, et pourquoi. Je passai mes deux jours de mise à pied assez agréablement, faisant semblant de résoudre des problèmes de maths ou d'agencer des préparations grecques et latines, me gorgeant en réalité de romans de Paul d'Ivoi, Pierre Benoit, Gaston Leroux, Victor Hugo, écumant les vaudevilles de Louis Verneuil et les comédies de Romain Coolus dans *La Petite Illustration.* Mon seul déplaisir était que mon pauvre papa fût si affecté par mes tribulations scolaires, lesquelles n'étaient à mes yeux (c'est-à-dire objectivement) que des péripéties insignifiantes. Comment un homme de cinquante-trois ans, dont on pouvait espérer qu'il avait le sens rassis, pouvait-il prendre à cœur de pareilles bagatelles ? Que ne pouvais-je lui inoculer un peu de la philosophie dont j'étais si bien pourvu ! Mais n'y avait-il pas une trace de comédie dans ce visage fermé, ces sourcils froncés, l'expression douloureuse qu'il se croyait tenu de prendre lorsque nous étions en tête à tête, lors des repas ? Je ne laissais pas de remarquer que, dès que nous n'étions plus en présence l'un de l'autre, il retrouvait sa bonne humeur, plaisantait avec ses clients, souriait volontiers, savourait son cigare comme en temps de paix.

Que fut mon retour au lycée après que j'eus purgé ma peine ? Je n'en ai pas un souvenir précis, sauf que je sentis chez quelques-uns de mes condisciples avec lesquels jusque-là j'avais peu de relations, et assez tièdes, une sorte de considération, une sorte d'estime, comme si j'avais accompli un acte imprévu me mettant au-dessus du commun, ou en marge, comme si, par exemple, j'avais été blessé à la guerre. J'en fus étonné, car si je ne voyais rien de vraiment grave dans mon faux en écriture, je n'y voyais non plus rien de glorieux. M'étais-je agrégé, sans le savoir, à une fraternité occulte ? Ces connivences n'allèrent pas bien loin, à cause de moi, sans doute, qui ne compris pas ce qu'elles signifiaient.

Autre disparition de ma mémoire : le zouave Saulgeot. Dans quel recoin de mes greniers intérieurs sa petite personne rageuse et maléfique a-t-elle été reléguée ? Impossible de me rappeler comment il m'accueillit lorsque je revins en classe, ni s'il continua de me piétiner ou bien, au contraire, si mon désastre avait tant fait que de rassasier sa haine. Il ne reparaît qu'à la fin de l'année scolaire, s'opposant mordicus à mon admission dans la classe supérieure. C'était lui qui présidait à l'examen de passage auquel étaient astreints les malheureux n'ayant pas la moyenne et de la triste cohorte desquels je faisais évidemment partie. Nous fûmes peu à redoubler : sept ou huit parmi lesquels j'eus le bonheur de compter mon ami de cœur Jacques Barbizet que Saulgeot n'avait guère plus ménagé que moi au cours de l'année, sans toutefois trouver de motif pour le faire tomber aussi bas. Au fond, cet homme était assez transparent : il aimait, il détestait avec emportement, je dirai presque avec ingénuité. De temps à autre, au cours de notre vie, Barbizet et moi nous l'évoquions en ricanant, sans aller toutefois jusqu'à nous attendrir, quoiqu'il fût indissociable de nos douze ans, et que ce qui se rapporte à cet âge prend une touchante patine aux yeux des quadragénaires qui l'ont vécu. Nous parlions de lui plutôt comme d'un accident, d'une tuile qui nous serait tombée sur la tête, d'un événement fâcheux qui nous aurait causé beaucoup de tracas, et dont, avec le recul du temps, on finit par rire.

8

Enfin tranquille ! – Les professeurs de dessin Mme Mermet Les harengs de M. Aufort – Baiserai-je, papa ?

Il n'est pas sans agrément de redoubler une classe. C'est comme une année de demi-repos ; cela ressemble à une loterie dont on connaît d'avance les numéros gagnants. Autant ma première quatrième avait été exténuante, me donnant sans cesse le sentiment décourageant d'être un traînard accablé par le poids de sa paresse, de son indolence, de son incuriosité pour ce que l'on apprend à l'école, de son fatalisme devant les malheurs qui risquent de découler d'une pareille situation, autant ma seconde quatrième fut une année paisible, pour ne pas dire confortable. D'abord nous eûmes pour professeur de lettres un bon gros qui était exactement le genre de pédagogue dont j'avais besoin pour me guérir des charges à la baïonnette dont j'avais été la cible. Ce brave homme s'appelait M. Wanesson ; il avait un visage rond et réjoui et une âme simple. Si simple même qu'on se demandait comment il était parvenu à passer le concours de l'agrégation. Il était à mon égard, comme à l'égard de tous, d'une aménité qui aurait pu être le résultat d'une politique, mais qui n'était que l'émanation de son heureuse nature. Je crois bien qu'en un an il n'eut pas une seule fois ne fût-ce qu'un mouvement d'impatience. Jamais un mot blessant, jamais un sarcasme ou un quolibet, jamais l'ombre d'une malice humoristique. Quel repos !

Comble de satisfaction, je m'aperçus, au cours des trimestres, que, par une opération mystérieuse de l'entendement ou par des chemins secrets de l'esprit, tout en croyant alors moi-même que je rêvassais ou que je somnolais, j'avais appris diverses choses. En particulier je connaissais assez bien la grammaire grecque de M. Georgin, je traduisais les *Commentaires* de César sur la guerre des Gaules sans faire plus de contresens qu'un autre. Xénophon, avec ses cnémides, son casque de hoplite et ses dix mille poilus helléniques, m'avait quasiment enrôlé. Je me découvris enfin une curieuse facilité à composer des thèmes grecs, qui m'est restée, puisque j'ai été ultérieurement envoyé au Concours général pour cette matière. M. Wanesson, en somme, par sa gentillesse impersonnelle, m'a inculqué un savoir précieux : que la vie ne peut être tranquille entre supérieurs et inférieurs, entre puissants et faibles, que si chacun reste à sa place et se garde d'avoir des rapports passionnels avec les autres.

Quand on est enfant, on aime les têtes nouvelles ; chacune se présente comme un spectacle inédit, donc amusant. Cette curiosité ne s'étend pas aux magisters, pions, surveillants, profs et autres oppresseurs dont on sait d'avance qu'ils n'ont que deux visages : l'un cordial, l'autre rébarbatif. Il existe toutefois en dehors des universitaires une catégorie de maîtres qui conservent l'intéressante complexité propre aux êtres humains. Ce sont (ou c'étaient, car j'ignore si ce poste existe toujours dans les lycées et collèges de France) les professeurs de dessin, qui n'ont pas grand-chose en commun avec le reste du corps enseignant et qui, dans l'ordre des préséances, viennent à peu près au même rang que les moniteurs de gymnastique. Ceux auxquels j'ai eu affaire étaient d'anciens élèves des Beaux-Arts dont les œuvres ne se vendaient guère et qui s'assuraient un fixe mensuel. À ce que j'ai observé, ils n'avaient aucune affinité avec leurs élèves, ce qui se comprend aisément : sur une classe de quarante garnements, combien éprouvent le moindre attrait pour l'art, sous quelque forme que ce soit, d'ailleurs ? Je dirai deux ou trois, en comptant large. Les autres sont des brutes ou des bourgeois en herbe, aveugles à la peinture, sourds à la musique, ne voyant dans la poésie qu'un prétexte à récitation mécanique, n'ayant pour réaction devant la beauté esthétique que l'hostilité ou la moquerie. La plupart d'entre eux, du reste, savaient très bien quel métier ils exerceraient plus tard : n'importe quoi sauf une activité gratuite, comme de rechercher la vérité par le moyen des arts ou des lettres.

Il s'ensuit que l'heure de dessin hebdomadaire ne pouvait être autre chose qu'une heure de chahut. Les professeurs, qui n'avaient pas d'illusions sur leurs ouailles, se bornaient à les occuper en leur donnant à reproduire au fusain, sur des feuilles de papier Canson, des têtes de vieux Romains en plâtre, ou peindre à l'aquarelle des natures mortes composées d'un pot à eau et d'une serviette. Les monstruosités qui étaient le résultat de ces séances ne les émouvaient pas. Ils les examinaient d'un œil qui en a vu d'autres et poussaient la conscience professionnelle jusqu'à circuler entre les jeunes bourgeois, les encourager d'une phrase obligeante ou désabusée, et quand cela pouvait, à la rigueur, n'être pas inutile, redresser d'un coup de crayon leurs barbouillages.

Mon premier professeur de dessin, M. Mermet, me plut autant par sa personnalité que par sa fonction. C'était un fort gentil garçon, n'ayant pas du tout le genre artiste, assez élégant au contraire dans sa mise et, certains jours, tiré à quatre épingles. Il portait le prénom insolite d'Aymar dont j'inférais, sans la moindre raison, qu'en dehors de ses cours à Janson il faisait des tableaux largement peints, représentant de longues jeunes femmes aux jambes épaisses et coiffées de petits chapeaux, des messieurs vêtus de costumes en zinc, souriant bêtement, des paysages schématiques comme des décors. Le plus curieux est que je ne m'étais pas trompé ; je le constatai quelques mois plus tard (sans surprise, ayant assez confiance dans mes intuitions) lorsque M. Mermet, qui m'avait pris en amitié, vu que j'étais le seul de ses élèves à m'intéresser à la peinture et à lui en parler avec une certaine passion, m'invita un jeudi à visiter son atelier, c'est-à-dire la pièce de son appartement qu'il décorait de ce nom. Je pénétrais dans un tel endroit pour la première fois et tout m'y charma : les toiles empilées par terre, les deux ou trois tableaux pendus au mur, la nudité des lieux, la palette toute bariolée posée sur une table de cuisine, les brosses trempant dans un bocal ; surtout je fus grisé par l'odeur de peinture, d'huile de lin, de térébenthine qui régnait dans la maison. Elle me parut être le parfum même du bonheur dans le travail et dans la création. Quant aux œuvres, elles étaient bien ce à quoi je m'attendais : personnages « modernes » grandeur nature en complet-veston et jupes courtes, posés les uns à côté des autres, ayant à peine l'air de se connaître, un peu encombrants, à mon avis, ou trop au premier plan et traités à grands coups de pinceau, herbe uniformément verte, paysages figés. Tout cela, néanmoins, ne manquait pas d'art, ni d'une certaine originalité, ni de sensibilité dans les détails. M. Mermet rendait habilement les reflets, les rais de lumière, les ombres transparentes, le nacré de la peau des femmes. Et malgré ces qualités, sur lesquelles il attirait discrètement mon attention, plutôt pour m'instruire, pour me montrer des recettes, que pour s'en prévaloir, aucune composition parmi celles que j'étais convié à contempler ne me paraissait assez subtile ou moelleuse pour contenter mon goût. J'en étais sincèrement désolé car j'aimais beaucoup mon professeur de dessin, en qui j'avais reconnu quelqu'un de ma race, laquelle n'était pas nombreuse, Dieu sait ! et j'aurais bien voulu que l'admiration allât de pair avec l'amitié, mais c'était impossible : la vérité du monde l'emportait sur mes désirs. Après la visite de l'atelier, je fus admis à présenter mes hommages à

Mme Mermet qui semblait descendre d'une toile de son mari et dont je compris qu'elle lui servait inlassablement de modèle. C'était elle, avec son buste étroit, son décolleté, son sourire ambigu, ses chapeaux cloches, qui figurait sur la plupart des œuvres, de face ou de profil, debout, assise, attentive ou rêveuse. Je ne manquai pas de couler un regard sournois vers ses jambes : elles avaient la lourdeur esthético-lascive qui plaisait tant dans les années 30. J'aurais volontiers admiré Mme Mermet nue sur un divan ou sur une peau d'ours, dans une pose abandonnée quoique pudique, mais on ne me montra pas de tableau traitant ce sujet. Pour ce qui est de l'impression morale, l'épouse de mon maître me fit l'effet d'une personne dédaigneuse, un tantinet pimbêche ; elle avait le genre distrait et condescendant que prennent les adultes lorsqu'on leur présente un mioche, attitude dont j'étais chaque fois blessé, y voyant à mon égard une indifférence frisant l'antipathie.

Est-ce avec mon esprit d'aujourd'hui que je me représente M. Mermet et sa femme et non tels qu'ils m'apparaissaient à douze ans ? Je suis sûr cependant qu'en sortant de chez eux j'eus le sentiment bizarre d'avoir fait une visite à un jeune couple qui débutait dans la vie, ayant les incertitudes, les timidités, les craintes et les espoirs de la jeunesse, tandis que j'étais un vieux cacique, non pas supérieur à ces novices, mais détenteur d'un savoir vague et ténébreux qu'ils ne soupçonnaient pas, ce qui me procurait un calme ou, pour être plus exact, une tranquillité intérieure qui leur serait toujours étrangère. Ce n'est pas le seul exemple, dans ma vie d'enfant, d'une circonstance où je me sois senti plus vieux que les adultes auxquels j'avais affaire, et même, pour user d'un de leurs mots clés, doté d'une « expérience » plus réelle et plus réfléchie que celle dont ils faisaient si complaisamment étalage.

L'autre professeur de dessin qui m'ait laissé un souvenir heureux durant mes grises années d'école fut M. Aufort, avec qui je me liai plus étroitement qu'avec M. Mermet, car je sentis en lui, dès le premier abord, la gentillesse et la modestie des artistes qui savent qu'ils n'accompliront jamais de grande œuvre, qu'ils n'innoveront pas, qu'ils ont un destin de disciple et non de maître. Quel plus parfait ami qu'un homme étant largement notre aîné, qui connaît sur le bout du doigt le métier auquel nous nous intéressons, mais qui est docile comme un néophyte qui accueille les conseils et les directives avec gratitude ? M. Aufort, qui avait trente-cinq ou quarante ans quand j'en avais douze, fut cela pour moi, et je lui vouai, en retour, une amitié inébranlable et protectrice. Il est le premier à avoir deviné que j'avais, ensevelie au fond de moi, invisible à tous ceux qui m'environnaient, une puissante vocation d'artiste. Il me donnait à entendre que, si gamin que je fusse, et n'ayant pas fourni la moindre preuve d'un talent quelconque, j'étais un personnage de poids, déjà supérieur à bien des gens prétendus arrivés. Je ne dirai pas qu'il me regardait avec les yeux d'un épigone, mais je sentais en lui une subordination spirituelle, une estime, une espèce de déférence devant mon avenir, dont j'étais étonné tout en les trouvant, en somme, assez naturelles. À douze ans, on place les êtres comme des pièces d'échecs sur un échiquier et l'on sait, rien qu'en y jetant un coup d'œil, quel est le fou, le cavalier, ou même la reine, que l'on aura la possibilité de prendre. M. Aufort s'était mis lui-même dans une position telle que je vis aussitôt qu'il était à moi.

Comme M. Mermet, il m'invita un jeudi à venir voir ses toiles. Je crois me rappeler qu'il habitait dans le quartier de l'Europe, rue de Londres ou rue de Liège. Tout au moins, j'ai une vision de fumée et de poutrelles en fer aperçues de ses fenêtres ; toutefois il est possible que cela se mêle dans mon souvenir avec le tableau de Claude Monet représentant la gare Saint-Lazare, que je ne me lassai pas de contempler pendant plusieurs années, au point que, dans mon esprit, cette représentation picturale s'est complètement substituée à la réalité. Le contraste de l'atelier Aufort avec l'atelier Mermet était total. Où M. Aufort créait-il ? Dans la salle à manger, la cuisine ou le salon ? Impossible de le deviner. À la différence de son confrère, il ne peignait que de petites toiles n'excédant guère ce que les marchands appellent du « 10 Figure ». C'était des natures mortes et des paysages. Pas de portraits, autant que je me souvienne. Mme Aufort n'avait pas un port de déesse ni un visage altier comme Mme Mermet ; en revanche, elle me plut par sa simplicité, sa bonne grâce, son sans-façon et aussi la nuance de considération respectueuse que je remarquai dans son accueil. Son mari l'avait certainement endoctrinée sur moi, mais elle n'était quand même pas intimidée au point d'avoir fait de la toilette en mon honneur : elle me reçut comme elle était, en blouse et en pantoufles à pompons, le cheveu ébouriffé, en bonne bourgeoise qui abandonne une minute ses travaux ménagers pour dire bonjour à un ami de son mari et offrir un verre de porto.

La peinture de M. Aufort n'avait pas la modernité ni l'originalité de celle de M. Mermet, cependant elle me plut davantage. Peut-être par la modestie, pour ne pas dire l'humilité, dont elle témoignait. M. Aufort, à sa façon, était plus artiste que M. Mermet : il ne cherchait pas à s'inscrire, par une manière inédite, dans l'histoire de la peinture française du XXe siècle. Il se bornait à reproduire, avec les vieilles recettes de Chardin revues par Cézanne, ce qu'il y avait de plus courant dans l'existence quotidienne : des pots, des assiettes, des bouteilles, du pain, des torchons, un lac bordé de peupliers, une colline, une maison au fond d'un jardin. La toile qu'il me montra et dont j'ai gardé le souvenir le plus précis était une nature morte représentant deux harengs saurs ; après tant d'années, si je ferme les yeux, elle me paraît toute neuve et toute fraîche. Peindre un hareng saur doit être aussi bon que de le manger, pensais-je, tant M. Aufort avait mis de douceur de main et de tact à rendre les écailles irisées, bleutées, mauves, de ses gendarmes. Plusieurs vues du bassin d'Arcachon et divers paysages de plage un peu tristes, sous des ciels d'automne, avec des barques éparses, me donnèrent l'idée que leur auteur devait être originaire de la Guyenne. Il me confirma qu'il était effectivement natif de Bordeaux et je m'aperçus que la pointe d'accent du Sud-Ouest qui ensoleillait sa voix avait joué son rôle dans l'amitié qu'il m'avait inspirée. Il était très fier de son pays natal, où on l'avait présenté à l'homme le plus célèbre qu'il eût jamais approché de son existence : M. François Mauriac, qui allait entrer à l'Académie, qui lui avait adressé des paroles obligeantes et dont il espérait un jour illustrer les romans.

Mme Aufort, toujours en blouse bleu pâle, en tablier et en chaussons, réapparut pour me dire au revoir lorsque je pris congé, et m'assura avec une conviction dont je fus touché que « maintenant que je connaissais le chemin », on espérait me revoir bientôt dans le quartier de l'Europe. Mon père m'avait mainte fois répété dans mon enfance qu'il était très élégant de baiser la main des dames, et même que c'était à cette pratique que l'on reconnaissait aussitôt un gentleman. Toutefois, je ne baisais pas la première main venue ; il en était certaines devant lesquelles j'étais perplexe et eusse volontiers demandé, tel Thomas Diafoirus : « Baiserai-je, papa ? » La main de Mme Aufort était litigieuse. N'y avait-il pas incompatibilité entre le baisemain et les pantoufles à pompons ? Ce qui, finalement, emporta ma décision, est que j'avais posé mes lèvres sur les doigts moelleux et parfumés de Mme Mermet. Je ne pouvais pas faire moins avec Mme Aufort qui, en dépit du costume, était socialement son égale.

9

Le Louvre avant les touristes
La *Victoire de Samothrace* – Ingres est un sacré lapin
Perverti par Botticelli
Chardin, greffier de la réalité – La boîte de peinture

Mes deux professeurs étaient d'accord sur un point : que rien ne me serait plus utile et profitable que la fréquentation du musée du Louvre. Je verrais là, rassemblée, toute l'histoire de la peinture et, à force d'étudier les diverses manières des maîtres, les chemins qu'ils empruntaient pour reproduire la vérité du monde, je finirais peut-être par trouver mon originalité, car j'en avais une, c'était sûr, mais elle ne s'était pas encore montrée. Pour une fois, moi qui n'écoutais personne, et qui me bornais à expédier sans le moindre zèle, le plus économiquement possible, ce que l'on m'ordonnait ou que l'on me conseillait, je fus docile. Du reste, l'expression « musée du Louvre » exerçait sur moi une double magie. Les seuls musées que je connusse jusqu'alors, outre les Invalides, étaient ceux où mon père me conduisait : le musée de la Marine, qui ne m'intéressait pas beaucoup, malgré les nombreuses maquettes de goélettes et de vaisseaux de haut bord qu'il offrait à l'admiration des amateurs ; le musée des Monuments historiques, plein de reproductions en plâtre de statues moyenâgeuses et de chapiteaux romans, où je m'ennuyais encore davantage ; le musée Guimet, où je périssais de tristesse parmi des chinoiseries au charme desquelles j'étais aussi fermé qu'on peut l'être ; le Conservatoire des arts et métiers où, du moins, on avait la surprise romanesque de voir, suspendu au plafond par des ficelles, le biplan de Bréguet et, au milieu de l'exposition, le fardier de Cugnot qui avançait à la vitesse d'une lieue à l'heure ; le Muséum, enfin, et son diplodocus, lequel cessa de me parler à l'imagination dès mes huit ans. En réalité, sous prétexte de m'instruire, de me montrer le monde, l'ingéniosité de l'homme, les étrangetés de la science, mon père m'entraînait dans les promenades qu'il avait envie de faire lui-même. Après chacune de nos randonnées éducatives, il ne manquait pas de me demander si j'étais content, si je m'étais bien distrait, si mon esprit s'était enrichi, etc., sollicitations si appuyées que je n'osai jamais révéler la terrible vérité, tout comme, autrefois, je faisais semblant de n'être pas complètement indifférent au *Meccano* et au train électrique dont il tirait tant de joies.

La magie que le Louvre exerça sur moi venait en premier lieu de son nom qui, après tous les romans historiques dont je m'étais gorgé, m'était non seulement familier et symbolisait pour moi l'histoire de France, mais encore me charmait par sa sonorité sourde et veloutée. Ce nom-là sortait de ma terre, il évoquait des loups, des forêts gauloises s'entrouvrant sur des bourgades mystérieuses, il me mettait dans l'imagination des tours et des remparts blancs comme dans les *Très Riches Heures du duc de Berry*, au pied desquels, baignés de la lumière éblouissante du Moyen Âge, travaillaient de joyeux serfs. Le cœur de la France avait battu pendant plusieurs siècles dans le Louvre ; et maintenant, c'était devenu le temple de l'art, qui était une chose aussi grande que la monarchie.

Le Louvre a beaucoup changé depuis mon enfance. Les abords ne sont plus les mêmes. La cour où l'on voit maintenant trois pyramides en verre-imitation était occupée par un square qui se recommandait par la statue équestre de je ne sais plus qui et par un groupe monumental et patriotique consacré à Gambetta. Le square était un petit fouillis de verdure poussiéreuse ; quant au monument à Gambetta, en bronze et en pierre, il était très laid, dans le style réalistico-allégorique des artistes officiels du temps de Félix Faure. Le musée, lui aussi, est fort différent de ce que j'ai connu. En 1932, il était encore à peu près tel que Zola le décrit dans *L'Assommoir*. On y croisait peu de visiteurs, on respirait une bonne odeur d'encaustique, il régnait dans les salles ce qu'on appelle un « silence feutré », des gardiens en uniforme somnolaient sur des chaises. Ils se réveillaient vers cinq heures de l'après-midi, se mettaient debout et criaient d'une voix nasillarde : « On va fermer ! » Les tableaux étaient accrochés pêle-mêle les uns contre les autres jusqu'au plafond. À chaque salle, on avait l'impression de pénétrer dans une caverne remplie de trésors en vrac, qu'il fallait explorer, inventorier soi-même, et parmi lesquels on n'avait que la peine de choisir, pour les emporter dans notre cœur ou notre esprit, ceux qui nous plaisaient le plus. Bref, on ne connaissait pas encore la « muséographie » qui a rendu si ennuyeux, afin d'y attirer les touristes, des endroits où, jadis, quelques amateurs sincères avaient la certitude de trouver le bonheur. Certains jours, il n'y avait pas vingt personnes dans la Grande Galerie ; quant aux salles du second et du troisième étage, consacrées à la peinture française du XIXe siècle, elles étaient vides. Je les arpentais tout seul, en tête à tête avec Diaz, avec Troyon, Pissarro, Renoir, Sisley, songeant parfois que si j'avais la lubie de décrocher un des chefs-d'œuvre, de le mettre sous mon bras et de m'en aller, nul ne s'apercevrait de rien avant trois semaines.

Je ne pénétrais jamais au Louvre sans un battement de cœur et un recueillement quasi religieux. L'entrée se faisait par le pavillon Denon. Après avoir payé son billet, on cheminait le long d'une large galerie bordée de statues et de tombeaux antiques, dans laquelle de hautes fenêtres laissaient passer une lumière parcimonieuse, attendu qu'on n'en nettoyait pas les vitres deux fois par an. Le parcours avait quelque chose de solennel, de grave, qui m'apparaissait comme le prélude obligatoire des délices vers lesquelles j'étais attiré. La galerie se terminait par un escalier en haut duquel se tenait la *Victoire de Samothrace*. Quand on avait atteint celle-ci, qui veillait sur le premier étage, et qu'on l'avait contournée, c'était l'enchantement. On arrivait dans l'univers immense de toutes les peintures de l'Europe où tout était beau, tout passionnant, tout racontait, magnifiés par la poésie et la couleur, trois ou quatre siècles de la vie des hommes de ma race. Mon goût, ou plutôt de mystérieuses affinités m'entraînèrent très tôt vers la peinture flamande et hollandaise, et spécialement Rembrandt, en qui je vis aussitôt le sommet de l'art pictural. Je demeurais des quarts d'heure entiers à scruter les tableaux de sa vieillesse qui sont souvent des portraits de lui-même, étonné de rester ainsi en contemplation sans m'ennuyer, comme si j'écoutais une histoire dont les coups de pinceau, les ombres, les lumières eussent constitué les péripéties. J'étais amoureux d'Hendrickje Stoffels qui a un visage si gentil, si plein de tendresse. Encore aujourd'hui, quand j'évoque Rembrandt peint par lui-même vers soixante ans, accoutré en mendiant, un chiffon autour de la tête, j'ai l'impression de me souvenir de quelqu'un que j'aurais personnellement connu, un maître avec qui j'aurais causé longtemps et longuement.

La faculté d'adaptation des enfants aidant, le Louvre, en quelques semaines, me devint aussi familier que si j'y étais né et y avais passé mon existence entière. L'immensité des lieux ne me gênait pas, au contraire, plus le domaine était vaste, plus je me sentais riche. Avec mes jambes de douze ans qui n'étaient jamais fatiguées, j'allais où je voulais, la plupart du temps en courant, tant j'étais pressé de contempler les objets de ma convoitise spirituelle. Je connaissais les raccourcis, les escaliers, les boyaux, les passages mal éclairés où nul autre que moi ne s'aventurait. J'étais invité aux Noces de Cana, badaud au Sacre de Napoléon, je suivais l'Enterrement à Ornans comme un ami de la famille, et naturellement, je me vautrais au milieu des dames potelées du Bain turc. Une autre femelle peinte par Ingres m'enflammait les sens, et de façon bien plus incandescente que les romans de Pierre Louÿs : c'était la belle Angélique toute nue, enchaînée à un rocher, attendant dans une pose assez incommode mais très lascive que Roger la délivre. Je n'imaginais rien de plus érotique que ses tendres seins, ses cuisses artistiquement offertes, sa peau douce et légèrement rosée, sa chevelure châtaine qui lui descend sûrement jusqu'à la taille, et enfin, son expression un peu bête. Ingres a beau être un des plus grands parmi les plus grands, l'égal du Titien et de Raphaël, c'était quand même un sacré lapin pour avoir de pareilles visions dans la tête.

L'idée m'effleurait parfois, si tant est que mon impatience et mon activité me consentissent une minute de loisir, que l'impétuosité que je mettais à courir au Louvre une ou deux fois par semaine, ainsi que la complaisance avec laquelle j'y flânais des heures entières, me prélassant pour ainsi dire comme chez moi, formaient un aspect nouveau de mon caractère, voire de mon âme, qui passait complètement inaperçu aux yeux des grandes personnes, et dont il émanait, comme de tout ce qui n'est connu que de nous seuls, la douce odeur du péché. Mon père ne voyait aucun présage funeste dans ma frénésie de peinture ; pour lui, ce n'était qu'un engouement, une toquade, la manifestation exaltée de goûts artistiques sans danger qui passeraient avec l'âge ; mais moi, à chaque exploration, je sentais que je m'enfonçais davantage dans mon destin. Des guides énigmatiques qui s'appelaient Chardin, Watteau, Mantegna, Dürer, Degas, Delacroix, Corot, Frans Hals, en qui j'avais toute confiance, me montraient de façon beaucoup plus explicite que les vivants, dont les paroles frappaient mes oreilles, quel allait être sans doute mon avenir. Dans leurs touches de couleur, les traits violents ou légers du pinceau, la sensibilité avec laquelle ils représentaient les plus humbles objets, je lisais autant d'indications sur ce que je penserais après que je serais devenu homme, et surtout sur la forme dans laquelle je le penserais. Il y avait là une foule de messages secrets que, d'une visite à l'autre, je ne me lassais pas de déchiffrer. La Grande Galerie, le Salon carré, les vitrines de la galerie d'Apollon, la Suppliante Barberini, et jusqu'aux antiquités égyptiennes empilées dans des enfilades de salles noires comme des caves, étaient autrement déterminants pour mon esprit, et périlleux pour mon éventuelle carrière, que *Le Mannequin d'osier* ou *Aphrodite*. Plutôt que de m'interdire la lecture des romans de sa bibliothèque, mon père, pour me préparer à l'existence aisée et bourgeoise qu'il rêvait pour moi, avec pour couronnement l'Académie de médecine à cinquante ans, aurait mieux fait de m'empêcher d'aller au Louvre, sous peine des châtiments les plus rigoureux, voire d'une brouille durable entre lui et moi, qui m'aurait tant pesé que j'eusse cédé, probablement. Mais comment s'en serait-il douté ? Soupçonnait-il seulement ce que recelait le musée ? Et l'eût-il soupçonné, comment aurait-il deviné que je courais là comme à un vice, à une fumerie d'opium, ou plutôt comme à une fête permanente, à un gigantesque bal masqué de l'imagination ? Certains sont pervertis par le cinéma, la télévision, les bandes dessinées, la débauche ; les lettrés le sont quelquefois (intellectuellement, du moins !) par le marquis de Sade ; j'aurai été perverti par Botticelli et Van Eyck.

M. Mermet et M. Aufort, sans être des artistes de premier plan, n'en avaient pas moins, l'un et l'autre, un goût excellent. C'est à eux que je dois l'attachement si ce n'est la prédilection que j'ai toujours éprouvée à l'égard de Chardin, au point qu'il ne faudrait pas me pousser beaucoup pour me faire dire qu'il est le plus grand peintre de tous les temps et de tous les pays. Il m'a marqué plus encore que Rembrandt, peut-être parce que, à génie égal, sa vie fut moins malheureuse, moins chaotique, et tout à fait dépourvue de romanesque : cette absence de pittoresque biographique me charmait et, surtout, me faisait envie. Je trouvais que c'était là exactement ce dont avait besoin un artiste pour mener à bien son œuvre. À douze ans, à treize ans, je pensais, avec moins de netteté qu'aujourd'hui mais autant de conviction, que l'affaire d'un artiste n'est pas de vivre, mais de créer, d'apporter au monde une chanson inédite qu'il est le seul à pouvoir moduler. Après cela, peu importe qu'il ait fait les quatre cents coups ou au contraire qu'il ait chichement subsisté comme un chétif professeur d'anglais de la IIIe République attendant sa retraite dans un appartement miteux de la rue de Rome. Avec Chardin, sur ce plan-là autant que sur celui du génie pictural, j'étais comblé : il a eu l'existence la plus exempte d'aventures, de coups de théâtre, de splendeurs ou de misères que l'on puisse souhaiter. J'oserai dire qu'elle est exemplaire comme celle d'un artisan, toute consacrée à rechercher la perfection du métier, à honorer les commandes, à travailler humblement comme si on n'était pas sorti de la cuisse de Jupiter. Chardin avait la chance de vivre sous Louis XV, époque où tout était encore à sa place en France, et singulièrement les artistes. Sa légende ne comporte ni incompréhension des amateurs, ni toiles vendues à des prix fabuleux, comme celles de Meissonier et de Picasso. Impossible de trouver, dans les portraits qu'il a faits de lui-même dans sa vieillesse, la moindre ombre tragique si ce n'est celle, inévitable, du temps qui ne reviendra pas. Il a l'air d'un vieil ouvrier, d'un vieux contremaître, les lunettes sur le museau, et tel qu'il était, je l'aimais, j'étais attendri par lui autant que par le pauvre vieux Rembrandt au fond de sa cave à Amsterdam, ruminant ses malheurs et sa splendeur passée, songeant à son fils mort, à sa femme morte. La tête de la digne Mme Chardin n'est pas moins charmante que celle de son époux. Son nez pointu, ses bonnes joues, ses rides, son air sérieux sont bien de chez nous. Ils ont quelque chose de serré, de mesquin, qui reflète une vie modeste, un peu rapiate, des habitudes d'économie, des qualités moyennes, des recettes, des préjugés. On en a les larmes aux yeux, ma foi, tant l'ancienne France est là, saisie dans ses profondeurs, peuplée de mères de famille, de gamins, de victuailles, de chaudrons. Du reste, Chardin a tout compris de son temps, de son siècle, il a perpétué l'image de ce qui généralement ne laisse pas de traces dans l'art non plus que dans l'histoire, bien que cela seul donne l'odeur juste d'une époque : le peuple, la petite-bourgeoisie, les manières d'être et de parler des petites gens, leurs passions, leurs calculs, leurs instincts. En cela, il est pour la peinture ce que Restif a été dans le roman : un de ces auteurs infatigables que l'on pourrait qualifier de greffiers de la réalité et chez lesquels on est tout étonné de trouver plus de poésie que partout ailleurs.

L'événement le plus important de mon enfance et qui, d'ailleurs, en marqua le terme, aussi bien réellement que symboliquement, est un cadeau que l'on me fit pour la Saint-Jean ou la Noël de 1933. Quelle personne de mon entourage en eut l'idée ? Ma cousine Marguerite qui, quoique paraissant occupée exclusivement de bagatelles, était très attentive à l'évolution de mon caractère et de mes aspirations ? Des amis récents de mon père, qui étaient bientôt devenus ses intimes ? Mon père lui-même ? Impossible de m'en souvenir. Le cadeau était si enivrant, je le convoitais depuis si longtemps, que sa splendeur a tout effacé autour de lui et qu'il me paraît tombé dans ma vie comme une météorite. Pour la première fois depuis ma naissance, on m'offrait autre chose que des jouets ou que ces puérilités scientifiques dont, paraît-il, raffolent les jeunes imbéciles. C'était une boîte de peinture à l'huile, un vrai nécessaire de peintre professionnel, vaste comme une valise, faite d'un beau bois luisant, et ayant, intérieurement, une disposition qui m'apparut comme le comble de l'ingéniosité, avec des séparations métalliques, une palette, des compartiments pour les brosses, d'autres pour les tubes, des godets pour l'huile de lin et l'essence de térébenthine. Je crois que l'on m'avait, comme disait mon père, « ouvert un crédit » afin que je garnisse la boîte ainsi que je l'entendrais. M. Aufort et M. Mermet m'ayant répété depuis des mois que le temps était venu pour moi d'accéder à la peinture à l'huile, que j'y étais préparé, que cela seul manquait à mon éducation artistique, je leur demandai naturellement conseil sur la composition de la boîte et le fournisseur chez qui la choisir. Quant à ce dernier, ils tombèrent d'accord sur la maison Sennelier, 3, quai Voltaire. J'y courus et j'y restai au moins deux heures, à fureter, à tout inspecter et tout toucher, à mobiliser pour moi seul une vendeuse qui était amusée par ma curiosité et mon enthousiasme, et perdait son temps avec une certaine complaisance dans ma compagnie. À en juger par l'air indifférent ou maussade des autres clients, elle ne devait pas avoir souvent affaire à des garçonnets montrant leur passion avec autant de naïveté.

Il me semble que c'est M. Mermet et non M. Aufort qui établit la liste de ce que je devais acheter, à savoir le nombre et la grosseur des brosses, de même que la taille des tubes : un grand tube de blanc d'argent, un demi-tube de vert émeraude, de bleu de cobalt, de bleu de Prusse, de jaune de chrome, de terre de Sienne, un tout petit tube de vermillon français et de vert Véronèse. Il me décrivit également comment il fallait agencer ma palette : en haut, horizontalement, les couleurs dites chaudes : les rouges, les ocres ; verticalement, à gauche, les couleurs froides : les bleus, les verts. À l'intersection des couleurs chaudes et froides, le blanc. M. Mermet m'indiqua de même la taille des toiles qui me conviendraient le mieux pour commencer. Selon lui, je devais m'aguerrir, faire mes classes sur de petits formats tels que le 4 ou le 5 Figure.

J'ai gardé de ma descente chez Sennelier le souvenir contradictoire d'une joie surhumaine et d'un crève-cœur de chaque minute. Dans cette boutique dont les divers parfums charmaient mes narines, j'étais comme Melville tel que Jean Giono le dépeint, s'équipant pour une saison de pêche à la baleine, caressant le tissu d'une grosse veste en toile à voile, essayant des bottes poisseuses à force d'avoir été graissées, reniflant des relents exquis de moisissures et d'épices, voulant tout acheter, tout emporter et forcé de se limiter au nécessaire, hélas ! faute de moyens. Moi aussi, j'étais contraint de refréner mes convoitises. Je n'avais qu'une certaine somme à dépenser, pas un franc de plus, et il fallait l'utiliser judicieusement. D'où, sans arrêt, des choix cruels. J'avais, heureusement, ajouté aux billets que l'on m'avait remis mon argent de semaine et quelques économies que j'avais faites, Dieu sait quand et comment. Enfin, ma vendeuse, pour qui j'avais déployé mes séductions les plus caressantes, n'y avait pas été insensible : discrètement, de son propre chef, elle avait ajouté quelques trésors à mes achats sans les inscrire sur la facture : couteau à palette, carnet de dessin, deux ou trois toiles, un paquet de fusains, etc., comme s'il s'était agi là d'une remise ou d'une prime, que je méritais par la passion dont je témoignais pour l'art et aussi par mon visage, qui me déplaisait suprêmement quand je le voyais dans la glace, mais qui devait bien avoir quelque agrément puisqu'il me valait de la part des dames un préjugé favorable.

Vu leur valeur et leur poids, je pense que Sennelier aurait volontiers livré mes emplettes à domicile, mais il était au-dessus de mes forces, maintenant que je possédais ces trésors, que je les avais choisis un par un, qu'ils étaient à moi, de m'en séparer ne fût-ce qu'une journée. Comment revins-je à la maison ? J'étais trop ruiné pour prendre un taxi. Il me semble, avec le recul des années, que je cheminai du quai Voltaire à la rue des Acacias comme une tortue ahanant sous sa carapace, surchargé de paquets, m'arrêtant tous les cent mètres pour modifier la disposition de l'arrimage. Rien ne me pesait et j'aurais, s'il l'avait fallu, transporté sur mon dos un quintal de fournitures pour artistes-peintres. J'éprouvais une énorme allégresse à être ainsi écrasé. Je songeais au bonheur inouï que j'aurais, une fois rentré, à tout déballer, tout inventorier, tout mettre en ordre, tout préparer pour accueillir le génie qui dormait en moi et ne demandait qu'à apparaître. Grâce à ma boîte de peinture, mes brosses, mes toiles, mes tubes, toutes ces choses qui m'étaient aussi précieuses que ses armes pour un chevalier du roi Artus, j'étais sûr de n'avoir plus jamais une minute d'ennui sur terre. Je possédais, après l'avoir si longtemps cherché en tâtonnant, l'instrument approprié pour me livrer à la seule occupation qui, je m'en apercevais enfin, m'importait, m'amusait, me paraissait digne qu'on lui consacrât son temps, son ingéniosité, son énergie, ses forces.

Comment m'eût-il été possible de résister à mon défaut le plus puissant, qui tenait autant à mon caractère qu'à ma jeunesse : l'impatience ? Je ne fus pas plutôt arrivé, je n'eus pas plutôt déballé mes splendeurs, que la frénésie me saisit de les utiliser sur-le-champ. Il eût fallu me tuer pour que j'attendisse vingt-quatre heures, ou douze, ou dix minutes. J'étais si dévoré par le désir, non pas tant de peindre que de faire les gestes de la peinture, que je ne pris presque aucun plaisir à déboucher les tubes et à organiser la palette selon les directives de M. Mermet, et que je perçus à peine l'odeur si douce de la toile et de son châssis en bois. Quand l'impatience fut calmée, je devins raisonnable, c'est-à-dire modeste dans mes ambitions. S'il n'eût tenu qu'à moi, j'aurais refait la Bethsabée de Rembrandt ou le portrait d'Hélène Fourment ; mais un pot de cyclamens qui était dans les parages me sembla un sujet suffisamment difficile pour une première œuvre. Je mis deux heures à le reproduire, et je le trouvai tout à fait ressemblant, ce qui me procura une extrême félicité. Pour la première fois, je constatai la sagacité d'une pensée de Stendhal, auteur dont, à treize ans, j'ignorais jusqu'au nom : « Faire ressemblant, le suprême bonheur pour un artiste ». Mon pot de cyclamens, sous ce rapport, ne laissait rien à désirer.

J'ai gardé cette toile longtemps après que j'eus cessé d'être émerveillé de l'avoir peinte. À seize ans, à dix-huit ans, lorsque par hasard elle me tombait sous les yeux, je la jugeais bien maladroite, bien primitive, d'un dessin raide, de couleurs timorées, mais je ne sais quelle superstition me retenait de la détruire ou de repeindre par-dessus. Elle représentait, à ma chétive mesure, un document aussi précieux que le *Mémorial* de Pascal, qu'il avait cousu dans la doublure de son pourpoint et qui, quand il entendait un froissement de papier contre son cœur, lui redisait qu'un jour Dieu lui était apparu. Dans un ordre moins élevé, mon pot de cyclamens me rappelait qu'à la fin de mon enfance, lorsque je m'apprêtais à devenir un adolescent, c'est-à-dire un adulte : à muer de toutes les façons possibles et, pour couronner la métamorphose, à perdre mon intelligence et ma personnalité, j'avais eu, par l'entremise de la boîte de peinture et du pot de cyclamens, une révélation à laquelle je ne m'attendais nullement, et que je croyais même qui ne me serait jamais faite, à savoir ce que je deviendrais après que j'aurais « grandi ».

10

JE SERAI CLOCHARD
HIDEUSE MÉTAMORPHOSE DE L'ENFANT EN ADULTE
VERLAINE – RÉVÉLATION DE L'AMOUR PAR LA MUSIQUE
C'ÉTAIT À MEGARA... – L'ENFANCE FINIT À TREIZE ANS

Pendant les treize premières années de ma vie, je n'avais pas une seule fois pensé que je pusse avoir de vocation pour quelque chose, et personne de mon entourage, famille, amis et professeurs (à l'exception de MM. Mermet et Aufort qui se gardèrent bien de jamais prononcer le mot) ne m'avait éclairé là-dessus. Les soixante ou quatre-vingts années que j'aurais à passer sur le globe terrestre ne me mettaient guère en appétit. Rien de ce qu'on faisait miroiter à mes yeux ne m'inspirait la moindre convoitise; tout m'ennuyait des diverses carrières qu'on évoquait pour moi, à commencer par la pire de toutes : chirurgien des hôpitaux. Les seuls métiers qu'à la rigueur j'eusse éprouvé quelque curiosité à exercer n'étaient pas compatibles avec l'orgueil bourgeois, les grandes espérances que mon père nourrissait pour moi, et les diplômes magnifiques qu'il comptait que je décrocherais. C'était des métiers manuels, ou quasiment : menuisier, ébéniste, tailleur, décorateur. J'aurais bien aimé être cuisinier aussi, peut-être parce que cette profession-là exige une subtilité, un goût, un tact d'artiste, sans quoi on n'est que cuistot ou gargotier. En un mot, j'ignorais – et comment eussé-je pu le savoir – que rien n'est invisible comme une vocation et qu'on n'a pas le moindre soupçon de ce vers quoi notre être profond, quand le temps en sera venu, nous entraînera. Tout au long de mon enfance, je me suis senti très inférieur à la plupart de mes camarades, parce que je ne savais pas ce que je deviendrais. Aucune occupation n'ayant pour moi le moindre attrait, je ne voyais pas comment j'aurais pu être autre chose qu'un vagabond, qu'un clochard, qu'un mendigot. J'en étais beaucoup plus désolé pour mon père que pour moi. Quelle déception, quel désespoir n'aurait-il pas, le pauvre, en me voyant vêtu de loques, tendant la main dans la rue ! Une des caractéristiques les plus constantes des enfants (et que l'adolescence n'estompe pas) est le désir de protéger leurs parents, de leur éviter des chagrins, même des contrariétés, de leur cacher autant qu'ils le peuvent la cruelle vérité du monde. Ils leur attribuent une innocence, une ingénuité, une vulnérabilité, une fragilité philosophique qui en font à leurs yeux des êtres complètement désarmés. Cette illusion d'optique, très tenace puisqu'elle persiste jusqu'à la vingtième année et au-delà, a une double origine : d'abord l'amour que les parents témoignent à leurs enfants, par leurs paroles autant que par leurs actes, et qu'ils exagèrent quelquefois, instinctivement ou par calcul ; en second lieu, les innombrables leçons de morale qu'ils leur ont serinées et dont l'ensemble a fini par constituer une sorte de « système du monde ». Il n'est pas un enfant, sauf quelques monstres d'indifférence ou d'égoïsme, qui n'assimile son père ou sa mère aux figures idéales combinant la sainteté à la bêtise que ceux-ci, au cours des années, leur ont données en exemple. Il n'y a pas trente ans, les jeunes filles de bonne famille qu'une imprudence avait rendues grosses ne se souciaient nullement de leur propre infortune, mais du chagrin de leur chère maman apprenant leur inconduite, au point que certaines d'entre elles, l'avortement n'étant point encore légal, bravaient la mort en s'adressant à ce qu'on appelait une « faiseuse d'anges » qui les débarrassait de leur fardeau. D'ailleurs certaines demoiselles en mouraient bel et bien, faute de soins ou d'hygiène, ce qui est quand même pousser loin la délicatesse filiale.

Je n'étais pas, à l'égard de mon père, dans une situation aussi tragique, mais le fait d'avoir sinon découvert ma vocation, du moins entrevu la nature de celle-ci, n'améliorait pas beaucoup ma position. Annoncer que je voulais être peintre de paysages et de portraits et n'avais envie d'exercer aucune autre profession n'était pas plus facile que de déclarer que la carrière médicale me donnait la nausée. J'étais, comme on peut constater, partagé entre deux exigences également puissantes : ménager mon père, ne point lui briser le cœur, ne pas le conduire directement au suicide en refusant de couper des appendices et de pratiquer des trachéotomies et, dans l'immédiat, ne pas provoquer de drames en dévoilant des aspirations scandaleuses. Cette dernière attitude avait tout pour me plaire, en particulier parce qu'elle flattait mon insouciance, et je me faisais pour la centième ou la millième fois le raisonnement qu'entre le moment où j'étais et celui où il deviendrait nécessaire d'exposer les choses franchement, il s'écoulerait quatre à cinq ans, c'est-à-dire, comme toujours, l'éternité, la bienheureuse éternité, pendant laquelle je pourrais faire l'autruche en toute quiétude.

Parmi les plaisirs que procure le redoublement d'une classe, le plus vif est le sentiment de supériorité qu'éprouve le redoublant, par le seul fait d'avoir vécu ce que les bleus ne connaissent pas encore et dont la nouveauté les déconcerte. Il est un vétéran, un initié, il a une place à part comme un héros malheureux de l'enseignement secondaire. Ma seconde quatrième, sous la férule bienveillante et légère de M. Wanesson, m'a apporté, entre autres commodités, le loisir dont j'aurais pu avoir besoin si j'avais eu envie de contempler ou d'étudier les changements dont j'étais le siège. Je ne contemplais, évidemment, ni n'étudiais rien, occupé que j'étais à vivre avec l'impétuosité de l'enfance comme si j'avais toujours eu huit ans ou cinq ans. Les changements, d'ailleurs, se produisaient dans le mystère : je n'en apercevais que les derniers effets ; tout à coup ma voix, pendant quelques secondes, descendait de l'aigu au grave, c'est-à-dire de l'enfantin au viril ; en passant le doigt sur mes joues et sous mon nez, je sentais un duvet qui n'était pas là un mois plus tôt. Ces modifications m'embarrassaient ; j'avais l'impression d'être « en travaux », comme une maison qu'on rénove, et dont l'aspect devient différent. Pendant un certain temps, le nouvel édifice et l'ancien coexistent. Si jeune que l'on soit, on a toujours l'instinct de se cramponner au passé. C'est ce que je faisais, malgré moi. Je retardais la mutation autant que je le pouvais. Il me semblait que je défendais mon vieux moi, qui m'était si familier, contre une hideuse métamorphose. Après avoir si longtemps désiré atteindre l'âge adulte afin d'être une bonne fois débarrassé des vices d'esclave inhérents à l'état d'enfance, voilà que, ce bienheureux moment étant enfin arrivé, je renâclais, je reculais, je ne parvenais pas à admettre que je pusse être le siège d'un changement. Cela me semblait presque indécent. J'étais habitué à mon corps glabre d'enfant, à ma voix d'enfant, à mon habillement d'enfant, à mes faiblesses, à mes petits conforts puérils, et l'idée d'abandonner tout cela, de devenir un autre être, me consternait ; pour moi, c'était la fin d'un monde. Quitter une réalité, même incommode, pour entrer dans l'inconnu, décorât-on celui-ci du nom magique d' « avenir », n'est pas un passage facile. Je me souviens que ce qui me désolait le plus était les cassures de ma voix, les raucités qui jaillissaient soudainement, sans que je le voulusse, de mes gazouillements. Je voyais là le comble du ridicule.

C'est vers ce temps, à ce qu'il me semble, que j'ai cessé de considérer les femmes comme des objets manufacturés, et d'autant plus désirables que leur « finition » était plus soignée. Jusqu'alors, je les convoitais comme on rêve d'une bicyclette, d'une chemise en soie, de gants de pécari (grande mode de ces années-là), de chaussures en daim à triple ou quadruple semelle. Je ne me rappelle plus à la suite de quelle intuition elles m'apparurent comme une portion de l'espèce humaine avec laquelle on pouvait avoir des rapports beaucoup plus intenses qu'avec l'autre portion, composée des mâles, mais je crois bien que c'est alors qu'elles commencèrent à me visiter dans mon sommeil comme la sylphide de Chateaubriand ou la jeune fille qui, selon Proust, naît à minuit d'une fausse position de la cuisse du dormeur. J'étais quelque peu honteux, le matin, d'avoir eu de tels songes, mais je devais bien convenir qu'ils me captivaient beaucoup et que les nuits où ils ne venaient pas étaient aussi insipides, aussi dépourvues de romanesque que les jours de l'existence ordinaire.

Le devin, le mage qui me révéla le mystère des femmes, mais me le révéla symboliquement, par la musique, à la manière des mages, qui n'ont rien de commun avec les moniteurs d'éducation sexuelle, fut un poète que je connus, ce qui n'est pas la moindre étrangeté de cette affaire, grâce à mon oncle Charles. Un jour que j'étais allé remplir mon devoir hebdomadaire de chrétien rue du Colonel-Moll et que j'étais resté assis un moment auprès de ma tante Lucie, lui tenant la main, écoutant ses plaintes d'une oreille compatissante quoique distraite, il passa la tête dans l'entrebâillement de la porte vitrée du salon dans lequel on avait installé la malade à demeure, et il me fit signe de le rejoindre. Avec un ricanement de complicité, il m'emmena dans la salle à manger où il me déclara qu'il avait formé le projet de me faire un cadeau très exceptionnel, qu'il jugeait approprié à mon caractère et, mieux encore, à quelque chose d'impossible à exprimer qu'il avait deviné en moi. Là-dessus, il me mit dans la main deux gros volumes reliés en toile grise, contenant les poésies complètes de Verlaine. Sur le moment, je ne fus pas étonné que l'on m'offrît un livre et d'ailleurs je ne connaissais Verlaine que de nom. Ce n'est que plus tard, après m'être gorgé des sanglots longs des violons de l'automne, avoir chéri ma cousine Élisa-presque-une-sœur-aînée, au doux bruit de la pluie par terre et sur les toits et en respirant l'odeur fade du réséda, que je me demandai par quel miracle le frivole vaudevilliste Carlo Meyer, le martyr guilleret et infatigable du dévouement conjugal, avait rencontré l'auteur des *Poèmes saturniens* et l'avait aimé au point de m'offrir ses œuvres, à moi, son neveu, qu'il aimait plus que ses autres parents, comme une espèce de testament de son cœur, qu'il aurait été incapable d'écrire lui-même et qu'un homme de génie eût rédigé à sa place. En dépit des manières furtives de Charles et de ses rires étouffés, une certaine solennité planait sur la salle à manger, comme si l'on y avait célébré une cérémonie. Cela se passait sous les yeux des grenadiers de la garde impériale et de divers autres militaires rescapés d'Essling ou de Montmirail par la vertu du pinceau de M. Berne-Bellecour. J'ai gardé très longtemps, pendant des années, les deux bouquins de l'oncle Charles, dont il émanait l'odeur mentholée imprégnant son appartement, et qui ne s'évapora jamais, au point qu'elle est devenue pour moi inséparable de Verlaine lui-même. J'ignorais tout alors des mœurs de celui-ci et notamment de ses folies avec Rimbaud. Il n'était que l'auteur entièrement admirable de *La Bonne Chanson* et des *Fêtes galantes* où je trouvais l'expression la plus délicate de l'amour, la plus ravissante de la galanterie. Il me révélait la saveur de la peau des femmes, leur parfum, leur « pitié douce », leur secret de n'être ni tout à fait la même ni tout à fait une autre. Mieux encore, je respirais à tout moment dans les vers de ce vieux porc socratique, et plus que chez tout autre poète, celui-ci eût-il été dans sa vie privée un faune, un séducteur ou un obsédé, cette chose si enivrante pour un adolescent qu'est l'*odor di femmina*.

Non seulement, en vieillissant, je ne me suis pas détourné de mon admiration de jeunesse, mais encore elle s'est fortifiée au cours des années, si bien qu'à présent je me demande chaque fois que je relis ou que je me récite mentalement telle ou telle pièce de Verlaine que je connais par cœur, s'il ne serait pas, après tout, le plus grand de tous : plus grand que Hugo, plus grand que Baudelaire, que Villon, que Racine, que Virgile. Sa mélodie est unique comme celle de Mozart ou de Wagner, comme si eux et lui avaient, par de simples sons, apporté un changement au monde, ou un aspect nouveau. À treize ans, ce n'est évidemment pas ce qu'il avait composé de meilleur que j'admirais, mais avec un artiste comme lui, c'était sans importance, car la musique est partout, jusque dans les moindres mots tombés de la plume. Par la grâce de Verlaine, j'ai su, dès mon âge le plus tendre, que dans toute forme d'art, y compris la peinture, l'important n'est pas de « dire quelque chose » mais de le dire avec une modulation particulière, jamais entendue précédemment par des oreilles humaines, et que c'était là, au fond, ce qui séparait les artistes des bourgeois. J'en eus la confirmation plus tard par Flaubert et je ruminai pendant deux ou trois ans, avec délices, la première phrase de *Salammbô* : « C'était à Mégara, faubourg de Carthage, dans les jardins d'Hamilcar... »

J'étais encore dans la classe aux destinées de laquelle présidait M. Wanesson quand je commençai à soupçonner que l'homme ne cheminait point d'un pas égal de la naissance à la mort, mais que ce parcours, au contraire, était mouvementé, imprévu, avec de longs arrêts, des transformations soudaines et vertigineuses. J'étais justement l'objet d'une de celles-ci que je distinguais mieux que les autres car elle avait trait à mon corps. En un an ou un an et demi, ma croissance connut une accélération dont mon père s'enorgueillissait beaucoup. Il m'en félicitait comme si j'y avais eu le moindre mérite. Avec une admiration dont je ne distinguais pas très bien si elle s'adressait à moi qui devenais plus volumineux ou à lui qui avait engendré un garçon aussi riche d'énergie vitale, il notait d'un trimestre sur l'autre le nombre de centimètres dont ma taille s'était augmentée.

Les changements moraux n'étaient pas aussi satisfaisants, encore qu'ils eussent certainement des rapports invisibles avec le plissement hercynien dont j'étais le théâtre. Ce qui se produisait à la périphérie de mon corps avait, dans les profondeurs de l'être, des résonances qui se manifestaient extérieurement par les ridicules et les excès propres aux adolescents. Entre autres métamorphoses, je devins bavard. Certes, je n'avais jamais eu, jusqu'alors, comme on dit, la langue dans ma poche, et l'on m'avait souvent accusé de mettre mon « grain de sel » partout, c'est-à-dire de donner mon avis sur des matières auxquelles je ne connaissais rien; du moins, je ne parlais pas à tort et à travers; je savais assez bien protéger mes secrets; à huit ans, à dix ans, j'avais sur moi-même un empire grâce auquel je ne laissais voir au monde que ce que je jugeais suffisant qu'il connût de moi. À treize ans, cette prudence enfantine, nourrie de philosophie et d'expérience, disparut. Un démon s'empara de ma volonté et me poussa à étaler aux yeux du premier venu mes richesses intimes. Le plus bizarre est que, tout en me doutant qu'il entrait des sentiments très impurs de vanité et de futilité dans une telle attitude, je ne pouvais me retenir : je montrais ma belle âme comme les niais emmènent leurs invités visiter l'appartement qu'ils viennent d'aménager, ne faisant grâce aux victimes d'aucun recoin, placard à balais ou cabinet d'aisances. Il faut que les malheureux aient tout vu et se soient extasiés sur la moindre babiole pour que le maître de maison se tienne enfin tranquille. Aveuglé par la puberté, je n'éprouvais pas de remords ou de gêne après mes exhibitionnismes intellectuels. J'étais même assez content d'avoir eu l'occasion de révéler à l'univers combien je méritais d'être connu et admiré.

Autres phénomènes de l'adolescence : je me mis dans la tête qu'il fallait être spirituel dans la conversation, épigrammatique, léger, allusif, avoir de la repartie, ne rien laisser passer, « marquer le coup » chaque fois que ma dignité l'exigeait, c'est-à-dire à peu près tous les quarts d'heure. Avec cela, j'eus vite fait, comme on peut le deviner, de me rendre insupportable, et même, dans certains cas, de faire peur, comme si j'étais devenu un énergumène. La pire transformation avait trait à mon attitude avec les femmes. Je leur avais beaucoup plu quand j'étais enfant : je leur inspirais de l'intérêt, de la curiosité, de la pitié, de la tendresse. Le fait que je n'eusse pas de mère les rendait à mon égard très patientes et très douces, ce dont j'abusais sans vergogne, jouant avec elles au petit despote capricieux et câlin, ce qui d'ailleurs ne me les attachait que davantage. Mais c'était là de vraies femmes, ayant trente ans ou plus. Les petites filles n'étaient pas aussi sensibles à mes séductions. Avec l'adolescence, ce fut les jeunes filles qui firent irruption dans mon univers et j'eus la désagréable surprise, moi à qui rien n'échappait de l'âme féminine, de ne plus rien y comprendre. Je ne devinais pas qu'avec leurs vivacités, leurs changements d'humeur, leurs dédains, leurs abandons imprévus, leurs méchancetés calculées, elles se livraient à la traditionnelle parade amoureuse. Je ne savais y opposer que les défenses masculines, c'est-à-dire une allure trop dégagée, un air trop sûr de soi, une certaine brutalité en paroles, si ce n'est de la grossièreté, bref, un genre tranche-montagne tout à fait détestable et propre à n'inspirer que l'éloignement et le dégoût de ces jeunes personnes auxquelles j'aurais voulu plaire plus qu'à quiconque.

Ma boîte de peinture et le bon Verlaine étaient mon seul bagage. Dans cette nuit de l'adolescence où j'ai été plongé pendant deux ou trois ans comme il arrive à une nation d'être plongée dans la nuit de l'histoire, l'une et l'autre ont été les deux lumières qui m'empêchent aujourd'hui de considérer cette période de ma vie avec regret ou avec mépris. J'en suis même venu à soupçonner que ma bêtise, alors, a été une espèce d'hivernage nécessaire, à l'abri duquel j'apprenais en tâtonnant ce que c'était qu'une œuvre d'art et comment il fallait s'y prendre pour la mener à bien. De même, je ne savais pas, ou je n'avais pas encore décrété, que Verlaine était le plus grand ou le plus délicieux de tous les poètes, mais j'en avais l'intuition, et je prévoyais aussi que jamais je ne trouverais dans aucune poésie, française ou étrangère, antique ou moderne, une musique aussi appropriée à mon cœur que la sienne.

Est-ce à treize ans que l'enfance s'arrête ? Mesurant la distance entre ce que j'étais à cet âge et ce que j'avais été six mois auparavant, j'inclinerais à le penser. L'adolescence est une seconde naissance. Elle survient inopinément ; soudain, l'on n'a plus, pour se défendre des adultes (et de soi-même), les armes des enfants, trempées par l'usage et les années. Elles ont mystérieusement disparu, comme si on les avait égarées ou qu'elles eussent été volées. Sans que la nature ait daigné nous avertir, voilà qu'on est un homme parmi les autres, et le dernier arrivé, le plus faible, le plus crédule. On a tout oublié, on n'a rien appris. Quelques mois encore, et j'aurais quatorze ans, ma voix aurait complètement mué, j'aurais de grandes mains, de grands pieds, je serais devenu long et maigre. Le 3 octobre, en passant du Petit Lycée au Grand Lycée Janson, je changerais solennellement et définitivement de personnalité. Avec le redoublement de la quatrième, n'était-ce pas une année supplémentaire d'enfance que le zouave Saulgeot, en fin de compte, m'avait offerte ? Ce cadeau, qui n'était pas dans son intention, ne suffit pas à me le rendre aimable.

Je pense qu'il me faut arrêter ici ces mémoires d'un enfant : l'âge qu'atteint maintenant le petit héros y met un terme. Après, c'est un personnage, qui a connu des aventures, éprouvé des passions, traversé des malheurs et des bonheurs, qui s'est trompé dans certaines circonstances et qui a eu raison d'autres fois, bref qui a une biographie. Or les bibliothèques sont pleines de biographies ; pis encore : d'autobiographies. Tout ce que l'on a à connaître d'un artiste, c'est son œuvre. Les péripéties par lesquelles il a passé sont tout juste bonnes à faire des romans. Et nulle biographie ne vaudra jamais *Tristram Shandy* ou *La Cousine Bette.*

Paris, août 1999 – février 2000.

Table des matières

Livre premier

Livre deuxième

Livre troisième

Livre quatrième

Cet ouvrage a été réalisé par la
Société nouvelle Firmin-Didot (Mesnil-sur-l'Estrée)
pour le compte de La Librairie Plon
76, rue Bonaparte, 75006 Paris

Achevé d'imprimer en juin 2000

Imprimé en France
Dépôt légal : juin 2000
N° d'édition : 13243 – N° d'impression : 51000